갈리아 전기

국립중앙도서관 출판시도서목록(CIP)

갈리아 전기 / 카이사르 지음 ; 박광순 옮김. -- 파주 :
범우, 2006
    p. ;   cm

영어서명: Caesar's commentaries on the Gallic war
원서명: De bello gallico
원저자명: Caesar, Gaius Julius
색인수록
ISBN 89-91167-57-8 03920 : ₩12000

922.05-KDC4 .
937.05-DDC21   CIP2006000225

갈리아·전기

카이사르 지음 | 박광순 옮김

Contents

Gaius Julius Caesar

Gaius Julius
Caesar

이 책을 읽는 분에게

《갈리아 전기戰記》의 저자인 카이사르(Gaius Julius Caesar, 영어식으로는 시저)는 기원전 100년 7월 12일생이다. 대대로 국가의 고위직을 차지한 명문 출신이었으며, 이미 젊은 나이에 가문의 명성을 입증하였다. 그러한 명성 덕분에 말년에는 그 시대의 가장 출중한 인물이 되었고, '고대의 가장 위대한 인물'이라는 평가도 얻게 되었다.

마리우스(Marius)와 혈족 관계인 까닭에 자연히 집정관 술라(Sulla)가 이끄는 원로원파에 반대하는 평민파의 지지자가 되었다. 이러한 사실과 함께 귀족들로부터 받은 냉대는 그의 전 생애에 걸쳐 두드러진 특징, 즉 귀족정을 타도하려는 결연한 목표의 원인이 되었다.

로마가 확고한 국가적 단일체를 이루고, 각 개인의 개성과 전체 목표의 조화로 이탈리아뿐만 아니라 전 세계를 지배하던 시기, 활동기에 접어들었던 카이사르는 그 천재성과 예지를 발휘하여 로마의 영광된 지위를 유지하면서 그 몰락을 한참 뒤로 연기하였다.

경력을 쌓기 시작한 처음부터 카이사르는 용기와 굳은 의지를 발휘하였고, 그러한 용기와 의지로 인해 만년에는 명성도 얻었다. 갓 서른이 넘었을 때, 술라는 그에게 아내와 이혼할 것을 명했다. 아내가 마리우스 파였기 때문이다. 이를 거절하여 카이사르는 사제직과 재산을 잃었으며, 집정관의 분노로 인한 더 큰 피해를 피하기 위해 로마를 떠나야 했다.

　수완을 발휘해 비티니아(Bithynia)의 왕에게서 함대를 빌린 카이사르는 지중해에 출몰하는 해적들을 소탕하기 시작했는데, 이 일은 카이사르의 강적이자 경쟁자인 폼페이우스(Pompeius) 때문에 뒤로 미루어졌다.

　하지만 이때 일어난 사건은 그의 대담성과 능력을 입증했다. 실례로 카이사르는 한때 해적에게 생포된 적이 있었는데, 이에 부하를 시켜 몸값을 구해 오도록 한 뒤 자신은 적의 수중에 남아 해적들의 비위를 맞추었다. 석방되기만 하면 되돌아와 해적들을 십자가에 매달겠다고 그는 이 당시 입버릇처럼 말하곤 했는데, 결국 자기 말을 지켰다. 그는 풀려나자마자 인근 항구 소속의 선박 몇 대를 무장시킨 후 곧장 되돌아가 해적을 추적하고 체포하여 국가 기관에 인계했던 것이다.

　기원전 74년, 카이사르는 로마로 돌아가 사제직과 군사 호민관직에 선출되었다. 재직 초기에는 주로 종교와 사회 문제를 다루었으며, 체계가 복잡한 축제일의 역법曆法도 그의 소관 업무였다.

　기원전 65년, 카이사르는 조영관造營官[1]이 되었다. 그 임무는 공공건물을 관리하고, 국가 규모의 행사를 감독하는 것이었다. 그 일을 하면서 부호 비불루스(Bibulus)와 친분을 맺었다. 그가 대부분의 자금을 댔으며, 카이사르는 그 용도를 결정했다. 그러한 업무의 집행에 뛰어난 솜씨를 발휘했으므로 후일 로마가 막대한 예산의 지출로 골머리를 앓고 있을 때에도 카이사르는 토목 공사를 개선한 일과 대규모로 개최한 국가 행사 등으로 기억되었다.

　기원전 63년, 카이사르는 대신관大神官[2]이 되었다. 대신관은 국가

---

1) aedile. 고대 로마의 직책 가운데 하나로 공공 건물, 도로, 공중 위생 등을 관장했다.

종교의 우두머리였다. 겨우 37세의 나이로 이와 같은 요직에 선출된 것은 그의 탁월한 능력과 폭넓은 대중성을 입증하는 것이라 할 수 있다.

기원전 61년에는 지방 장관이 되어 히스파니아(Hispania) 지역에서 최초로 군사 요직을 맡았는데, 그는 여기에서 전쟁에 관한 탁월한 천재성을 발휘했고, 그 때문에 세계적인 명성을 얻어 장군의 반열에 오르게 되었다. 그 지방을 철저히 관리하여 원로원이 그에게 '개선의 식'을 거행토록 하였다.

기원전 60년에는 로마로 돌아와 폼페이우스, 크라수스(Crassus)와 함께 동맹을 맺었는데, 이것이 제1차 삼두정치(triumvirate)[3] 로 알려지고 있다. 시민에 반하는 정치 체제를 지속하려는 자들에게 대항하여 강력한 연합 전선을 구축하고자 한 것이 이 동맹의 목표였다.

기원전 59년에는 집정관으로 선출되어 재임중 6개 군단을 이끌고 트란살피네(Transalpine) 갈리아, 키살피네(Cisalpine) 갈리아, 일리리쿰(Illyricum) 갈리아 등의 지역을 획득하였다.

이후 9년간 카이사르는 갈리아와 게르마니아 지역의 복속에 전념하게 되었다. 또한 2차에 걸쳐 도버해협을 건너 브리타니아 지역도 정벌하였다. 그의 《갈리아 전기》가 다루는 시기 대부분은 이때에 해당된다.

---

2) pontifex maximus. pontifex는 고대 로마의 신관 회의神官會議의 구성원. 신관 회의의 주재자가 pontifex maximus, 곧 대신관이었다. 공화정共和政하에서 대신관은 절대적인 교권敎權을 행사하면서 왕의 임무를 분담했다.

3) treviri 혹은 triumviri. 고대 로마에서 공화정으로부터 제정帝政으로 넘어가는 과도기에 나타났던 정치 형태. 이것은 두 번 있었는데, 여기에 나타난 것이 그 첫번째다. 즉 제1차 삼두정치는 폼페이우스, 크라수스, 카이사르 세 사람에 의해 시행되었으며, 기원전 53년 크라수스의 전사戰死로 해체되고, 카이사르의 독재가 시작되었다. 제2차 삼두정치는 옥타비아누스(Octavianus), 안토니우스(Antonius), 레피두스(Lepidus) 세 사람이 결탁하여 조직하였다.

폼페이우스(Pompeius) 흉상
폼페이우스는 카이사르의 가장 강력한
동맹자였다. 하지만 카이사르가 갈리아
원정을 성공시킨 뒤 적으로 돌아섰다.

　카이사르가 로마를 비운 사이에 삼두정치의 단결은 점차 약화되어
갔다. 카이사르는 관할 지역에서 놀라운 성공을 거두었는데, 이 때문
에 시민들로부터 인기를 얻게 되자 폼페이우스의 질시가 야기되었
다. 그렇기에 카이사르의 딸이자 폼페이우스의 처인 율리아(Julia)가
기원전 54년에 사망한 후, 카이사르가 유사한 성격의 양자 연합을 제
안하였을 때 폼페이우스는 이를 거절하였다. 원래 삼두정치의 결정으
로는 기원전 48년에 카이사르가 집정관에 취임하기로 되어 있었다.
　카이사르의 갈리아 지배가 언제 끝났는지는 확실치 않다. 원로원
은 카이사르에게 기원전 49년 11월 중순까지 갈리아에 대한 지배권
을 포기하라고 명했지만, 폼페이우스를 불신한 카이사르는 그에게
각자의 영지에서 지배권을 포기하자고 제안했다. 폼페이우스측이 이
제안을 수락하자 원로원은 두 지도자가 일시에 무장을 해제하도록
결의하였다. 집정관 가운데 마르켈루스(Marcellus)가 이 결정은 물론
모든 협상안마저도 거부하자, 기원전 49년 1월 1일에는 카이사르에

게 최종적인 사임 명령이 내려졌다.

이것은 카이사르의 생애에 일대 전환점이 되었다. 군대의 통솔권을 포기하는 것은 자기가 자라오면서 계속 저항해 온 정파의 지도자에게 스스로를 내맡기는 것이나 다름없는 행위였다. 그 지도자들 가운데 가장 유력한 한 사람은 카이사르에 대한 시민의 인기를 질시하여 카이사르를 증오하던 자였다. 그에 반하여 원로원의 명령에 불복하는 것은 내전을 일으키는 일로서, 내전의 결과는 누구도 장담할 수 없었다. 카이사르는 갈리아 지역에서 자신이 보여준 신속한 판단과 굳은 의지를 가지고 주저하지 않고 진로를 결정하였다.

그해 1월 중순, 카이사르는 대열의 선두에 서서 이탈리아와 그의 관할 구역을 가르는 루비콘(Rubicon) 강[4]을 건넜다. 이후 이 행동은 중대 위기에서의 결단을 비유하는 데 곧잘 쓰인다.

뒤이어 일어난 내전에 대해서는 카이사르 자신의 "왔노라, 보았노라, 이겼노라(veni, vidi, vici)"라는 발언이 웅변적으로 신속하고도 결정적인 그의 승리를 묘사해 주고 있다. 그로부터 19개월이 채 안 되어 그는 이탈리아와 히스파니아에서 절대적인 지배자가 되었으며, 그리스까지 상대를 추적하여 파르살루스(Pharsalus) 평원에서 참혹하고도 완벽하게 대파했다. 약 3년 뒤 문다(Munda) 전투에서는 폼페이우스의 두 아들 크나이우스(Cnaeus)와 섹스투스(Sextus)가 지배하던 폼페이우스 파의 잔당들에게 치명적인 타격을 입혔다.

로마로 귀환한 카이사르는 4일간에 걸친 개선 행사로 이를 자축하였다. 그러고 나서 국사에 전념하여, 국가를 잠식蠶食하는 갖가지 부

---

4) 당시 이탈리아와 갈리아 키살피나(알프스 안쪽의 갈리아)의 경계를 이루던 작은 강. 카이사르를 갈리아의 지사知事에서 해직시킨 원로원이 그에게 로마로 귀환할 것을 명령했으나 이에 불복, "주사위는 던져졌다"고 선언하면서 군대를 이끌고 도하渡河, 귀국하여 폼페이우스 일당을 제압했던 일이 이것이다.

카이사르의 최후. 암살자들에게 둘러싸인 카이사르가 암살자 중 하나이자 그 자신이 마지막까지 믿었던 브루투스에게 손을 내밀어 구원을 청하고 있으나, 브루투스는 끝끝내 외면한 채 카이사르를 찌르려 하고 있다.

정 부패를 개혁하기 시작했다. 원로원의 구성원을 증원하여 전보다 많은 수로 이루어진 대의 기구代議機構를 만들었다. 과학과 인문학 연구자에게는 시민권도 부여했다. 이런 업적 가운데 가장 뛰어난 것은 로마역법의 개선이었다. 한 해의 길이를 355일에서 365일로 늘리면서 4년마다 3월 전 달의 여섯번째 날(곧 2월 22일)을 두 번 셈하도록 하여 1년을 평균 365와 1/4일로 정했다. 율리우스력으로 알려진 이 개정 역법은 계절의 구분이 정확했으므로 바뀌지 않고 16세기까지 이용되었다.

카이사르와 같은 위인에게는 적이 있게 마련이다. 세 차례나 황제의 칭호를 거절한 것도 어쩔 수 없이 그렇게 된 것임에도 불구하고, 억지로 황제의 칭호가 주어지도록 꾸민 것이라는 추측이 일어 카이사르는 야심가라는 비난을 받아야 했다. 결국 브루투스(Brutus)와 카시우스(Cassius)가 주동이 되어 그를 타도할 음모 단체를 결성하였다.

기원전 44년 3월 15일, 카이사르는 원로원에서 피습당했다. 그는 브루투스를 발견할 때까지는 용맹스럽게 방어하였다. 그러나 가장 친한 벗인 브루투스가 그에게 칼을 겨누자 그는 토가[5]로 몸을 감싸며 "브루투스여, 너마저!"라고 외치며, 그의 적이자 경쟁자였던 폼페이우스상 발 밑으로 쓰러졌다. 스물세 군데나 상처를 입었지만 단 하나의 상처만이 치명상이었다.

역사가들은 카이사르를 일컬어 "고대의 가장 위대한 인물"이라 평한다. 그처럼 다방면에 걸쳐 뛰어났던 인물은 어느 나라, 어느 시대에도 없었다. 장군으로서 그에 비견할 만한 자가 없었다. 역사가로서 그에 버금갈 만한 자도 없었다. 웅변가로는 키케로의 다음이었다. 법률가, 정치가, 시인, 건축가 그리고 수학자로서도 동시대의 탁월한 인물이었다.

카이사르는 외모에서부터 고매함과 위풍이 넘쳤다. 키는 훤칠하고 늘씬했으며, 놀라운 인내력의 소유자이기도 했다. 얼굴은 희고 눈동자는 검어서 강한 인상을 주었다. 턱수염은 없었고, 말년에는 머리도 벗겨졌다. 예민한 성품이었으며, 극심한 두통과 간질의 발작에 시달리기도 했다. 그렇지만 이런 육체적인 질환에 굴하지 않고, 끊임없이 운동하고 절도 있는 생활을 유지해 자신의 성품을 강인하게 가다듬었다.

카이사르는 세 차례 결혼하였다. 첫째 아내는 코르네일리아(Corneilia)로, 폭군 킨나(Cinna)[6]의 딸이었다. 그녀에게서 율리아를 얻

---

5) toga. 고대 로마 시민이 입었던 헐거운 겉옷.
6) Lucius Cornelius Cinna. 루키우스 코르넬리우스 술라(Lucius Cornelius Sulla)에 반대했던 마리우스 파의 지도자. 기원전 87년에 집정관이 되었으며, 기원전 86년 마리우스가 죽은 후에는 그 파를 통솔했다.

었으며, 그녀는 폼페이우스에게 출가하였다. 카이사르는 코르네일리아가 사망하자 아내를 추도하는 조사를 낭독하였는데, 그때까지 이러한 일은 단지 나이 지긋한 여자에게만 행해지던 것이었으므로 이일은 관례를 깨뜨린 것이었다. 두번째 아내는 폼페이아(Pompeia)로 나중에 정절을 의심받아 이혼당했다. 아무런 증거도 없었지만 클로디우스(Clodius)란 젊은 난봉꾼과 어울린다는 의혹을 샀던 것이다. 사람들이 이러한 처사를 지나치다고 비난하자 "카이사르의 아내는 혐의조차 받아서는 안 된다"고 말하였다. 카이사르의 세번째 아내는 칼푸르니아(Calpurnia)로 집정관 피소(Piso)의 딸이었는데, 그녀는 카이사르의 피살 후에도 생존하였다. 전해지는 바에 따르면 카이사르가 피살되기 전날 밤 흉몽을 꾼 그녀가 그에게 간절히 경고하였으나 소용이 없었다고 한다.

　카이사르의 저작은 방대하고 다양하나 전해지는 것은 단 두 가지로 《갈리아 전기》와 《내란기》뿐이다. 《갈리아 전기》는 주로 갈리아 지역에 대한 그의 정복 사업을 다루고 있다. 이 책은 "순수한 라틴어로, 매우 꾸밈 없고 평이하면서도 우아한 문체로" 쓰였다. 이처럼 문체가 평이한 까닭에 《갈리아 전기》는 라틴어권에서는 어린 학생들의 교재로 사용되는데, 학생들은 단지 자구 해석에만 급급하여 힘차고도 우아한 그의 문체를 감상하지 못한다. 《갈리아 전기》는 문학적으로도 훌륭한데, 아쉽게도 그 가치에 상응할 만큼 널리 학습되고 있지는 않다.

　이 번역의 목적은 《갈리아 전기》를 라틴어 원어로 읽을 수 없는 사람들에게 카이사르의 뛰어난 문체와 가까워질 수 있는 기회를 제공하는 데 있다. 문학 작품이란 번역되면 어느 정도 그 가치를 잃게 마련이지만, 본 번역서에는 저자의 아름답고 우아한 문체와 힘차고 명확한 표현을 상당 부분 보존하고자 노력하였다. 특히 이번 개정판을 발간함에 있어 많은 부분에 걸쳐 오류를 지적해 주신 현 국방대학원의 김현영 교수께 감사의 말씀을 드리고자 한다.

　끝으로 이 책은 브룩스가 번역한《Caesar's Commentaries on the Gallic War》(Philladelphia, 1896)를 저본으로 하고《ガリァ戦記》(岩波書店, 1964)를 참조했으며, 인명과 지명은 로마식 발음에 따라 표기했음을 밝혀 둔다.

옮긴이

카이사르 시대의 갈리아와 그 주변지역

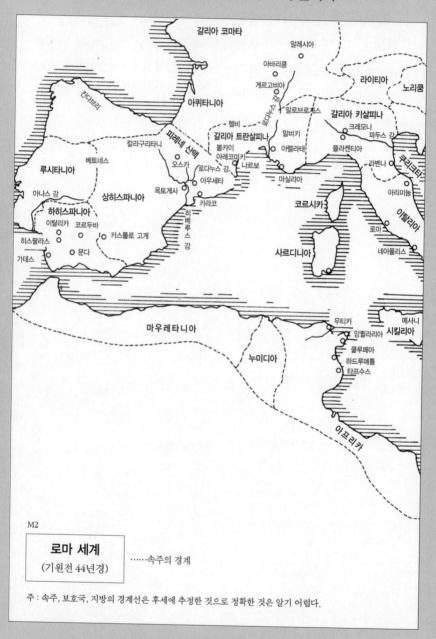

갈리아 코마타

알레시아

아바리쿰

게르고비아

라이티아

노리쿰

칸타브리

아퀴타니아

알로브로게스

갈리아 키살피나

헬비

갈리아 트란살피나

크레모나

파두스 강

알비키

볼카이

플라켄티아

아레코미키

아렐라테

라벤나

루시타니아

베토네스

오스카

로다누스 강

나르보

쿠리크타

피레네 산맥

킬라구리타니

아우세타

마실리아

아나스 강

상히스파니아

옥토게사

이탈리아

하히스파니아

카라코

코르시카

아리미눔

이탈리카

코르두바

히베루스 강

로마

히스팔라스

카스툴로 고개

네아폴리스

가데스

문다

사르디니아

마우레타니아

우티카

메사니

앙퀼라리아

시킬리아

누미디아

쿨루페아

하드루메툼

타프수스

아프리카

M2

로마 세계
(기원전 44년경)

......속주의 경계

주 : 속주, 보호국, 지방의 경계선은 후세에 추정한 것으로 정확한 것은 알기 어렵다.

제 1 권 (B.C. 58년)

1. 헬베티 족과의 전쟁

■1■ 갈리아[1]는 모두 세 지역으로 나뉘며, 그 한 지역에는 벨가이 (Belgae) 인[2]이, 다른 한 지역에는 아퀴타니(Aquitani) 인[3]이, 그리고 나머지 한 지역에는 그들의 언어로는 켈타이(Celtae) 인[4], 로마에서는 갈리(Galli) 인으로 불리는 인종이 살고 있었다. 그들의 언어와 제도 및 법률은 서로 다르다. 갈리 인은 가룬나(Garunna) 강[5]에서 아퀴타 니 인과, 마트로나(Matrona) 강[6]과 세콰나(sequana) 강[7]에서 벨가이

1) Gallia transalpina 혹은 Gallia ulterior는 동쪽으로는 라인 강과 알프스 산맥에, 서쪽으로 는 피레네 산맥에 둘러싸인 지역으로, 오늘날의 프랑스 · 벨기에는 물론, 콘스탄츠 (Konstanz) 호수에 이르는 라인 좌안(左岸)의 독일 · 스위스까지 포함하고 있다. 그러나 여기에서는 이른바 프로빈키아(Provincia)라 불리는 로마 직속의 지방(알프스 산맥, 론 강 상류, 세벤 산맥, 가론 강 상류, 피레네 산맥에 둘러싸인 지방)은 제외된다.
2) 갈리아 북부 지방에 살던 호전적인 부족으로, 갈리 인과 게르마니 인의 혼혈 부족. 그 영지 는 오늘날의 벨기에를 중심으로 라인 강 이남의 네덜란드와 센, 마른 두 강 이북의 프랑스 도 포함한다.
3) 갈리 인에 이베리아 인의 혈통이 섞인 부족이라 생각된다.
4) 갈리아 중앙부, 즉 오늘날의 프랑스 중부에 살고 있던 부족.
5) 오늘날의 가론(Garonne) 강.
6) 오늘날의 마른(Marne) 강.
7) 오늘날의 센(Seine) 강.

17

인과 분리된다. 그 중에서 벨가이 인이 가장 용감했는데, 그것은 그들이 프로빈키아(Provincia)[8]의 문화 교양권文化敎養圈으로부터 멀리 떨어져 있고 상인도 거의 왕래하지 않았으며 따라서 심성心性을 순화시킬 수 있는 요소가 유입되지 않았기 때문이다. 게다가 레누스(Rhenus) 강[9] 맞은편의 게르마니(Germani) 인[10]과 인접하여 그들과 끊임없이 싸우고 있었던 것도 한 요인이었다. 같은 이유로 헬베티(Helvetii) 족[11]도 나머지 갈리 인 가운데 가장 무용武勇이 뛰어나 매일처럼 게르마니 인과 다투며, 자신들의 영지領地에서 그들을 쫓아낼 때도 적의 영지까지 진격해서 싸울 때도 있었다. (갈리 인이 소유하고 있는 영지까지 진격해 로다누스[Rhodanus] 강[12]에서 시작되어 가룬나 강과 대서양 및 벨가이 인의 영지에 둘러싸여 있고, 세콰니(Sequani) 족[13]이나 헬베티 족이 거주하는 곳에서는 레누스 강에 이르며 북쪽으로 확대되고 있다. 벨가이 인은 갈리아[14]의 영지 끝에서 시작되어 레누스 강 하류 지역에 이르며 북동쪽으로 향하고 있다. 아퀴타니아는 가룬나 강에서 피레나이[Pyrenaei] 산맥에까지 이르고 히스파니아[Hispanai][15]에 가까운 대양大洋에[16] 면해서 북쪽을 향하고 있다.)[17]

2 헬베티 족 가운데 가장 유명하고 부유한 사람이 오르게토릭스

---

8) 주 1) 참조.
9) 오늘날의 라인(Rhein) 강.
10) 이른바 게르만 인의 조상.
11) Strabo, 그 밖의 Ἐλαωητιοι 혹은 Ἐλβητιοι에 해당하는 것으로, 오늘날의 스위스에 거주했던 갈리 인 가운데서도 무용武勇으로 유명한 부족.
12) 오늘날의 론(Rhone) 강.
13) 오늘날의 센 강 상류 지역, 부르군디(Burgundie), 프랑슈콩테(Franche · comte) 및 알자스(Alsace)에서 살고 있던 부족.
14) 이것은 좁은 의미의 갈리아로, 켈타이(Celtae) 지역만을 가리키고 있다.
15) 오늘날의 스페인.
16) 오늘날의 비스케이(Biscay) 만.
17) 이 ( ) 속의 구절은 후세에 삽입한 것이 아닌가 하는 의심이 들게 한다. 문법이 잘 맞지 않으며, 문맥상으로도 헬베티 족과의 관계가 약간 미묘하다.

카이사르 시대의 갈리아

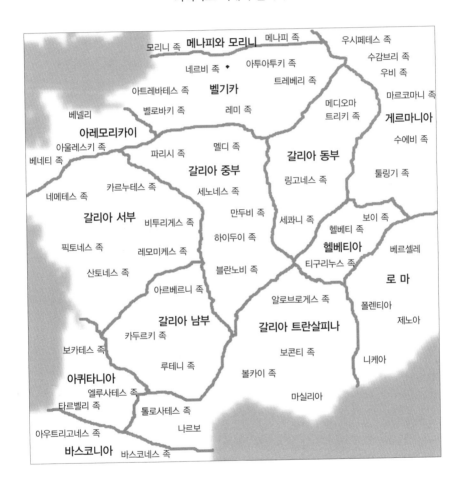

모리니 족　**메나피와 모리니**　메나피 족　　우시페테스 족

네르비 족 ◆　아투아투키 족　　수감브리 족

벨기카　　트레베리 족　　우비 족

아트레바테스 족　　　　　　　　　마르코마니 족

벨로바키 족　레미 족　　메디오마　　**게르마니아**

베넬리　　　　　　　　　트리키 족

아레모리카이　　　　　　　　　　수에비 족

아울레스키 족　　멜디 족

베네티 족　　파리시 족　**갈리아 동부**　　툴링기 족

　　　　　갈리아 중부　링고네스 족

네메테스 족　카르누테스 족　세노네스 족

갈리아 서부　비투리게스 족　만두비 족　　세콰니 족　보이 족

픽토네스 족　　　하이두이 족　헬베티 족　**헬베티아**

레모미케스 족　　　　　　티구리누스 족　베르셀레

산토네스 족　　　블란노비 족

아르베르니 족　　　　　　　　　　**로 마**

갈리아 남부　알로브로게스 족　폴렌티아

카두르키 족　**갈리아 트란살피나**　제노아

보카테스 족　　　보콘티 족　니케아

아퀴타니아　루테니 족　볼카이 족

엘루사테스 족　　　　마실리아

타르벨리 족　톨로사테스 족

아우트리고네스 족　　나르보

바스코니아　바스코네스 족

(Orgetorix)[18]였다. 메살라(M. Messala)와 피소(P. M. Piso)가 집정관 (Consul)일 때,[19] 오르게토릭스는 왕이 되고자 귀족들과 모의한 다음 부족[20] 사람들에게, "우리는 갈리아에서 가장 무용이 뛰어나고 우월하므로 쉽게 왕권을 차지할 수 있을 것"이라 말하면서 각자 재산을 가지고 영지에서 나설 것을 권했다.

이 설득이 쉽사리 이루어진 것은 헬베티 족의 영지가 지형상 주변과 차단되어 있었기 때문이다. 한쪽에서는 넓고 깊은 레누스 강이 헬베티 족의 땅을 게르마니 인으로부터 분리시키고, 다른 한쪽에서는 높은 이우라(Iura) 산이 헬베티 족과 세콰니 족의 영지 사이에 있고, 또 다른 한쪽에서는 레만누스(Lemannus) 호수[21]와 로다누스 강이 헬베티 족의 영지와 로마의 프로빈키아를 나누어 놓고 있었다. 이러한 환경 때문에 행동 범위가 좁아지고 인근 부족과 전쟁을 벌이기도 어렵게 되자, 호전적인 헬베티 족은 몹시 답답함을 느끼고 있었다. 사람수도 많고 무력도 있고 무용으로도 이름 높은 부족이었기 때문에 길이 240마일,[22] 폭 180마일의 영지[23]를 몹시 좁게 여기고 있었던 것이다.

---

18) 드 솔시(De Saulcy)는 고증학考證學의 입장에서 이것의 정확한 철자는 Orgetirix 또는 Orcetirix라고 주장하고 있다.

19) 기원전 61년에 해당하며, 이 책이 기술된 해로부터 보면 3년 전이 된다. 로마에는 이런 기년법紀年法 외에도 도시 건설에서 몇 년 하는 식으로 헤아리는 법이 있었다. 그러나 후자는 이 시대 이후에 시작된 것으로 생각된다.

20) civitas의 역어譯語. 갈리아에서의 최대 정치적 단위이며, 하나의 연합국가. 근접한 파구스 (pagus)의 정치적 집단으로 부富와 소망을 같이하고, 싸울 때 같은 장수를 받들고 평시에도 하나의 권위에 복종하는 조직이다. 카이사르의 책에 보이는 populus, natio, gens 등은 모두 이와 동의어다. 큰 국가 조직과 혼동되지 않도록 여기에서는 편의상 이것을 '부족' (또는 단순히 '족')으로 옮겨 두기로 한다.

21) 오늘날의 제네바(Geneva), 즉 레만(Leman) 호수.

22) M. P.＝Mille Passaum. passus는 5보(5pes)로, 거리를 나타내는 로마의 단위. 오늘날의 58.248인치에 해당한다. M. P.는 그 1000배로 이것이 로마의 마일이다. 오늘날의 약 1479.5미터에 해당하고, 영국 마일보다 약간 짧아 그 13마일이 영국의 12마일에 해당된다.

23) 이에 따르면, 그 영지는 스위스의 바젤(Basel)에서 제네바에 이르고 보드(Vaud), 뇌샤텔 (Neu chatel), 베른(Berne)의 일부를 포함하고 있다고 생각된다.

3 이러한 사정에 몰리고 또한 오르게토릭스의 언동에도 마음이 움직여, 사람들은 원정遠征에 필요한 것을 준비하기 시작했다. 그리하여 가능한 한 많은 군수품 수송용 말과 마차를 사들이고, 원정 도중의 곡물 공급에 차질이 없도록 비축을 위하여 많은 씨앗을 뿌렸으며, 인근 부족과의 친선을 도모했다. 2년이면 자신들의 계획을 달성하는 데 충분하다고 보고 3년째에 출발하기로 법으로 정했다. 그리고 목적을 이루기 위해 오르게토릭스를 선출했다.

오르게토릭스는 사절로서 다른 부족에게 가기로 했는데, 그 도중에 세콰니 족의 카타만탈로에디스(Catamantaloedis)의 아들인 카스티쿠스(Casticus)를 설복시켜 부친이 전에 가지고 있던 부족의 왕권王權을 되찾으라고 권유했다. 그의 부친은 오랫동안 세콰니 족의 왕위에 있으면서 원로원元老院으로부터 '로마의 친구'[24]라 불리고 있었다. 그 다음에는 하이두이(Haedui) 족[25]인 디비키아쿠스(Diviciacus)의 동생 둠노릭스(Dumnorix)에게도 같은 것을 권유하고 그와 자신의 딸을 결혼시켰다. 디비키아쿠스는 그 무렵 부족의 주권을 장악하고 있었고 또 인망人望도 있었다.[26]

여하튼 오르게토릭스는, 자신이 머지않아 부족의 지배권을 장악하게 될 것이므로 두 사람 모두 목적을 쉽게 달성할 수 있을 것이라 설득하고, 또한 헬베티 족이 갈리아 전체에서 가장 강한 것은 틀림없지만 자신이 돈과 병력으로 두 사람 또한 왕권을 갖도록 해 주겠다고

---

24) 외국의 군주가 Populi Romani Amicus라 불릴 경우에는 정식 동맹이 없더라도 로마와 이해를 같이하는 것으로 추정되어, 로마 인들은 적의 공격으로부터 그 사람을 보호할 의무가 자신들에게 있다고 생각하고 있었다.

25) 오늘날의 손(Saone) 강과 루아르(Loire) 강 사이에 살고 있던 부족으로, 갈리아 트란살피나(알프스 바깥쪽의 갈리아)에서 가장 유력했던 부족의 하나.

26) 홈메스(Holmes) 등은 이 구절을 Dumnorix와 연결하여 읽고 Principatum의 의미를 문제삼고 있지만, 여기에서는 Diviciacus에 걸리는 것으로 보고 자연스럽게 해석하였다.

확약했다. 두 사람은 그 말에 마음이 동하여 신의를 맹세하고, 왕위에 오른 날에는 가장 강하고 용감한 부족들로 갈리아 전체를 지배할 수 있기를 기대했다.

4 그런데 이 계획이 밀고자에 의해 헬베티 족에게 폭로되자 그들은 관습에 따라 오르게토릭스를 결박하고 이유를 말하도록 하였다. 당시의 법은 유죄로 판명되면 화형에 처하도록 되어 있었다. 이유를 말해야 하는 날, 오르게토릭스는 1만 명에 이르는 친족_{親族}[27]을 각지로부터 재판 장소로 모으고 또 수많은 피호민_{被護民}[28]과 채무자들도 그곳으로 모여들게 하여, 그 위세로써 이유를 말하지 않고 넘기려 하였다. 이에 격분한 부족 사람들은 무력에 호소해서라도 그들의 권리를 지키고자 한데다, 수령_{首領}[29]또한 그 지역에서 많은 사람을 불러모으자 오르게토릭스는 죽고 말았다. 헬베티 족이 생각하듯이 오르게토릭스가 자살했다는 의혹이 없는 것은 아니다.

5 오르게토릭스는 죽었지만 헬베티 족은 여전히 영지를 나설 결심을 굳히고 있었다. 마침내 그들은 원정에 필요한 준비가 다 되었다는 생각이 들자 열둘에 이르는 도시_市[30]와 400개의 촌_村 그리고 그 밖의 개인집에 불을 지르고, 휴대할 수 있는 것을 제외한 모든 곡식도 소각하여 환국_{還國}의 꿈을 깨버리고, 모든 위험을 견뎌 내려고 마음먹었다. 그들은 각자 3개월분의 식량을 빻아서 휴대하고 원정하기로 했다. 그들은 또한 인근의 라우라키(Rauraci) 족[31]과 툴링기(Tulingi) 족[32]

---

27) familia의 역어.
28) clientes의 역어. 여기에는 civitas에 속하는 자와 개인에 속하는 자가 있다. 이 경우에는 물론 후자다.
29) magistratus의 역어. 수령에는 civitas의 수령도 있고 pagus의 수령도 있다. 이 경우에는 복수이므로 물론 후자다.
30) oppidum의 역어. 갈리아의 도시는 많든 적든 모두 무장이 되어 있었고, 이 말은 카이사르의 책 속에서는 거의 urbs(도시)와 동의어로 쓰이고 있다.
31) 오늘날의 바젤 근처에 살고 있던 종족.

및 라토브리기(Latobrigi) 족[33]을, 이 계획에 의해 도시와 촌락을 불살라 버리고 자신들과 함께 출발하도록 설복시키고 보이(Boii) 족도 한패에 넣어 연합부족[34]을 이루었다. 이 보이 족은 레누스 강 대안對岸에서 살다가 노리쿰(Noricum) 땅으로 옮겨 온 부족으로, 노레이아(Noreia)를 습격한 일도 있다.

6 영지를 나서는 길은 둘밖에 없었다. 하나는 이우라 산과 로다누스 강 사이의 세콰니 족의 영지를 지나는 좁고 험한 길로, 이 길은 수송용 마차 한 대가 겨우 지나갈 수 있을 정도고 높은 산이 깎아지른 듯 솟아 있어 몇 사람에 의해서도 쉽게 저지당할 수 있는 위험한 길이다. 다른 한 길은 로마의 프로빈키아를 지나는 길로, 로마에 의해 막 평정된 알로브로게스(Allobroges) 족[35]의 영지와 헬베티 족의 영지 사이인데 로다누스 강이 흐르고 있지만 장소에 따라서는 걸어서 건널 수 있기 때문에 훨씬 간단하고 편리한 길이다.

알로브로게스 족의 영지에서는 가장 멀리 위치한 도시이자 헬베티 족의 영지에서는 가장 가까운 곳이 게나바(Ganava)[36]다. 이 도시와 헬베티 족의 영지를 잇는 다리가 있었다. 헬베티 족 사람들은, 알로브로게스 족이 아직 로마 인에게 복종하고 있지는 않다고 보고 이들을 설복시키든지 아니면 무력을 사용하여 그 영지를 통과할 작정이었다. 헬베티 족은 출발에 따른 모든 준비를 마치자 로다누스 강안에 모일 날을 정했다. 그날은 피소(L. Piso)와 아울루스 가비니우스(Aulus Gabinius)가 집정관이었던 해[37] 3월 28일이었다.

---

32) 오늘날의 스위스에 가까운 남부 독일에서 살고 있던 부족.
33) 오늘날의 콘스탄츠 호수 근처에서 살고 있던 부족.
34) socii의 역어. 주로 군사상의 목적에서 생겨난, 단순한 부족의 연합을 의미한다.
35) 오늘날의 론 강과 이제르(Isere) 강 사이에 살고 있던 부족.
36) 오늘날의 제네바.
37) 기원전 58년.

7 이들이 로마의 프로빈키아를 지나가려 한다는 통지를 받은 카이사르(Caesar)는 급히 수도[38]를 출발, 최대한의 강행군[39]을 하여 갈리아 트란살피나로 가다가 게나바에 도착했다. 그는 프로빈키아 전역에서 가능한 한 많은 병사를 모으고(갈리아 트란살피나에는 1개 군단[40] 밖에 없었다) 게나바에 있는 다리를 파괴했다.

헬베티 족은 카이사르가 왔다는 것을 알고, 수령 자리에 있던 남메이우스(Nammeius)와 베루클로에티우스(Verucloetius) 등 부족의 가장 고귀한 자들을 사절로 보내, "달리 길이 없는바, 손해를 끼치지 않을 터이니 프로빈키아를 통과할 수 있도록 허락해 달라"고 부탁했다.

카이사르는 일찍이 집정관인 카시우스(L. Cassius)가 살해되고 군대가 헬베티 족에게 격파된 뒤 멍에 밑을 빠져 나와야 했던 일[41]을 기억하고 있었기 때문에 승낙해서는 안 된다고 생각했다. 적의敵意를 지닌 자들에게 프로빈키아를 통과하도록 허락할 경우, 횡포나 손해를 당하지 않을 수 없으리라는 것이 그의 견해였다. 그러나 카이사르는 자신의 명에 따라 병사들이 모일 때까지 여유를 가져야 했으므로 사절

---

38) 보다 상세히 말하면, 로마의 교외다. 당시 카이사르는 군사적 지휘권을 지닌 proconsul이었기 때문에 도시로 들어가지 않았다.

39) 카이사르가 이끈 로마 군의 행군은 하루 20 ~ 30킬로미터가 보통이었다. 강행군은 그 이상으로 각각의 상황에 따라 변화가 있었을 것인데, 최대의 기록은 30시간 74킬로미터에 이르고 있다.

40) legion의 역어. 로마에서의 최대 군사적 단위. 당시엔 약 4~5,000(이상적으로는 6,000)의 병사로 구성되어 있었고, 이것은 10개의 cohort로 나뉘고, 각 cohort는 다시 3개의 manipulus로, 각 manipulus는 2개의 centuria로 이루어져 있었다. 이 전술 단위는 이우구르타(Iugurtha) 전쟁 때까지는 manipulus였던 것 같은데 마리우스의 개혁 이후엔 cohort로 바뀌고 있다. 여기서 말하는 군단은 제10군단이었다.

41) 기원전 107년의 일. 킴브리 족과 테우토니 족이 침입해 왔을 때 헬베티 족이 이에 가담하여 그 한 파구스(부족)인 티구리니(Tigurini)가 로마 군을 패주시켰다. 그들은 당시 두 개의 창을 세우고 다른 또 하나의 창을 그 위에 걸친 뒤, 패자인 로마 군으로 하여금 복종의 표시로 무기를 버리고 그 밑을 빠져 나가도록 했다. 그것은 항복자가 강요받는 굴욕적 행위였다.

에게는 며칠간 생각해 보겠다, 그래도 좋다면 4월 13일에 다시 오라고 답했다.

8 그 사이 카이사르는 자신을 따르고 있던 군단[42]과 프로빈키아에서 모은 병사들을 시켜 로다누스 강으로 흘러 나가는 레만누스 호수에서, 헬베티 족과 세콰니 족의 영지 사이에 있는 이우라 산에 이르기까지[43] 19마일에 걸쳐 높이 16페스[44]의 방벽防壁과 해자垓字를 구축했다. 공사가 완료되자, 설사 적이 자신의 의사에 반하여 건너온다 해도 쉽게 저지할 수 있도록 수비대를 두고 방채防砦[45]를 단단히 지키게 했다.

정해진 날, 사절이 오자 카이사르는 로마 인의 관습과 전례前例에 따라 누구에게도 프로빈키아의 통과를 허락할 수 없다고 거절하고, 설혹 무력을 사용한다 할지라도 이를 저지하겠다고 언명했다. 실망한 헬베티 족은 배다리를 만들거나 많은 뗏목을 엮어서 혹은 로다누스 강의 얕은 여울을 걸어서 건너가 낮에는 말할 것도 없고 밤이 되면 더 한층 빈번하게 무력으로 이를 돌파하려 했지만 견고한 공사工事와 병사의 집결 및 텔라[46] 등으로 격퇴되자 그 시도를 단념했다.

9 이제 헬베티 족에게는 세콰니 족을 지나는 길밖에 남아 있지 않았으나, 그 길은 좁고 더욱이 세콰니 족의 동의가 없으면 통과할 수 없었다. 헬베티 족은 자신들만으로는 세콰니 족을 설복시킬 수 없자 하이두이 족의 둠노릭스에게 사절을 보내어 그의 중재로 세콰니 족의 허락을 얻어내려고 했다. 둠노릭스는 친절하고 너그러운 인품으

---

42) 제10군단을 가리킨다.
43) 이것은 제네바 호수에서 파 드 레클뤼즈(Pas de l' Ecluse)에 걸쳐 설치된 듯하다.
44) pes — 로마 인의 보측步測 단위. 오늘날의 11.649인치 = 0.2959미터에 해당한다.
45) castellum 의 역어.
46) tela — 던지는 물건, 즉 얼마간의 거리를 둔 전투에 사용되는 무기로, 투창·화살·단검 등을 말한다.

로 세콰니 족에 대한 영향력이 컸고 헬베티 족과의 사이도 좋았다. 왜 나하면 그는 헬베티 족인 오르게토릭스의 딸을 아내로 맞아들였을 뿐만 아니라 스스로도 왕이 되고자 개혁을 열망하고 있었고 가능한 한 많은 부족과의 우호적인 관계를 원하고 있었기 때문이었다. 이런 까닭으로 둠노릭스는 이 제안을 받아들여, 헬베티 족이 영지를 통과하 는 것을 허가하라고 세콰니 족을 설득하고, 세콰니 족에게는 헬베티 족 의 전진을 방해하지 말 것을, 헬베티 족에게는 난폭한 짓을 하거나 손 해를 끼치지 말고 통과할 것을 조건으로 서로 인질을 교환하게 했다.

　10 헬베티 족이 세콰니 족과 하이두이 족의 땅을 지나 산토네스 (Santones) 족[47]의 영지로 전진하려는 것을 카이사르가 알게 되었다. 산토네스 족의 영지는 프로빈키아의 톨로사테스(Tolosates) 족의 영 지에서 그다지 멀지 않았다. 따라서 그러한 일이 일어난다면 광활하 고 기름진 지역과 호전적이며 로마 인에게 적의敵意를 품고 있는 자 들의 거주 지역이 접경하게 되어 프로빈키아가 몹시 위험해질 것이 라 생각했다.

　이러한 이유로 카이사르는 축성된 보루堡壘의 지휘를 부장副將[48] 라 비에누스(Labienus)에게 부탁하고, 자신은 이탈리아(Italia)[49]로 강행군 하여 그곳에서 2개 군단[50]을 모으고 다시 아퀼레이아(Aquileia)[51] 부근

---

47) 오늘날의 생토뉴(Saintonge), 즉 가론 강 하구 우안 일대에 거주했던, 아퀴타니아에 소속 된 부족. Santoni족이라고도 한다.
48) legatus의 역어. proconsul에 직속되어 이를 보좌하는 장관將官으로 원로원 의원이었던 사 람 가운데서 원로원에 의해 임명되는 것이 원칙이다. 카이사르가 책 속에서 열거하고 있 는 사람은 모두 14명인데, Hirtius나 그 밖의 기사記事에 의해 추측하면 그 실제 수는 약간 더 많았던 것 같다. 부장은 요구에 응하여 카이사르를 대신해 군대를 지휘하거나, 사절이 되어 다른 자와 담판하기도 했다.
49) 여기에서는 갈리아 키살피나(Gallia Cisalpina)를 가리킨다.
50) 제11, 제12군단.
51) 이스트리아(Istria) 및 일리리아(Illyria)에 가까운 이탈리아의 도시로 티마부스(Timavus) 강에 면해 있다. 오늘날의 트리에스테(Trieste) 부근.

에서 겨울을 난 3개 군단[52]을 동영지冬營地에서 끌어내 모두 5개 군단을 이끌고, 알페스(Alpes) 산맥을 넘어 갈리아 트란살피나로 가는 지름길을 택해 길을 재촉했다. 그곳에서는 케우트로네스(Ceutrones) 족[53]과 그라이오켈리(Graioceli) 족[54], 카투리게스(Caturiges) 족[55]이 고지高地를 점령하고 부대의 전진을 저지하려 했다. 이를 여러 차례의 전투 끝에 격파하고 내內프로빈키아[56]의 외곽 '도시'인 오켈룸(Ocelum)[57]을 지나 7일째에 외外프로빈키아[58]의 보콘티(Vocontii) 족[59]의 영지로 들어갔다. 그리고 거기에서 알로브로게스 족의 영지로, 그곳에서 다시 세구시아비(Segusiavi) 족[60]의 영지 쪽으로 부대를 진격시켰다. 세구시아비 족은 프로빈키아에서 로다누스 강을 건너면 최초로 만나는 부족이다.

11 헬베티 족은 이미 협로峽路와 세콰니 족의 영지로 부대를 통과시켜[61] 하이두이 족의 영지로 들어가 그 지역을 약탈했다. 하이두이 족은 자신들의 신변도 재산도 스스로 지키지 못한 채 카이사르에게 사절을 보내, 자신들은 언제나 로마를 위해 최선을 다해 왔음에도 불구하고 로마 군의 눈앞에서 땅은 황폐화되고 자식들은 노예로 끌려가고 도시는 함락되었다며 원조를 요청했다. 동시에 하이두이 족의

---

52) 제7, 8, 9군단.
53) 오늘날의 타렌테이즈(Tarentaise) 강 골짜기 부근에 살고 있던 부족.
54) 프로빈키아의 한 부족.
55) 프로빈키아에 가까운 드루엔티아(Druentia), 즉 오늘날의 뒤랑스(Durance) 강변에 살고 있던 부족.
56) Provincia citerior. 이것은 '갈리아 키살피나'를 의미한다.
57) 오늘날의 아비글리아나(Avigliana) 부근.
58) Provincia ulterior, 즉 프로빈키아 로마나(Provincia Romana)를 가리킨다.
59) 프로빈키아의 한 부족으로 론 강 좌안에 살고 있었다.
60) Segusiani라 쓰인 것도 있다. 손 강과 론 강의 교차지점에서 가까운 오늘날의 푀르스(Feurs)에 살고 있던 부족.
61) 파 드 레클뤼즈를 지나 론 강 좌안을 빠져 나와 손 강을 건넌 곳은 리옹(Lyon) 바로 북쪽이었다고 생각된다.

동족이자 친구인 하이두이 암바리(Ambarri) 족[62]도 영지를 유린당했을 뿐만 아니라 도시도 적의 공격을 막아내지 못하고 있다고 카이사르에게 알려 왔다. 로다누스 강 맞은편에 촌락과 영지를 갖고 있는 알로브로게스 족도 카이사르 곁으로 도망쳐 와 자기들에게는 땅 이외에는 아무것도 남아 있지 않다고 말했다. 이러한 사정에 쫓긴 카이사르는 헬베티 족이 연합부족의 재산을 잿더미로 만들 때까지 마냥 기다리고 있을 수만은 없다며 산토니(Santoni) 족[63]의 영지로 진격할 것을 결심했다.

12 아라르(Arar) 강[64]은 하이두이 족과 세콰니 족의 영지를 지나 믿을 수 없을 정도로 완만하게 로다누스 강으로 흘러드는 까닭에 언뜻 보아서는 어느 쪽으로 흐르는지 헤아리기가 어렵다. 헬베티 족은 뗏목과 작은 배를 서로 연결시켜 이 강을 건너고 있었다. 카이사르는 헬베티 족의 세 부대는 이미 강을 건너갔고 네번째 부대가 아라르 강 앞에 남아 있다는 사실을 정찰대를 통해 알게 되자 3경三彊[65]에 세 군단을 이끌고 진지를 나와, 아직 강을 건너지 못한 부대를 공격하였다. 불시에 습격을 받고 자신의 군수품 때문에 행동에 제약을 받은 많은 적이 살해되었다. 간신히 살아 남은 적들은 도망쳐서 인근 숲으로 숨어들었다.

기습을 당한 파구스(pagus)[66]는 '티구리누스(Tigurinus)'라 불리고 있었는데, 원래 헬베티아(Helvetia) 부족은 모두 네 부분, 즉 네 파구스

---

62) 손 강과 헬베티 족 사이, 하이두이 족 영지의 동쪽에 살고 있던 부족.
63) 산토네스 족을 가리켰다.
64) 오늘날의 손 강.
65) tertia vigilia의 역어. 로마 인은 군사상의 목적에서 일몰시부터 새벽까지의 경비를 4등분하여 1경, 2경, 3경, 4경으로 나누어 경계했다. 여름에는 밤이 짧기 때문에 물론 그 시간도 단축되었다. 따라서 3경은 제3경계시간의 약어略語라고 이해하면 되는데, 그것은 한밤중에 시작되었다.
66) 갈리아에서의 최소 정치 단체, 부족.

로 나뉘어 있었다. 이 파구스만 선대先代에 본국에서 나와 집정관 카시우스를 살해하고 그 부대로 하여금 멍에 밑으로 빠져 나가게 한 일이 있었다. 우연한 일인지 혹은 불멸不滅의 신들의 섭리에서인지, 헬베티아의 부족 가운데서 로마에 심한 재난을 끼친 적이 있는 파구스가 최초로 벌을 받았다. 카이사르는 공적으로뿐만 아니라 사적인 원한에 대해서도 복수를 했다. 왜냐하면 티구리니(Tigurini) 족이 앞의 전쟁에서 카시우스와 함께 살해한 부장副將 피소는 자신의 장인인 피소[67]의 조부祖父였기 때문이다.

13 이 전투가 끝나자 카이사르는 헬베티 족의 다른 부대를 추격하기 위해 아라르 강에 다리를 세우고 부대를 도하시켰다. 헬베티 족은 자신들은 20일 만에도 어려웠던 도하를 카이사르가 단 하루 만에 끝마친 것을 보고 공포를 느껴 카이사르에게 사절을 보냈다. 사절의 우두머리는 디비코(Divico)라는 자로, 카시우스와의 전쟁 때 헬베티 족을 지휘했던 사람이었다. 디비코는 카이사르를 향해, "만약 로마가 헬베티 족과 화약和約을 맺는다면 헬베티 족은 카이사르 당신이 정해 주는 곳으로 가서 머물 것이지만, 끝까지 싸우려 한다면 지난날 로마의 패배와 헬베티 족의 지금까지의 무용武勇을 상기하는 것이 좋을 것이다. 카이사르 당신은 불시에 한 파구스를 습격했고 그때 이미 강을 건너가 버린 우리가 동료들을 조금도 돕지 못했다고 해서 그것으로 무용을 자랑하거나 우리를 경멸한다면 곤란하다. 우리는 조상 대대로 '계책을 쓰지 말고 함정을 이용하지 말며 무용에 의존하라' 는 가르침을 받아 왔다. 그러니 우리가 있는 이곳이 로마의 재난과 부대의 전멸로 유명해져 후세에 기억되는 사건이 되지 않도록 하라"고 위세 좋게 지껄여댔다.

---

67) 카이사르는 기원전 59년에 세번째 아내인 칼푸르니아(Calpurnia)와 결혼했다. 이로 인해 생긴 관계다.

14 이에 대해 카이사르는, "그건 잘 알고 있다. 헬베티 족의 사절이 말하는 바를 충분히 깨닫고 있고 그 사건이 로마에 어울리지 않는 만큼 원통하기 짝이 없다. 만약 로마 군에게 무슨 난폭한 일을 당한 기억이 있었다면 그때 경계하는 일이 어렵지 않았을 것이지만 달리 마음에 거리끼는 일을 당한 기억이 없었고 또 이유도 없이 주의를 기울일 필요는 없다고 생각했기 때문에 도리어 그 허虛를 찔렸을 것이다. 그런 옛날의 난폭한 짓은 잊는다 하더라도, 무력에 의지해 허가도 얻지 않고 프로빈키아를 통과하려 하고, 또한 하이두이 족과 암바리 족과 알로브로게스 족을 괴롭힌 이번의 난폭한 짓은 잊을 수 없다. 이렇게까지 오만하게 승리를 자만하고 오랫동안 벌도 받지 않고 제멋대로 난폭한 짓을 거듭하게 된 것도 같은 것을 의미한다. 불멸의 신들은 벌주려는 자를 한층 더 고통스럽게 만들기 위해 유위전변有爲轉變으로 종종 행운을 맛보게 하고 특히 장기간 무사하도록 허락하는 것이 보통이다. 그건 그렇다 치더라도 만약 인질을 내어 약속의 이행을 보증하고 하이두이 족과 그 연합부족에게 가한 난폭한 일에 대해서도 하이두이 족에게도 알로브로게스 족에게도 똑같이 만족할 만한 조치를 취한다면 화약을 맺겠다"고 답했다. 디비코는 "헬베티 족은 선조 때부터 '인질은 받지도 보내지도 않는다'고 정해져 있었으며 로마가 그 증인이다"[68]라고 응수했다. 디비코는 이렇게 답하고 떠났다.

15 그 이튿날 헬베티 족은 그곳에서 진지를 옮겼다. 카이사르도 똑같이 이동하고 프로빈키아 전역과 하이두이 족 그리고 그 연합부족에서 모은 4천명의 기병騎兵을 모두 선행先行시켜 적의 전진 방향을 살피게 했다. 기병은 너무 열심히 적의 후미를 따라붙은 나머지 불리한 장소에서 헬베티 족의 기병과 접전하여 약간 명의 아군이 죽었다.

---

68) 기원전 107년에 카시우스가 지휘하던 로마 군이 패주한 일을 가리킨다.

헬베티 족은 겨우 500명의 기병으로 다수의 기병을 격파했다는 사실에 자신만만해져 더욱 담대하게 저항하고 종종 후미의 대오에서 아군에 도전해 왔다. 카이사르는 부하들에게 전투를 삼가게 하고 우선은 적의 도둑질, 양식의 징발, 약탈 등을 저지하면 충분하다고 생각했다. 이런 상태로 약 15일간 적의 후미와 아군의 전위 사이에 5, 6마일이 채 안 되는 거리를 두고 전진했다.

16 그 동안에 카이사르는 매일같이 하이두이 족이 공공연하게 약속했던 곡물을 재촉했다. 앞서 말한 것처럼 갈리아는 북방에 위치한 관계로 추위 때문에 땅에 심은 곡물이 여물지 않을 뿐만 아니라 양식의 공급도 충분하다고는 할 수 없었다. 게다가 아라르 강을 이용하여 곡물을 배로 공급했던 것도 이제는 헬베티 족이 아라르 강에서 진로를 바꾸는 바람에 불가능하게 되었다. 하이두이 족은 매일같이 질질 끌며 "모으고 있다"라든지 "운반하고 있다"라든지 "이미 그곳으로 가고 있다"라는 등의 말을 하고 있었다.

카이사르는 그것이 너무 오랫동안 지연되고 또한 병사들에게 곡물을 나누어 주어야 할 날도 닥쳐오자 진중陣中에 많이 있었던 하이두이 족의 수령[69]들을 소집했다. 그 중에는 디비키아쿠스도 있었고, 또한 매년 선출되어 생살여탈生殺與奪의 대권을 장악하는 최고 장관으로서 하이두이 족이 베르고블레투스(Vergoble-tus)라 부르던 리스쿠스(Liscus)도 있었다. 카이사르는 살 수도 토지에서 모을 수도 없는 비상시에 적을 가까이 두고서 조금도 원조를 받지 못하는 데다, 전쟁을 시작하게 된 것 또한 하이두이 족의 강한 요청 때문이 아니었던가라며 그들을 준열히 힐문했다. 특히 그와 그의 군대가 버림받고 있는 데 대해 분개했다.

---

69) princeps의 역어. magistratus와 동의어.

17 그러자 마침내 리스쿠스가 카이사르의 말에 감동하여 그 때까지 입에 올리지 않았던 바를 이야기했다.

"민중에 대해 큰 영향력을 가지고 있는 자가 있는데 사적이긴 하지만 수령들보다도 훨씬 유력하다. 그자가 선동적이고 무책임한 말을 해대며 모든 사람에게 부담시킨 곡물을 모으지 못하게 방해하고, '하이두이 족이 갈리아의 중심은 되지 못한다 하더라도 로마 인의 지배보다는 갈리아 인의 지배를 선택해야 한다'고 주장하며 '만약 로마 인이 헬베티 족에게서 승리를 거둔다면 다른 갈리아 인들에 대해서와 마찬가지로 하이두이 족으로부터도 자유를 박탈할 것이 틀림없다'고 말했다. 아군의 계략과 진중陣中의 행동이 그자를 통해 적에게 전해지고 있지만 나 자신으로서는 어떻게 할 수가 없다. 이제 이렇듯 어쩔 수 없는 사정을 카이사르 당신에게 이렇게 누설했지만, 지금까지는 이것이 얼마나 크게 위험한 행동인지도 알고 있었다. 그래서 가능한 한 입을 다물고 있었다."

18 카이사르는 리스쿠스의 말을 듣고 디비키아쿠스의 동생 둠노릭스가 그자일 것이라 생각했다. 그러나 많은 사람 앞에서 그것을 문제삼고 싶지 않아서 회의를 빨리 끝낸 뒤, 리스쿠스만 뒤에 남겨 놓았다. 그리고 그가 회의에서 말했던 바가 사실임을 알았다. 리스쿠스는 자유롭고 대담하게 말했다.

"기질이 활달하여 민중에게 인기가 있고 변혁을 열망하는 대담무쌍한 둠노릭스가 그 사람이다. 둠노릭스는 오랫동안 하이두이 족의 관세關稅[70]와 기타 모든 세금[71]을 값싼 지정가指定價로 사들이고 있다.[72]

---

70) portoria의 역어. 상품의 수출입에 부과되는 것
71) vectigalia의 역어. 세금 일체를 총칭.
72) 징세 청부제도다. 즉 그는 자신의 위세를 이용하여 수령들로부터 한꺼번에 값싸게 징세권을 사들이고, 후에 부족으로부터 착취했던 것이다.

그 지정가에 대항하여 값을 매기는 사람은 없었다. 이러한 방법으로 그는 사재私財를 늘림과 동시에 자선할 수 있을 정도의 막대한 재력을 쌓았다. 그리고 자비自費로 항상 다수의 기병騎兵을 양성하여 수하에 두고 있고, 본국뿐만 아니라 인근 부족에게까지도 광대한 영향력을 미치고 있다. 또 영향력의 확장을 위해 비투리게스(Bituriges) 족[73] 가운데 가장 이름 높고 영향력 있는 유력자에게 모친을 개가시키고, 자신은 헬베티 족으로부터 아내를 취했으며, 동복同服 자매[74]와 친척을 다른 부족에게 시집보냈다. 이러한 친척 관계 때문에 헬베티 족을 편들어 뒷배를 보아 주고 그들의 입장에서 카이사르 당신과 로마 인을 증오했다. 그것은 로마 인이 오면 자신의 세력은 약화되고 형인 디비키아쿠스가 영향력 있고 명예 있는 이전의 지위를 되찾으리라 생각했기 때문이다. 또 그는 만일 로마 인에게 무슨 일이 일어난다면 헬베티 족을 이용하여 왕권을 장악하겠다는 희망을 품고 있었는데, 로마의 지배하에서는 왕권은커녕 자신이 이미 지니고 있는 영향력마저 체념하지 않으면 안 되기 때문이다."

카이사르는 심문에 의해 수일 전의 기병의 패전은 둠노릭스와 그 기병(하이두이 족이 카이사르를 돕기 위해 파견한 기병은 둠노릭스가 지휘하고 있었다)의 도망으로 놀란 나머지 다른 기병들이 공포에 질렸기 때문임을 알게 되었다.

19 이런 사실을 알게 되자 의심스러웠던 사정이 확실히 밝혀졌다. 둠노릭스는 헬베티 족을 세콰니 족의 영지로 통과시키고 인질을 서로 교환케 하는 등, 카이사르나 부족이 명령하지 않았을 뿐만 아니라 하이두이 족도 모르는 짓을 했으므로, 하이두이 족의 수령으로부터

---

73) 아퀴타니아에 소속되고 루아르 강을 사이에 두고 하이두이 족과 인접해 있었다. 오늘날의 부르주(Bourges) 근처에 살고 있었던 부족.

74) 동모이부同母異父의 자매.

고발당하고 있었던 것이다. 카이사르는 이자를 자신이 직접 처벌하든 부족에게 명하여 처벌케 하든, 어떻든 간에 처벌하기에 충분한 이유가 있다고 생각했다.

그런데 단 한 가지 난처한 점이 있었다. 그것은 둠노릭스의 형인 디비키아쿠스의 로마에 대한 성의와 카이사르에 대한 호의, 그리고 뛰어난 성실성과 정의감 및 온건한 태도를 알고 있는만큼 동생이 처벌당하면 그의 마음이 상하지 않을까 하는 염려였다. 그래서 무엇보다도 먼저 디비키아쿠스를 가까이 부르고 통역을 물리친 다음, 친우親友이자 갈리아 프로빈키아(Gallia Provincia)[75]의 요인으로 그 어떤 일에 대해서도 신임하고 있었던 발레리우스 트로우킬루스(Valerius C. Troucillus)를 사이에 두고 디비키아쿠스와 이야기를 나누었다.

카이사르는 갈리 인의 회의 때 디비키아쿠스 앞에서 언급되었던 둠노릭스에 대한 이야기를 되풀이함과 동시에 사람들이 둠노릭스에 대해 카이사르에게 사적으로 말했던 바도 털어놓았다. 그러나 디비키아쿠스의 마음을 상하게 하고 싶지 않아서, 스스로 조사해 보고 처벌하든지 아니면 부족으로 하여금 처벌케 하든지 알아서 하라고 부탁도 하고 권유도 해 보았다.

20 디비키아쿠스는 몹시 울며 카이사르를 끌어안고, "나 자신도 그것이 진실임을 알고 있다. 나만큼 그 일로 괴로워하고 있는 사람은 없다. 일찍이 내가 본국과 그 밖의 갈리아에도 영향력이 있을 때 동생은 너무 어려 세력도 없이 내 도움으로 성장했지만 이제 오히려 나의 부富와 힘을 빌려 내 세력을 약화시켰을 뿐만 아니라 거의 파멸 지경에까지 몰아넣었다. 그러나 나는 형으로서의 애정과 민의民意의 향방에 따랐다. 당신이 동생에게 가혹한 행위를 한다면 나 자신이 당신 곁에

---

75) 프로빈키아와 동일.

서 우정을 얻고 있는 이상 그것이 나의 승낙 없이 행해졌다고는 아무도 생각지 않을 것이고, 그렇게 된다면 모든 갈리 인의 마음이 나로부터 떠나갈 것이다"라고 말하면서 동생에게 엄벌이 가해지지 않도록 신신당부했다.

디비키아쿠스가 눈물을 흘리며 끈질기게 부탁하자, 카이사르도 그의 오른손을 잡고 달래며 더 이상 부탁하지 말아 달라고 말했다. "나의 친애하는 정은 대단히 깊으므로 당신이 바라고 당신이 부탁한다면 나의 국가에는 해를 끼치는 일이 되고 또한 나에게는 고통이 되더라도 참도록 하겠다"고 말했다. 그리고 둠노릭스를 불러내 형과 함께 동석시켰다. 그런 다음 힐문하지 않으면 안 되는 사정을 밝히고, 자신이 알고 있는 바와 부족의 한탄을 설명하며 이후로는 의심을 받지 않도록 행동하라 충고하고, 지금까지의 일은 형인 디비키아쿠스의 얼굴을 보아 용서하겠다고 말했다. 그때부터 둠노릭스에게 그 행동과 의논 상대를 알아내기 위해 감시를 붙여 놓았다.

21 같은 날 정찰병을 통해 적이 아군의 진지에서 8마일 떨어진 산기슭에 머물고 있다는 것을 알아낸 카이사르는 그 산의 형태와 등정로登頂路를 알아보기 위해 사람을 보냈다. 그것은 손쉬운 일이었다. 그리고 3경에 프로 프라이토르인 부장副將[76] 라비에누스에게 2개 군단을 인솔시켜 안내자와 함께 산의 정상에 오르도록 계략을 짰다. 그 후 자신은 4경에 적이 지나갔던 바로 그 길로 나아가 적에게 접근하고 기병 전체를 앞쪽에 배치했다. 기병대의 앞쪽에는 예전에 술라(L. Sulla)의 부대와 크라수스(M. Crassus)[77]의 부대에 근무한 적이 있으며 군사軍事에 정통하다고 알려진 콘시디우스(P. Considius)를 정찰대와

---

76) legatus pro praetor, 즉 praetor 권위를 지닌 legatus로, 카이사르의 부재시에는 그를 대신할 만한 인물이었다.
77) 카이사르의 휘하에서 근무한 푸블리우스 크라수스의 부친으로서 삼두정치로 유명한 인물.

함께 선행시켰다.

22 새벽에 산정이 루키우스 라비에누스에 의해 점령되고 카이사르 자신은 적의 진지에서 1마일 반도 떨어져 있지 않았는데, 후에 포로로부터 알아낸 바에 따르면 적은 카이사르의 도래到來도 라비에누스의 도래도 깨닫지 못하고 있었다. 그런데 그때 콘시디우스가 말을 몰고 카이사르 앞으로 급히 달려와, 라비에누스가 점령한 것으로 생각했던 산은 적이 차지하고 있으며 갈리 인들의 무기와 몸차림[78]으로 그것을 알아냈다고 고했다. 카이사르는 부대를 가까운 언덕으로 이끌고 올라가 포진했다. 라비에누스는 카이사르로부터 아군 부대가 적의 진지 가까이에 나타날 때까지는 전투를 하지 말고 기다리다가 일시에 사방에서 습격하라는 명령을 받고 있었기 때문에 산을 점령한 후에도 아군을 기다리며 전투를 삼가고 있었다. 마침내 그날도 얼마간 시간이 지난 후 카이사르는 정찰을 통해, 산이 아군에게 점령되어 있다는 것과 헬베티 족이 진지를 이동했다는 것, 콘시디우스가 두려운 나머지 보지도 않은 것을 보았다고 보고했다는 것을 알았다. 그날은 계속 일정한 거리를 유지한 채 적을 쫓다가 적의 진지에서 3마일 떨어진 곳에 진지를 구축했다.

23 다음날, 군대에 곡식을 나누어 주어야 할 날이 이틀 앞으로 다가오고, 하이두이 족의 지역 중에서 가장 크고 부유한 도시인 비브락테(Bibracte)까지는 18마일의 거리밖에 되지 않았으므로 곡물을 공급하기로 마음먹고, 헬베티 족 쪽으로부터 길을 바꿔 비브락테를 향해 급히 떠났다. 이 일이 갈리 인의 기병대장 아이밀리우스(L. Aemilius)의 탈주병脫走兵을 통해 적에게 통지되었다.

헬베티 족은 로마 군이 두려운 나머지 그들에게서 멀어져 가는 것

---

78) insigne의 역어. 이것은 사슴 뿔과 독수리의 깃털 등이다.

이라 생각했다. 특히 전날에 고지高地를 점령하고도 싸우지 않은 것을 보면 더욱 그렇다고 생각했던 모양이다. 그렇지 않으면 곡물을 차단할 수 있다고 믿었기 때문인지, 헬베티 족은 계획을 바꾸고 길도 달리하여 로마 군의 후미를 바짝 뒤따르면서 싸움을 걸어 왔다.

24 카이사르는 이것을 보고 부대를 근처 언덕[79]으로 끌고 올라간 뒤 기병을 내보내 적의 공격을 막았다. 그 사이에 자신은 노련한 4개 군단으로 언덕 중턱에 세 겹의 전투대형[80]을 갖추고, 최근에 갈리아 키살피나에서 소집한 2개 군단과 원군援軍 전부를 언덕 위에 배치하여 언덕의 윗부분을 사람으로 뒤덮고, 짐과 군수품軍需品[81]은 한 곳에 모으도록 하여 고지에 포진한 자들로 하여금 지키게 했다. 헬베티 족은 수레를 전부 이끌고 추격해 와 군수품을 한 곳에 모은 다음 밀집대형密集隊形으로 아군의 기병을 물리치고 방진方陣의 형태로 아군의 제1진第一陣에 육박해 왔다.

25 카이사르는 먼저 자신의 말을, 다음으로 모두의 말을 보이지 않는 곳으로 이동시키고 모든 위험을 균등히 하여 도망칠 여지를 없애 버린 뒤 부하들을 독려하면서 전투를 개시했다. 병사들은 고지에서 창을 던져 어려움 없이 적의 방진을 무너뜨렸다. 그리고 그것이 무너지자 칼을 빼어 들고 적진 깊숙이 쳐들어갔다.

갈리 인의 방패는 대부분 로마 병사가 던지는 창의 일격에 부서져

---

79) 툴롱쉬르아룩스(Toulon·sur·Arroux)로부터 북서쪽으로 약 3마일 떨어진 몽모르(Montmort) 중에서 카이사르의 진지가 아르메시(Armecy) 언덕일 것이라고 추정된 것은 1867년의 일이고, 그 후 스토펠(Stoffel)의 발굴로 로마 군이 판 호壕의 자취가 반월형으로 발견되었다.

80) 한 군단에는 10개의 코호르스가 있었다. '세 겹의 전투대형'이란 다음과 같은 경우를 가리킨다.(관련하여 315쪽의 〈로마 군단의 편성 및 전술〉 참조)

‒ ‒ ‒ ‒ ‒   ‒ ‒ ‒ ‒   ‒ ‒ ‒ ‒

‒ ‒ ‒   ‒ ‒ ‒ ‒   ‒ ‒ ‒

‒ ‒ ‒   ‒ ‒ ‒ ‒

날아가고, 또한 창끝의 쇠가 휘어지면 방패에서 빼낼 수도 없어 왼손이 부자유스러워져 마음먹은 대로 싸울 수도 없었다. 그래서 많은 갈리 인들은 한동안 팔만 휘두르다가 이윽고 방패마저 손에서 떨어져 나가자 몸도 가리지 못한 채 싸우게 되었다. 마침내 갈리 인은 부상당한 채 물러나 약 1마일 거리의 인근 산으로 퇴각하기 시작했다.

그 산에 도착한 갈리 인에게 아군이 다시 육박해 들어가자, 1만 5천 정도의 병력으로 적의 후미를 방비하고 있던 보이 족과 툴링기 족이 아군의 우측[82]을 습격하고 포위했다. 산으로 퇴각했던 헬베티 족도 이를 보고 사기가 올라 전세를 만회하기 시작했다. 이에 로마 군은 방향을 바꾸어 양면에서 공격하기로 하고 제1과 제2의 전진戰陣은 패주한 적과 싸우게 하고 제3의 전진으로 하여금 이 새로운 상대와 맞서도록 하였다.

26 양면 전투는 오랫동안 격렬하게 계속됐다. 적은 아군의 공격을 더 이상 막아낼 수 없게 되자, 일부는 의지하고 있던 뒷산으로 퇴각하고 나머지는 군수품과 마차가 있는 곳으로 모였다.

전투는 7시[83]부터 저녁 무렵까지 계속됐지만, 아무도 도망치는 적의 모습을 보지 못했다. 군수품이 있는 곳에서는 밤이 이슥할 때까지 전투가 있었다. 적은 마차를 보루 삼아 그 위에서 접근하는 아군에게 텔라를 던지고, 혹자는 마차나 수레바퀴 사이로 쌍날 창이나 나무창을 던져 아군에게 부상을 입혔다.[84]

장시간의 전투 끝에 아군은 군수품과 마차와 진지를 손에 넣었다.

---

81) sarcina의 역어. 병사들의 군용 물자이며, impedimenta(수하물, 행낭)와는 다른 것이다.
82) ab latere aperto. 노출된 측면 즉 방패가 없는 측면으로, 우측을 가리킨다.
83) 로마 인은 아침 6시에서 저녁 6시까지 12시간으로 나누었는데 그 일곱번째 시각이므로, 오늘날의 시각으로 본다면 정오에서 오후 1시까지의 시각에 해당한다.
84) 여자도 이 방어전에 참가한 듯하다. 여자도 matara(쌍날 창)나 tragula(나무창)를 던진 것이다. 텔라에 대해서는 제1권 주 46) 참조.

거기에서 오르게토릭스의 딸과 아들이 각각 한 명씩 붙잡혔다. 이 전투 후 약 13만 명의 적이 살아 남아 그날 밤새 쉬지 않고 걸었다. 아군역시 밤새워 행군하여 나흘째에 링고네스(Lingones) 족의 영지에 도착했지만, 이곳에서 병사들의 부상 치료와 전사자들의 매장을 위해 3일 정도 머물게 되었으므로 적을 추격할 수 없었다. 카이사르는 링고네스 족에게 사자使者와 편지를 보내, 헬베티 족에게 곡물 및 그 밖의 것을 제공하지 말 것이며 만약 그렇게 한다면 헬베티 족과 동일시하겠다고 통고했다. 카이사르는 3일간의 휴식 후 전군을 이끌고 추격에나섰다.

27 헬베티 족은 모든 것이 부족하여 카이사르에게 항복 사절을 보냈다. 사절은 행군하고 있는 로마 군을 만나자 발밑에 몸을 던지고 울면서 탄원하는 형식으로 화해를 구하였다. 카이사르가 자신이 갈 때까지 지금 있는 장소에서 기다리라고 명하자 그대로 했다. 그곳에 도착한 카이사르는 인질과 무기와 도망 노예를 찾았다. 그것을 찾아 모으고 있는 사이에 밤이 되자 '베르비게누스(Verbigenus)'란 파구스의 사람 약 6천명이 무기를 반납하고 나면 처벌받을지도 모른다는 공포심 때문이었는지, 아니면 이처럼 많은 사람이 항복하는 가운데 자신들이 도망친다 해서 어찌 눈치챌 것이며 또 신경 쓰지도 않을 것이라는 생각에서였는지, 아무튼 목숨을 구하려는 일념에서 땅거미가 질무렵에 헬베티 족의 진지를 나와 레누스 강과 게르마니 인의 영지를향해 급히 떠났다.

28 이것이 알려지자 카이사르는 베르비게누스 족이 지나갔던 영지의 사람들에게, 결백을 보이고 싶거든 베르비게누스의 사람들을잡아 되돌려보내라고 명했다. 붙잡혀 되돌아온 자는 적으로 취급하고,[85] 그 밖의 사람들은 인질과 무기와 도망자의 인도가 이루어진 뒤

---

85) 아마도 살해되었을 것이다.

헬베티 족과의 전쟁

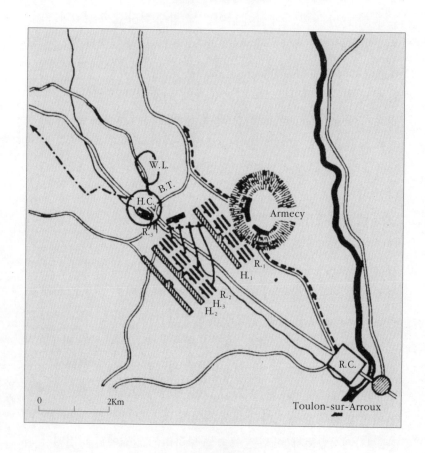

R. C. 전날의 로마 군 진지
H. C. 전날의 헬베티 족 진지
◀------------ 로마 군의 전진 방향
◀·------·--- 헬베티 족의 전진 방향
W. L. 헬베티 족의 군수품 마차
B. T. 보이 족과 툴링기 족
R. 1. H. 1. 양군의 제1차 교전 위치
R. 2. H. 2. 양군의 제2차 교전 위치
R. 3. H. 3. 양군의 제3차 교전 위치

항복시켰다.

헬베티 족과 툴링기 족·라토브리기 족·라우라키 족에게는 떠나온 본래의 영지로 돌아가라 명하고, 본국本國이 모든 생산물을 잃어 기아를 이겨낼 만한 그 무엇도 없었으므로 알로브로게스 족으로 하여금 곡물을 공급하게한 다음 불에 타 버린 도시와 마을의 재건을 명했다. 그렇게 한 것은, 그곳의 땅이 비옥했으므로 레누스 강 맞은편에 사는 게르마니 인이 이동해 와 갈리아 프로빈키아나 알로브로게스 족과 서로 접경하여 살게 되는 일이 있어서는 안 되겠다는 것과, 헬베티 족이 떠난 지방을 비어있는 채로 남겨 두고 싶지 않다는 것이 가장 큰 이유였다. 그리고 하이두이 족의 요청으로, 무용武勇이 특히 뛰어나다는 평판이 있는 보이 족에게 하이두이 족의 영내에 거주할 수 있도록 허락했다. 하이두이 족은 이들에게 땅을 주고, 후에는 자신들과 똑같은 권리와 자유를 인정해 주었다.

29 헬베티 족의 진지에서 그리스 문자[86]로 쓰인 표表가 발견되어 카이사르에게 건네졌는데, 그 표에는 무장한 채 본국을 떠난 자의 수, 게다가 자식, 노인, 여자의 수도 별도로 기록되어 있었다. 각 부족의 수와 총수는 다음과 같다.

헬베티 족	263,000
툴링기 족	36,000
라토브리기 족	14,000
라우라키 족	23,000
보이 족	32,000
총수	368,000

---

86) '그리스 문자'지 '그리스 어'는 아니다. 갈리아에는 문자가 없었고, 단지 드루이드 (Druid) 승려가 그리스 문자를 차용한 것이다. 일반인들은 이것을 몰랐던 것 같다.

그 중 무장했던 사람의 수는 9만 2천이었다. 카이사르의 명령에 따라 인구 조사를 한 결과 본국으로 돌아간 사람은 모두 11만이었다.

2. 게르마니 인과의 전쟁

30 헬베티 족과의 전쟁이 끝나자, 거의 모든 갈리아로부터 각 부족의 수령과 사절이 카이사르에게 축하를 하러 왔다. 카이사르는, "로마에 대한 헬베티 족의 난폭한 행위를 전쟁으로 응징했지만 그것은 로마에도 갈리아 지방에도 유용했다고 생각한다. 왜냐하면 헬베티 족은 부유하면서도 이에 만족하지 않고 전全 갈리아와 전쟁을 하여 이를 지배하려 했으며, 전 갈리아에서 가장 비옥한 땅으로 생각되는 지역을 자신들의 주거지로 택해 다른 부족을 지배하려고 본국을 떠났기 때문이다"라고 말했다.

각 부족의 수령과 사절은 전 갈리아의 회의[87] 날짜를 결정하고, 그것을 실행하고자 카이사르의 동의를 신청했다. 모두의 합의에 따라 카이사르에게 부탁하고 싶은 것도 있다고 말했다. 허가가 나자 사람들은 회의 날짜를 결정하고 모든 위원으로부터 위임받은 자 이외에는 그 누구에게도 비밀을 누설하지 말자고 서로 맹세했다.

31 회의를 마친 후 회의에 참석했던 각 부족의 수령들이 다시 카이사르에게 돌아와 자신들을 포함한 모든 사람들의 안전에 대하여 은밀하게 이야기하고 싶다고 청했다. 허락을 받자 일동은 카이사르의 발밑에 엎드려 울면서 자신들의 소망을 들어줌과 동시에 이야기가 다른 사람에게 누설되지 않기를 바라며 또한 이를 염려한다, 왜냐하면 만약 다른 사람에게 누설된다면 틀림없이 더할 나위 없는 고통이 있게 될 것이기 때문이라고 말했다. 하이두이 족의 디비키아쿠스가

사람들을 대신하여 이렇게 이야기했다.

"전 갈리아에는 두 개의 당파가 있고 그 한쪽의 우두머리는 하이두이 족이, 다른 한쪽은 아르베르니(Arverni) 족[88]이 차지하고 있다. 그들은 오랫동안 서로 격렬하게 패권覇權을 다투었다. 그때 게르마니 인이 아르베르니 족과 세콰니 족에 고용되어 갈리아로 들어오게 되었다. 우선 게르마니 인 약 1만 5천 명이 레누스 강을 건넜다. 흉포하고 야만적인 자들이 갈리아의 땅과 문화와 자원을 사랑하게 되면서부터는 더 많은 자가 건너와 현재 갈리아에 있는 자는 12만에 이른다. 하이두이 족과 그 피호민被護民은 재차 이들과 무력으로 싸웠지만 패배하여 호되게 경을 치고 귀족도 원로도 기병도 모두 잃고 말았다. 전에는 갈리아에서 무용武勇으로 명예도 있었고 로마의 호의와 우정도 얻어 가장 강했던 부족이 전쟁과 재난에 의해 기세가 꺾이고 부족의 고귀한 자들을 세콰니 족에게 인질로 건네 주지 않으면 안 되었으며, 맹세를 통해 인질의 반환을 요구하거나 로마 인에게 도움을 요청하지 못하였을 뿐만 아니라 게르마니 인의 명령과 지배에 반기도 들지 못하게 되었다. 하이두이 족 전체 중 맹세를 하지 않고 자식을 인질로 내지 않은 것은 나 자신뿐이다. 그런 사정으로 나는 부족으로부터 도망쳐 나와 로마 원로원으로 가 도움을 청했다.[89] 왜냐하면 나만이 맹세를 하지 않고 인질을 잡히지 않았기 때문이다. 그런데 패한 하이두이 족보다 승리한 세콰이 족이 한층 더 비참해졌다. 게르마니 인의 왕 아리오비스투스(Ariovistus)가 그 영지에 안주하게 되어 전 갈리아 중에

---

87) 이 경우는 벨가이 인, 아퀴타니 인을 제외하고 있을 뿐더러 몸젠(Mommsen)의 말대로 아마도 갈리아 중앙부의 부족 회의에 지나지 않았을 것이다.

88) 클레르몽 페랑(Clermont Ferrand) 및 생 플뢰(St. Flour) 지방에 살던 부족.

89) 하이두이 족의 패배를 기원전 61년의 일로 보는 견해도 있지만 기원전 60년의 일로 보는 것이 타당할 것이다.

서도 가장 좋은 세콰니 족의 땅 1/3을 점령하고 현재 다시 다른 1/3의 영지에서도 세콰니 족의 퇴거를 명했기 때문이다. 지금으로부터 2, 3개월쯤 전에 2만 4천명의 하루데스(Harudes) 족[90]이 아리오비스투스 곁으로 왔기 때문에 이들에게 땅과 주거지를 준비해 주지 않으면 안 되었던 것이다. 몇 년 안에 세콰니 족 모두가 갈리아의 영지에서 축출되고 게르마니 인 전부가 레누스 강을 건너올 것이다. 게르마니아의 땅은 갈리아의 땅과 비교할 수도 없고 생활 정도도 이쪽과 저쪽은 비교가 되지 않는다. 아리오비스투스는 일찍이 마게토브리가(Mageto-briga)[91]의 전쟁에서 갈리 인의 부대를 격파한 후로는 잔혹하고 거만하게 군림하며 고귀한 사람들의 아들을 인질로 삼고 자신의 명령에 거슬리거나 마음먹은 대로 되지 않는 일이 있으면 본보기로 이들에게 온갖 잔인한 짓을 다하였다. 금방 노하는 야만적이고 난폭한 자의 지배를 이제 더 이상 참을 수 없다. 카이사르와 로마가 도와주지 않으면 갈리 인 전체는 헬베티 족이 한 것과 똑같은 일을 하지 않을 수 없을 것이다. 요컨대 본국을 떠나 어떤 운명과 마주친다 해도 게르마니 인으로부터 떨어진 별도의 지역에 별도의 거주지를 구하지 않으면 안 된다. 만약 아리오비스투스가 이것을 듣는다면 반드시 수하에 있는 인질 전부를 중형에 처할 것이다. 카이사르야말로 권위와 군대의 힘으로, 이번의 승리와 로마의 이름으로 게르마니 인의 대군大群이 레누스 강을 건너지 못하도록 억제할 수 있으며, 갈리아 전체를 아리오비스투스의 난폭한 행위로부터 보호할 수 있을 것이다."

32 디비키아쿠스가 이렇게 말을 끝내자, 거기에 함께 있던 자들이 모두 쓰러져 울며 카이사르에게 도움을 요청했다. 카이사르는 모든

---

90) 오늘날의 라인, 마인(Main), 다뉴브 세 강에 둘러싸인 지역에서 살았던 게르마니 인.
91) 이곳은 오늘날 그 위치를 전혀 알 수 없다.

사람 가운데서 세콰니 족 인물만이 다른 사람들과 다르게 슬픈 듯이 머리를 수그리고 땅을 응시하고 있음을 깨달았다. 이상하게 생각되어 카이사르는 그에게 그 이유를 물었다. 세콰니 족의 사람은 대답도 없이 슬픈 모습 그대로 묵묵히 있었다. 몇 번이나 되풀이해 물었지만 한 마디도 끌어낼 수 없었다. 이에 하이두이 족의 디비키아쿠스가 답을 해 주었다.

"세콰니 족의 운명은 다른 부족에 비해 훨씬 비참하고 어렵다. 세콰니 족만은 숨어서 한탄할 수도 도움을 구할 수도 없다. 아리오비스투스가 그곳에 있지 않을 때에도 마치 눈앞에 있는 것처럼 그의 잔혹한 처사에 두려움을 느끼고 있다. 다른 부족은 어쨌든 도망쳐 나올 수 있지만, 세콰니 족은 자신들의 영지에 맞아들인 아리오비스투스가 모든 도시를 장악하고 있기 때문에 온갖 고통을 겪지 않으면 안 된다"는 것이었다.

33 이런 사정을 알게 되자 카이사르는 거듭해서 갈리 인을 격려하고 자신이 부딪혀 보겠다, 자신의 친절과 권위로 아리오비스투스가 난폭한 짓을 그만두도록 하겠다고 약속했다. 그리고 그런 말을 하면서 회의를 해산시켰다. 카이사르는 이것뿐만 아니라 여러 사정에도 마음이 미쳐 신경을 써서 이 일을 처리하리라고 다짐했다. 무엇보다도 먼저 원로원이 종종 로마와 동족이고 우방이라고 말하는 하이두이 족이 게르마니 인에 예속되어 명령을 받고 있는 것과, 인질을 아리오비스투스나 세콰니 족 곁에 두고 있는 것을 알았지만, 이러한 일은 로마의 위대한 지배력에 비추어 볼 때, 자신으로서도 국가로서도 실로 부끄러워해야 할 일이라고 생각했다. 게다가 게르마니 인이 차례로 레누스 강을 건너 그 대군大群이 갈리아로 오는 것은 로마에게도 위험하다고 보았다. 특히 로다누스 강이 세콰니 족과 프로빈키아 사이를 가르고 있을 뿐이기 때문에 흉포하고 야만적인 자들이 전 갈리

아를 점령하게 될 경우, 예전의 킴브리(Cimbri) 족이나 테우토니(Teutoni) 족[92]처럼 프로빈키아로 나와 이탈리아와 맞서지 않으리라고는 생각할 수 없었다. 따라서 이런 사태에 가능한 한 빨리 대처하지 않으면 안 되겠다고 생각했다. 더욱이 아리오비스투스의 건방지고 오만한 거동 때문에도 그냥 내버려두기 곤란하다고 생각했다.

34 그리하여 카이사르는 아리오비스투스에게 사절을 보내 중간 장소에서 양쪽 국가의 중요한 문제를 의논하자고 제의하기로 했다. 이 사절을 향해 아리오비스투스는, "나 자신이 만약 카이사르에게 용무가 있으면 내가 가서 만나고 카이사르가 바라는 바가 있다면 그가 이곳으로 와야 할 것이다. 카이사르가 점령하고 있는 갈리아 지방에 군대를 거느리지 않고 가고 싶지는 않으며 막대한 식량 공급과 노력이 들지 않으면 군대를 한곳에 모을 수가 없다. 내가 전쟁으로 얻은 갈리아에 카이사르나 로마가 무슨 볼일이 있단 말인가, 이상한 일이다"라고 답했다.

35 이러한 답변을 받자, 카이사르는 다음과 같은 전언을 들려 다시 사절을 아리오비스투스에게 보냈다. 전언은 다음과 같았다.

"그대는 본인이 집정관이었을 때,[93] 원로원으로부터 '왕이자 친구'로 불릴 정도로 본인과 로마의 친절을 받았으면서도 자신이 반대하는 회의에 오라고 부르면 까다로운 조건을 붙여 공통의 이익에 관해 의견을 말하거나 들을 필요가 없다는 말로서 본인이나 로마의 은혜에 보답하고 있으므로 이에 본인은 다음과 같이 요구한다. 우선 레누스 강을 넘어 더 이상 많은 사람을 갈리아로 들여보내지 말 것, 다음으로 하이두이 족으로부터 취한 인질을 반환하고 세콰니 족에게서

---

92) 킴브리 족과 테우토니 족은 기원전 102년에는 아쿠아이 섹스티아이(Aquae Sextiae)에서, 기원전 101년에는 북이탈리아의 평원에서 마리우스에게 패했다.
93) 기원전 59년.

취한 인질도 돌려보내도록 할 것, 하이두이 족에 대한 포악한 행동을 중단하고 하이두이 족과 그 연합부족에게 도전하지 말 것 등이다. 그렇게 한다면 본인도 로마도 변함없이 친애親愛의 정과 우정을 계속 보일 것이지만, 그렇게 하지 않는다면 메살라와 피소가 집정관일 때 원로원이 '갈리아 프로빈키아를 장악하는 일이 국가를 위하는 일이라면 하이두이 족과 로마의 우방을 보호하라'[94]고 결의한만큼, 하이두이 족에 대한 포악한 행동은 묵인할 수 없다."

36 이에 대해 아리오비스투스는, "승리한 자가 패한 자에게 마음대로 명령할 수 있는 것이 전쟁의 법칙이다. 마찬가지로 로마도 패한 자에게 누구의 지시도 받지 않고 언제나 마음대로 명령했다. 나 자신이 로마의 법칙 사용방식을 간섭하고 싶지 않은 것과 마찬가지로 나도 법칙에 대해 로마로부터 지시를 받기는 싫다. 하이두이 족은 전운戰運을 걸고 싸우다 패해 속국屬國이 된 것이다. 카이사르가 옴으로써 나의 세수稅收가 줄어들어 큰 손해다. 하이두이 족에게 인질을 돌려보내지는 않겠지만 평소대로 연공年貢만 바친다면 하이두이 족과도 연합부족과도 부당한 전쟁을 하지는 않을 것이다. 그러나 그것을 게을리하면 로마의 '우방' 따위의 이름은 아무 쓸모도 없을 것이다. 카이사르는 하이두이 족에 대한 난폭한 행위를 그냥 보아넘기지 않겠다고 위협했지만 그 누구도 나와 싸워 멸망치 않은 적이 없었다. 언제라도 상대해 주겠다. 14년간이나 지붕 밑으로 들어가 본 일이 없이 전쟁에 시달려 온 불굴의 게르마니 인의 무용武勇을 뼈저리게 느끼게 될 것이다"라고 대답하였다.

37 이런 전언이 카이사르에게 돌아옴과 동시에 하이두이 족과 트레베리(Treveri) 족으로부터 사절이 왔다. 하이두이 족의 사절은 최근

---

94) 기원전 61년, 헬베티 족이 침입해 온다는 소문에 대처하여 내려진 결정으로, 이것은 카이사르의 갈리아 진출에 정당한 이유를 부여했던 귀중한 자료였다.

로마 군 병사들의 행군 모습. 당시 로마 군의 행군 속도는 하루 25킬로미터였다. 하지만 사태의 위급한 정도에 따라 행군 속도는 훨씬 더 빨라지곤 했다.

갈리아로 이동한 하루데스 족이 영지를 황폐화시키고 있으며 인질을 내어도 아리오비스투스로부터 평화를 얻을 수 없다고 하소연했으며, 트레베리 족으로부터는 수에비(Suebi) 족의 100개의 파구스가 레누스 강변에 진을 치고 형제인 나수아(Nasua)와 킴베리우스(Cimberius)의 지휘하에 레누스 강의 도하를 시도하고 있다는 말을 들었다.

이 사태에 몹시 놀란 카이사르는 수에비 족의 새로운 병력이 아리오비스투스의 기존 부대와 합류하면 감당할 수 없으므로 서두를 수밖에 없다고 생각했다. 그래서 가능한 한 빨리 곡물 공급 준비를 마치고 강행군하여 아리오비스투스 쪽으로 나아갔다.

38 3일째의 행군을 마쳤을 때, 세콰니 족의 최대 도시인 베손티오(Vesontio)를 점령하기 위해 아리오비스투스가 전군을 이끌고 급히 영지[95]에서 나와 3일째 행군하고 있다는 연락이 있었다.

카이사르는 무슨 일이 있어도 그렇게 되어서는 안 된다고 생각했다. 왜냐하면 그 도시는 전쟁에 사용할 수 있는 모든 물자가 풍부하고 또 지형상으로도 견고해 전쟁을 오래 끌기에 아주 적합했기 때문이다. 두비스(Dubis) 강이 마치 컴퍼스로 그린 듯 그 도시 전체를 거의 둘러싸고 있고, 기껏 600페스의, 강에 면하지 않은 지역에는 높은 산이 가로막고 있었으며, 양쪽 산기슭은 각각 강변으로 뻗쳐 있었다. 산 주위에 둘러쳐진 방벽防壁은 산을 하나의 요새로 만들면서 도시와 연결되고 있었다.[96] 카이사르는 밤낮을 가리지 않고 강행군하여 이 도시를 손에 넣고 수비대를 두었다.

39 곡물과 식량의 공급을 위해 베손티오[97]에 며칠 머물고 있을 때, 게르마니 인은 체격이 엄청나고 믿기 어려울 정도로 용맹하며 전쟁에 익숙하다고 전한 갈리 인과 상인의 '때때로 게르마니 인과 마주쳤는데 그들의 얼굴 생김새나 눈빛을 견디어 낼 수 없었다는' 말이나 아군의 조사는 뜻밖에도 전군에 커다란 공포를 불러일으켜 모든 사람의 사기와 정신을 몹시 어지럽혔다. 이 일은 먼저 천부장千夫長[98]이

---

95) 줄리언(Jullian)은 이것을 레누스 강 맞은편의 영지로 해석하고 있지만, 아리오비스투스가 레누스 강을 건넌 것은 옛날 일이므로 카이사르의 기술을 그대로 받아들여 아리오비스투스가 세콰니 족으로부터 빼앗은 영지로 해석해야 할 것이다.

96) 베손티오의 약도를 그리면 다음과 같다.

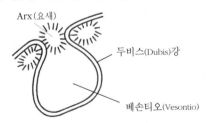

Arx(요새)

두비스(Dubis)강

베손티오(Vesontio)

97) 물론 베손티오의 교외다. 베손티오는 오늘날의 브장송(Besanscon).

98) tribunus militum의 역어. 직접 군단을 지휘하는 자. 보통 1개 군단에 여섯 명이 있었다.

99) praefectus의 역어. 궁병弓兵, 석병石兵, 기병, 공병을 포함한 원군의 대장. 단 여기에서는 기병이 포함되지 않았다.

나 원군援軍 대장隊長[99]을 비롯하여 로마에서 카이사르와의 우정을 이용해 따라온[100] 그리고 군사軍事에 대해서는 전혀 경험이 없는 사람들 사이에서 일어났다.[101] 그들은 제각기 이런저런 이유를 달아 떠나지 않으면 안 된다고 고집을 부리고, 카이사르의 허락에 의한 철수를 청하기도 했다. 어떤 자는 부끄러움을 알고 공포에 쫓기고 있음을 보이지 않으려고 가만히 있었다. 하지만 안색을 태연하게 꾸미지도, 눈물을 억누르지도 못한 채 천막 속에 숨어서 자신의 운명을 한탄하거나 동료들과 함께 그 위기를 슬퍼하면서 지냈다. 진지마다 유서遺書가 범람했다. 사람들의 이러한 말이나 공포 때문에 진지 생활의 경험이 많은 병사나 백부장百夫長,[102] 심지어 기병의 지휘자까지도 점차 불안해졌다. 무서워하고 있는 것으로 보이고 싶지 않은 자는, 적을 두려워하지는 않지만 아무래도 길이 좁고 아군과 아리오비스투스 사이에 대삼림大森林도 있는데 과연 곡물 공급이 제대로 이루어질 수 있을지 염려스럽다는 따위의 말을 했다. 어떤 자는 카이사르에게, 진지의 이동과 군대의 전진을 명해도 병사들이 두려움 때문에 명령을 어기고 전진하지 않을 것이라고 말했다.

40 이것을 안 카이사르는 회의를 열어 모든[103] 백부장을 불러모은 후 통렬히 따져 물었다.

"우선, 모든 사람이 어떤 방향으로 어떤 목적에 의해 행군하고 있는지에 대해 문제삼거나 생각하다니 웬일인가. 아리오비스투스는 내

---

100) 우정을 이용하는 것은 당시의 엽관운동獵官運動의 상도常道로, 이 때문에 지방을 다스리는 장군들은 끊임없이 시달렸다. 키케로(Cicero)가 법률가인 트레바티우스 테스타(Trebatius Testa)를 위해 카이사르에게 소개장을 써 주고, 카이사르가 이 사람을 군무軍務가 없는 트리부누스(tribunus)에 임명한 것이 그 좋은 예다.
101) 사람들 중에는 카이사르의 전쟁이 합법적이 아니라고 쑤군거리는 자들도 있었던 것 같다.
102) centurio의 역어.
103) 보통은 각 군단의 일급 백부장 6명만이 출석하는데, 이때에는 의사를 철저히 집약시키기 위해 모두 소집했을 것이다.

가 집정관일 때 로마의 우정을 열렬히 바랐던 자인데 이렇게 난폭하게 그 의무를 짓밟을 것이라고 누가 상상할 수 있었겠는가. 내 요구를 깨닫고 공평한 조건도 밝혀지면 나나 로마의 친절을 거부하진 않을 것이다. 설사 노하여 미친 듯 도전해 오더라도 두려워할 일은 없을 것이다. 어찌하여 우리의 무용武勇과 노력을 단념해 버리는가. 이 적군에 대해서는 이미 선대先代에 경험이 있다. 가이우스 마리우스(Gaius Marius)가 킴브리 족과 테우토니 족을 몰아낼 때[104] 그 부대는 지휘관 못지않게 칭찬을 받을 만했다. 얼마 전 이탈리아에서 우리에게 실천實踐과 훈련을 받아 강해진 노예의 반란[105]에서도 시험받았다. 확신이 얼마나 커다란 이익을 가져오는지는, 무기도 지니지 않은 자들에 대해서마저 이유도 없이 순간적으로 두려워하다가도 그 순간만 지나면 무기를 지니고 우쭐대는 자마저 정복했다는 이야기로도 알 수 있다. 요컨대 적은 헬베티 족과 자신 및 상대방의 영지에서 수없이 싸워 대개의 경우 패배했던 자들이다. 그 헬베티 족조차도 로마 군에게는 도저히 적수가 되지 못했다. 갈리 인의 패주[106]가 마음에 걸릴지 모르지만 잘 살펴보면 아리오비스투스가 진지陣地와 소택지沼澤地에 오랫동안 머물면서도 공격하지 않다가 장기간에 걸친 전쟁에 갈리 인이 싫증을 느끼고 있을 때 불시에 습격하여 뿔뿔이 흩어지게 한 것으로, 이것은 무용에 의한 것이 아니라 오히려 계략으로 이긴 것이 분명하다. 이런 계략은 야만적이고 훈련받지 못한 사람들에게는 쓸모가 있겠지만 그것으로 로마 군을 막아낼 수 있으리라고는 아리오비스투스 자신도 기대하고 있지 않을 것이다. 자신들의 공포를 곡물의 공급이나

---

104) 기원전 102, 101년의 일이다.
105) 기원전 73~71년. 노예 반란군은 스파르타쿠스(Spartacus)에 의해 지휘되고 있었다. 이탈리아에서의 전쟁은 보통 bellum이라 부르지 않고 tumultus라 부른다.
106) 앞서 말한 '마게토브리가 전쟁'을 뜻한다.
107) imperator의 역어.

협소한 길 탓으로 돌리는 것은 지휘관[107]으로서의 의무를 포기하고 명령하는 것과 같은 주제넘은 행동이다. 그러한 것을 나 카이사르는 우려하는 것이다. 세콰니 족이나 레우키(Leuci) 족[108], 그리고 링고네스 족이 곡물을 공급해 줄 수 있고 이 지방의 곡물 또한 이미 익어 가고 있다.[109] 길 문제에 대해선 가까운 시일 내에 해결책이 떠오를 것이다. 병사들이 명령을 어기고 전진하지도 않을 것이라는 이야기에는 조금도 마음을 쓰지 않는다. 무릇 군대가 명령을 듣지 않는 경우는 실패하여 행운으로부터 버림을 받았다든지, 죄가 발각되고 욕심 많은 것이 확인되었을 경우다. 나의 결백함은 전 생애를 통해 명백하며, 행운을 잡고 있다는 것도 헬베티 족과의 전쟁에서 증명되었다. 나는 앞서 지연시킨 것을 곧 실행에 옮겨 오늘 밤 4경에 진지를 이동시킬 것이다. 모두들 부끄러움을 알고 책임을 수행할 것인지, 아니면 공포에 굴복할 것인지 그것을 먼저 알고 싶다. 한 사람도 따라오지 않는다 하더라도 제10군단만은 반드시 나와 함께 전진하며 호위해 줄 것이다."

제10군단은 카이사르가 특별한 기대를 걸고 무용을 가장 신뢰하고 있었던 군단이었다.

41 이 변론이 끝나자 모든 이의 마음이 놀랄 만큼 변하고 전쟁에 임하려는 사기와 희망도 크게 용솟음쳐 올라, 먼저 제10군단이 천부장을 통해 최고의 평가에 감사를 표하고 전쟁 준비의 완료를 단언했

---

108) 오늘날의 툴(Toul)을 중심으로 살고 있던 부족.

109) 이것으로 미루어 보건대 아리오비스투스와 싸운 시기는 9월경이었던 것 같다.

110) 제1코호르스(cohort)의 6명의 백부장. 이에 반해 각 코호르스의 제1마니풀루스(manip-ulus)의 제1전진戰陣의 백부장으로, 한 군단에 모두 10명이 있었다는 설도 있다. 그러나 카이사르가 8급의 백부장 스카이바(Scaeva)를 전공戰功에 따라 프리미필루스(primip-ilus)로 천거한 예가 있고, 코호르스 안에 있던 6명의 백부장 사이에 8급의 구별을 두기는 곤란하다고 생각되며, 또 시대가 약간 내려가지만 타키투스에 따르면 갈바(Galba) 시대에는 1급 백부장이 6명이었다고 한 것으로 보아도 그것은 명예로운 계급이었던 제1코호르스의 6명이 분명하다고 생각된다.

다. 그 후에 다른 군단도 각각 천부장이나 1급 백부장[110]을 통해, 자신들도 결코 망설이거나 두려워하고 있는 것은 아니다, 전쟁의 지휘는 자신들의 판단이 아니라 지휘관의 판단에 따라 해야 한다고 말하며 카이사르에게 해명하기를 원했다.

카이사르는 이 해명을 듣고 나서 가장 신뢰하고 있는 디비키아쿠스를 정찰시켜 비록 50마일 이상 우회해야 하지만 평원을 통해 부대를 진격시킬 수 있는 길이 있음을 알아내고 앞서 말한 바와 같이 4경에 출발했다. 쉬지 않고 전진해 7일째에 아리오비스투스 부대가 아군으로부터 24마일 떨어진 거리에 있는 것을 정찰대를 통해 보고받았다.

42 아리오비스투스는 카이사르가 도착한 것을 알고 사절을 보내, 전에 협의하려던 것을 가까이 온 김에 실현시킨다면 위험 없이 가능할 것이라고 말했다. 카이사르는 그 제의를 거부하지 않았다. 전에 요구를 물리쳤던 그가 스스로 제의를 해 온 것을 보고 이제야 제정신이 든 것이라 생각하여, 요구가 이해되면 카이사르와 로마의 두터운 우정에 비추어 편벽된 태도도 버리게 되리라 크게 기대했다. 협의 일자는 그로부터 5일째 되는 날로 결정되었다.

그 사이에 사절이 몇 번 이쪽저쪽으로 오가자, 아리오비스투스는 "카이사르가 협의 장소에 보병을 거느리고 오는 것을 원치 않는다. 책략에 걸려들지 않을까 염려스럽다. 쌍방 모두 기병을 거느리고 가자. 다른 조건이라면 가지 않겠다"고 요구해 왔다. 카이사르는 이런 구실로 협의를 허사로 만들고 싶지는 않았지만 그렇다고 갈리 인 기병대에게 신변의 안전을 맡길 수도 없었다. 최선의 길은 갈리 인 기병대의 말을 전부 거둬들여 만일의 경우에는 호위대로 삼을 수 있도록 가장 신뢰하고 있는 제10군단의 병사에게 나누어 주는 것이라고 생각했다. 그 일이 실행되자 제10군단의 한 병사는, "카이사르가 약속

로마 군에서 근무하던 갈리인 기병. 각주 111)에서 언급되었듯이 로마 군에는 적잖은 수의 외국인 용병 혹은 동맹국의 병사들이 '보조병'으로서 근무했다.

이상의 것을 해 주었다. 제10군단을 호위대로 삼겠다고 약속했는데 기병대로 만들어 주었다"[111]고 익살을 부렸다.

43 큰 평야[112]가 있고 그곳에는 상당히 큰 흙무덤이 있었다. 그곳은 쌍방의 진지에서 거의 같은 거리에 있었다. 양편은 협의 장소로 지정된 그곳으로 나갔다. 카이사르는 말에 탄 군단을 이 흙무덤으로부터 200파수스[113] 떨어진 곳에 두고, 아리오비스투스의 기병 또한 같은 거리에 머물렀다. 아리오비스투스는 말에 탄 채로 협의하고 자신들 이외에 10명씩을 협의 장소에 데리고 오자고 요구했다. 카이사르는 그곳에 도착한 뒤 이야기 초두에 아리오비스투스에 대한 자신과 원로원의 호의를 설명하면서 이렇게 말했다.

"당신은 원로원으로부터 왕과 친구라 불리고 게다가 선물도 엄청나게 받았다. 이런 일은 극히 일부의 사람에게 국한된 것으로 중대한 책임이 있는 사람에게만 주어지는 것이 보통인데, 그것을 요구할 만

111) 카이사르는 로마 인 기병대를 가지고 있지 않았다. 이 경우는 임시 변통으로서, 군단병을 기병대로 만든 것을 의미한다. 에퀴테스(equites)는 당시 로마에서 일정한 수입을 지닌 신흥 유산 계급을 가리키는 명칭이었다. 이 책에서는 이 계급을 '로마의 기사騎士' 라고 옮겼다. 전해지는 바와 같은 18개 에퀴테스의 센투리아타(centuriata) 등은 단지 명목상일 뿐이며, 에쿠우스 푸블리쿠스(equus publicus)란 이 신흥 에퀴테스에 대해 유서 깊고 전통 있는 자들이 즐겨 사용한 명칭에 지나지 않는다. 그렇기에 이 내용은 기병으로 이용된 군단병들이 카이사르가 자기들을 말을 가진 벼락부자로 만들어 주었다"고 농담한 것이다. 로마 군의 기병으로 말하자면 모두 갈리, 히스파니, 게르마니 인으로 각각 3~400단위로 1개 익군翼軍이 되고, 그것은 프라이펙티 에퀴툼(praefecti equitum)에 의해 지휘되었다. 이것이 다시 소부대인 투르마이(turmae)로 세분되었다.
112) 카이사르가 행군한 경로와 진지로 선정했던 장소는 전혀 알 수 없고, 설만 분분하다. 그러나 알자스 평원의 어느 한 지점이었던 것만은 틀림없다.
113) 주 22) 참조.

한 권리도 이유도 없는 당신이 받은 것은 나 자신과 원로원의 호의와 관대함에 의한 것이다. 로마 인과 하이두이 족의 관계가 얼마나 오래되었고 얼마나 정당한지, 원로원의 결의가 하이두이 족에 대해 얼마나 자주 그리고 얼마나 명예롭게 내려졌는지, 하이두이 족이 전 갈리아의 패권覇權을 차지한 것이 얼마나 오래된 옛적의 일인지 그리고 그것이 로마의 우정을 얻기 전의 일이었다는 것도 당신은 잘 알고 있을 것이다. 로마는 연합부족이나 우방이 그들의 소유물을 잃지 않을 뿐만 아니라 오히려 세력과 권위와 명성을 증진시키기를 바라고 있다. 로마와 우정을 맺고 있는 우방이 탈취당하는 것을 어떻게 잠자코 보고만 있을 수 있겠는가."

그러고 나서 사절에게 했던 주문과 똑같은 것, 즉 하이두이 족에게도 연합부족에게도 도전하지 말라, 인질을 반환하라, 그 어떤 게르마니 인도 본국으로 돌려보내지 못하겠다면 이 이상 그 어떤 게르마니 인도 레누스 강을 건너오지 못하게 하라는 등의 사항을 요구했다.

44 아리오비스투스는 카이사르의 요구에는 간단히 답하고 자신의 무용에 대해서는 많은 것을 이야기했다.

"스스로 자진해서 레누스 강을 건너온 것이 아니라 갈리 인이 부른 것이다. 큰 전망과 보수가 없었다면 본국과 친척을 뒤에 남기고 갈리 인의 승낙을 얻어 갈리아에 정주했겠는가. 인질도 그쪽에서 호의로 보낸 것이다. 승자가 패자에게 부과하는, 전쟁의 규칙에 따른 공물을 받았을 뿐이다. 게다가 내가 갈리 인에게 싸움을 건 것이 아니라 갈리 인들이 내게 도전한 것이다. 전 갈리아의 부족이 나를 습격하고 진을 쳤지만 단 한 번의 전투[114]에서 패배하여 정복되었다. 다시 해 보자면 결전할 용의도 있다. 평화를 바란다면 지금까지 그쪽에서 자신의 의

---

114) '마게토브리가 전쟁'을 가리킨다.

지로 보내오던 공물을 거부해서는 안 된다. 로마의 우정이 나에게 장식이 되고 든든한 후원이 되어야지 해가 되어서는 안 된다. 그런 생각에서 로마의 우정을 구했던 것이다. 로마 때문에 공물을 반환하고 항복자를 되돌려보내야 할 정도라면 로마의 우정을 자진해서 받아들인 것과 마찬가지로 자진해서 그것을 거절하겠다. 많은 게르마니 인을 갈리아로 오도록 한 것은 자기 방위를 위해서지 갈리아를 치기 위한 것이 아니다. 그 증거로, 우리는 요청이 없었다면 오지 않았을 것이고 또 우리는 전쟁을 도발한 것이 아니라 방어전을 폈을 뿐이다. 나는 로마 인보다 먼저 갈리아에 왔다. 로마 군대가 갈리아 프로빈키아의 영지를 넘어선 적은 지금까지 없었다. 무엇을 위해, 왜 내 영지에 들어왔는가. 그곳[115]이 로마의 땅인 것과 마찬가지로 이 갈리아는 내 영지다. 로마의 영지를 내가 공격하면 용납지 않을 것과 마찬가지로 내 권리를 로마가 간섭하는 것도 온당치 못한 일이다. 하이두이 족이 원로원에 의해 '로마의 동족' 으로 불린다고 하지만 최근의 알로브로게스 족과의 전쟁[116]에서 하이두이 족이 로마 군을 원조하지 않았고, 하이두이 족 또한 나나 세콰니 족과의 전쟁 때 로마로부터 원조를 받지 못한 것을 모를 정도로 내가 우둔하지도, 사태에 무지하지도 않다. 카이사르 당신은 우정을 빙자하여 갈리아로 군대를 출동시켰지만 실은 나를 쓰러뜨리는 것이 목적이 아닌가 의심하지 않을 수 없다. 이 지방에서 군대를 철수시키지 않으면 친구가 아니라 적으로 간주하겠다. 만약 카이사르 당신을 죽이면 로마의 많은 귀족과 유력자들이 기뻐할 것이다.[117] 그 사람들이 보낸 사자를 통해 그 사실을 알게 되었으며,

---

115) 갈리아 프로빈키아를 가리킨다.
116) 기원전 66년 가이우스 피소에 의해 제압되었다. 또 기원전 61년에도 반란이 일어났지만 이것은 가이우스 폼프티누스(Gaius Pomptinus)에 의해 진압되었다.
117) 이것은 당시 로마에서 많은 귀족이 카이사르에 대해 상당히 강한 반감을 가지고 있었던 사실을 지적한 것으로, 결코 단순한 상상만이 아니다.

카이사르 당신이 죽으면 그 사람들에게서 감사와 우정을 얻을 수 있다. 그대로 물러가 내가 자유로이 갈리아를 소유할 수 있도록 해 주면 충분한 선물을 주고, 당신이 원하는 어떠한 전쟁을 하게 되더라도 카이사르 당신의 노력이나 위험이 없도록 내가 대신 해 주겠다."

45 카이사르는 이 일을 포기할 수 없는 이유를 힘들여 차례차례 설명했다.

"관습상 나나 로마나 가장 가치 있는 연합부족을 내팽개칠 수는 없다. 갈리아가 로마의 것이 아닌 아리오비스투스 당신의 것이라고 생각할 수도 없다. 아르베르니 족과 루테니(Ruteni) 족[118]은 퀸투스 파비우스 막시무스(Quintus Fabius Maximus)와 싸워 정복되었지만,[119] 로마는 이들을 용서하고 프로빈키아에 복속시키지도 공물을 부과하지도 않았다. 만약 시기의 선후先後를 문제삼는다면 갈리아에서의 로마의 지배권은 가장 타당한 것이 된다. 원로원의 결정이 지켜진다면 갈리아는 전쟁에 패해도 각각의 법률에 따라 자유롭지 않으면 안 된다."

46 협의가 진행되고 있을 때 아리오비스투스의 기병대가 흙무덤 가까이로 다가와 아군에게 돌과 텔라를 던졌다는 소식이 카이사르에게 전해졌다. 카이사르는 이야기를 중단하고 부하들 곁으로 돌아가 절대로 적에게 텔라를 되던지지 말도록 명했다. 기병대와의 전쟁이 자신의 정예 군단에게는 아무런 위험도 되지 않지만 안심하고 카이사르와 협의를 하러 왔다가 속아서 당했다는 패한 적의 말을 듣지 않으려면 아직 싸우지 않는 것이 좋다고 생각했기 때문이다. 아리오비스투스가 얼마나 오만한 태도로 그 협의에 임했는지, 로마 인을 갈리아에서 어떻게 내몰려고 했는지, 또 그의 기병이 어떻게 아군에게 공

---

118) 오늘날의 로데즈(Rodez) 지방에 살고 있던 부족.
119) 이것은 기원전 122~121년의 일이다. 로마 군은 아비뇽(Avignon)에서 승리를 거두었고, 이에 따라 알로브로게스는 프로빈키아에 부속되었다.

격을 가하고 어떻게 협의를 결렬시켰는지가 일반 병사에게까지 널리 알려지자 전투에 대한 더 큰 바람과 열의가 아군들 사이에 용솟음쳤다.

47 이튿날[120] 아리오비스투스는 카이사르에게 사절을 보내 "결정 짓지 못한 것에 대해 다시 교섭하고 싶다"고 말하면서 "다시 협의할 날을 정해 주지 않겠는가. 만약 그것이 싫으면 부장 한 사람을 사절로 파견해 달라"고 사정했다. 카이사르는 협의해야 할 아무런 이유도 발견하지 못했다. 그 전날 로마 군에게 텔라를 던지는 것을 게르마니 인 스스로가 막지 않았기 때문에 더욱 그랬다. 부장 한 사람을 아리오비스투스에게 사절로 보내 난폭한 자들 앞에 세우는 것도 무척 위험한 일이라고 카이사르는 생각했다. 가이우스 발레리우스 카부루스(Gaius Valerius Caburus)의 아들 가이우스 발레리우스 프로킬루스(Procillus)는 용기 있고 인품도 훌륭한 청년으로(그의 아버지는 가이우스 발레리우스 플라쿠스(Flaccus)로부터 시민권을 얻었다)[121] 성실한 데다 현재 아리오비스투스가 오랫동안 사용하여 익숙해진 갈리 어를 잘 알고 있었으므로, 일찍이 아리오비스투스의 손님이 된[122] 일이 있었던 마르쿠스 마이크티우스(Marcus Maectius)와 함께 이 사람을 사절로 파견하는 것이 가장 좋겠다고 생각했다. 그리고 이들에게 아리오비스투스의 의사를 확인해 보고하라고 명했다. 아리오비스투스는 진중에서 이들을 보자마자 그 군대를 코앞에 두고 "무엇 하러 왔는가. 정탐하기 위해선가?" 하고 호통했다. 사실을 말하려 했지만 그는 윽박지르며 둘을 쇠사슬로 묶어버렸다.

---

120) 뒤에 나오는 pridie eius diei라는 말에서 보면, 이것은 '그 이튿날'을 가리키는 것으로 볼 수 있을 것이다.

121) 공화정 말기의 로마에서는 기원전 91년의 내란의 결과로 유력자가 '로마 시민이 아닌' 일반인에게 로마 시민권을 줄 권리를 얻게 되었다. 카이사르도 이 특권을 자주 행사하였다.

122) 숙소가 없었던 당시에 손님이 된다는 것은 중요한 의미가 있었다.

게르마니아 인 아리오비스투스에 대한 원정

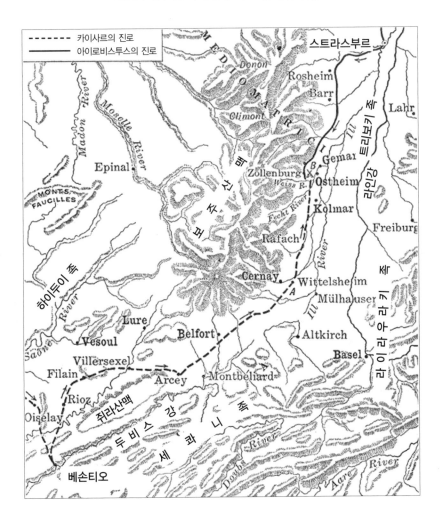

48 같은 날, 적은 진지를 나와 카이사르의 진지에서 6마일 떨어진 산기슭에 멈추었다. 그 이튿날 아리오비스투스는 부대를 이동시켜 카이사르의 진지 너머 2마일쯤 떨어진 맞은편에 진지[123]를 만들고, 세콰니 족과 하이두이 족으로부터 카이사르에게 공급되는 곡물과 식량을 차단하려 했다. 그로부터 5일 동안 카이사르는 아리오비스투스가 도전해 오면 싸울 수 있도록 부대를 진지 앞으로 끌어내 전투대형戰鬪隊形을 갖추었다.

아리오비스투스는 이 며칠 동안 부대를 진지에 주둔시켜 둔 채 매일같이 기병전을 펼쳤다. 게르마니 인이 수행하는 전법은 다음과 같았다. 그들은 6천 명의 기병과 그들이 자신의 안전을 위해 전군 가운데서 한 사람씩 뽑은 같은 수의 민첩하고 용감한 보병으로 구성되어 있었다. 보병은 기병을 따라 전투에 나갔으며, 기병이 퇴각할 때나 다른 위험이 닥쳤을 때에는 전열前列에 포진했다. 그리고 기병 중 누군가가 중상을 입고 말에서 떨어지기라도 하면 그 주위를 에워쌌다. 평소보다 멀리 나아가거나 신속히 퇴각해야 하는 경우에는 훈련했던 대로 '재빨리 말의 갈기에 매달려' 기병과 속도를 맞추었다.

49 아리오비스투스가 진지에 계속 머물리라는 것을 알아낸 카이사르는 식량이 더 이상 차단되지 않도록 게르마니 인의 진지에서 약 600파수스 떨어진 맞은편의 적당한 장소를 진지로 택하고 그곳을 향해 3열의 횡대로 전진했다. 카이사르는 제1·제2열은 무기를 들고 제3열은 진지를 만들도록 명령하였다. 이곳은 앞서 말한 대로 적으로부터 약 600파수스 떨어져 있었다. 아리오비스투스는 약 1만 5천 명에 달하는 경장병輕裝兵을 전全 기병대와 함께 보내 아군을 위협하고 진지 구축을 방해하였다. 그럼에도 불구하고 카이사르는 앞서 결정

---

123) 카이사르는 진지 서남쪽으로 진출하여 보주(Vosges)와 쥐라(Jura) 산맥 사이의 길을 점령한 듯하다.

한 대로 두 열로 적을 격퇴케 하여 제3열로 하여금 공사를 계속하게 했다. 진지가 구축되자 그곳에 2개 군단과 원군 일부를 남겨 놓고, 다른 4개 군단을 거느리고 본진으로 돌아왔다.

50 다음날, 카이사르는 약속에 따라 양쪽 진지에서 모두 부대를 출동시키되 본진의 병사들은 약간 전진시켜 진을 치도록 하여 적에게 싸움을 걸었다. 그래도 적이 나오지 않자 정오경에 군대를 진지로 철수시켰다. 마침내 아리오비스투스는 부대의 일부를 출동시켜 작은 진지를 습격했다. 양군의 전투는 저녁때까지 격렬하게 계속되었다. 많은 병사가 부상당한 해질 무렵이 되어서야 아리오비스투스는 부대를 진지로 불러들였다.

카이사르는 포로에게 아리오비스투스가 결전하려고 하지 않은 이유를 심문한 끝에 다음과 같은 사실을 알아냈다. 게르마니 인들에게는 부녀자의 제비뽑기나 점괘로 전쟁을 할 것인지 말 것인지를 결정하는 관습이 있었는데, "새달이 되기 전에 전쟁을 하면 게르마니 인이 이길 수 없다"는 점괘가 나왔다는 것이다.

51 그 이튿날, 카이사르는 양쪽 진지에 충분한 수의 수비대를 남기고 모든 익군翼軍[124]은 작은 진지 앞에 적이 볼 수 있도록 늘어세웠다. 군단의 병사가 적의 수에 비해 훨씬 적었으므로 익군을 끌어들여 허장성세를 부렸던 것이다. 카이사르 자신은 3열 횡대로 전진을 짜 적의 진지를 향해 다가갔다. 게르마니 인은 마침내 진지로부터 부대를 출동시키고, 하루데스 족 · 마르코마니(Marcomani) 족[125] · 트리보키(Triboci) 족[126] · 방기오네스(Vangiones) 족[127] · 네메테스(Nemetes)

---

124) alarii. 이것은 '보조병', 즉 auxilia와 같은 것으로, 일반적으로 좌우에 배치되어 익군을 형성하기 때문에 이 이름이 생겼다.
125) 마인 강 하류에 살고 있던 게르마니 인.
126) 라인 강 상류 좌안에 살고 있던 게르마니 인.
127) 오늘날의 보름스(Worms)를 중심으로 살고 있던 게르마니 인.

아리오비스투스가 이끄는 게르마니아 인과의 전투

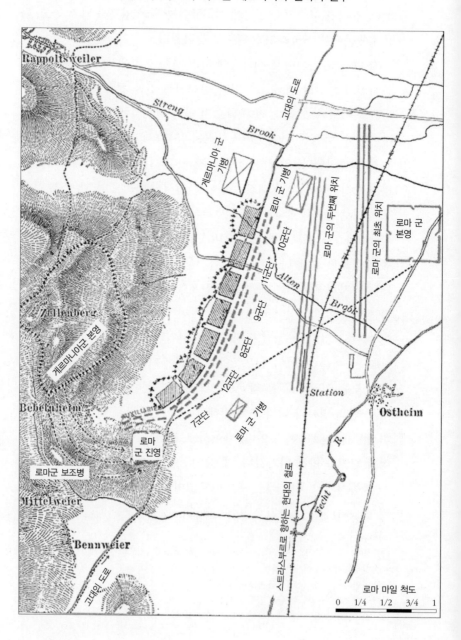

족[128] · 에우두시(Eudusii) 족[129] · 수에비 족 등을 부족 단위로 똑같이 간격을 두어 늘어세우고, 도망갈 수 없도록 그 전진 뒤를 수레로 둘러쌌다. 그 위에는 여자들을 실었는데, 여자들은 머리가 엉클어진 채 울면서, 자기들을 로마 인의 노예가 되지 않도록 해 달라며 전투에 나가는 자들에게 애원했다.

52 카이사르는 각 군단을 각각 부장과 재무관財務官[130]에게 지휘시켜 각자 군단의 무용을 감독케 했다. 자신은 우익[131]의 앞쪽에서 싸웠는데, 그 부분을 적의 가장 취약한 곳으로 점찍고 있었다. 신호가 떨어지자 아군은 적을 격렬하게 공격하였다. 하지만 뜻밖에 적도 재빨리 밀고 나와 아군은 적에게 창을 던질 시간조차 없었다. 그래서 아군은 창을 버리고 검으로 반격을 가하였으나 게르마니 인은 언제나처럼 금세 방진方陣을 짜고 검의 공격을 받아 냈다. 많은 아군이 방진으로 뛰어들어가 손으로 방패를 밀치고 위로부터 적에게 상처를 입혔다.

적진의 좌익은 깨져 패주했지만 병사가 많은 우익은 아군의 전투대형을 완전히 압도했다. 이에 기병을 지휘하던 젊은 푸블리우스 크라수스(Publius Crassus)는 전투대형에 섞여 있는 자보다는 여유가 있었으므로 제3열을 고전하는 아군에게 원군으로 보냈다.

53 이리하여 전세가 역전되자 적은 모두 등을 돌리고 약 50마일[132]

---

128) 오늘날의 슈파이어(Speyer)를 중심으로 살고 있던 게르마니아의 한 부족.
129) 거주지는 명확하지 않다.
130) quaestor의 역어. 원칙적으로는 1인의 임페라토르에 1명꼴로 배정되어 있었으며, 군대의 경리를 맡았다. 기원전 58년이나 기원전 55년에는 카이사르 곁에는 1명이 있었지만 기원전 54년에는 2명 이상이 배치되어 있었다. 그는 이를 레가투스(legatus)처럼 사용하였다.
131) 적의 좌익.
132) 사본에는 거의 모두 V 내지 quinque로 되어 있지만 플루타르크, 오로시우스, 에우트로피우스 등의 책으로 미루어 추측컨대, quinquaginta가 본래의 숫자였으리라는 것이 대체적으로 오늘날의 정설이다.

떨어진 레누스 강으로 패주했다. 강가에 다다른 적들 가운데 체력을 믿고 강을 헤엄쳐 건너려는 자나 달아나려고 배를 찾아 돌아다니는 자는 극소수였다. 그들 중 한 사람이었던 아리오비스투스는 강가에서 작은 배를 찾아내 그것을 타고 도망쳤다. 그 밖의 자들은 모두 추격해온 아군의 기병에게 살해당했다.

아리오비스투스에게는 두 명의 아내가 있었는데, 한 명은 수에비 족 출신으로 본국에서 따라왔고 다른 한 명은 노리쿰 사람으로 복키오(Voccio) 왕의 누이인데 그 오빠에 의해 아리오비스투스에게 바쳐져 갈리아에서 결혼했다. 이 두 사람은 모두 패주할 때 죽었다. 아리오비스투스의 두 딸 중 한 명은 살해되고 다른 한 명은 사로잡혔다.

적의 패주시에 발레리우스 프로킬루스는 세 겹의 쇠사슬에 묶인 채 감시인에게 끌려가고 있었는데 때마침 기병을 이끌고 적을 추격하던 카이사르에게 발견되어 카이사르에 의해 직접 구출되었다. 이 일은 카이사르에게 승리 그 자체보다 더 큰 기쁨을 안겨 주었다. 갈리아 프로빈키아에서 가장 명예가 있고 자신의 친우이기도 한 프로킬루스를 적의 손으로부터 탈환함으로써 자신의 행복에 겨운 기쁨과 감사가 이 사람의 재난으로 인해 손상받지 않게 되었기 때문이었다. 프로킬루스는 자신을 앞에 두고 불태워 죽일 것인가 잠시 그대로 둘 것인가를 결정하기 위해 세 번이나 제비뽑기가 행해졌으며, 그 제비뽑기 덕분에 무사할 수 있었다고 말했다. 마이키우스(Maecius)도 역시 발견되어 되돌아왔다.

54 전쟁 소식이 레누스 강 맞은편까지 전해지자 이 강변에 와 있던 수에비 족은 본국으로 돌아가기 시작했다. 레누스 강 근처에 살고 있던 우비(Ubii) 족[133]은 겁에 질린 그들을 추격하여 다수를 살해했다.

---

133) 오늘날의 콜로뉴(Cologne) 부근의, 라인 강 좌안에 살고 있던 부족.

한 번의 출정으로 매우 중요한 두 전쟁을 치른 카이사르는 시기적으로 조금 빨랐지만 세콰니 족의 영지에 있는 동영지冬營地로 군대를 이끌고 들어갔다. 라비에누스에게 동영지 지휘를 지시하고 자신은 순회재판[134]을 주관하기 위해 갈리아 키살피나로 향했다.[135]

---

134) conventus의 역어. 지방관이 관할 내의 주요 도시에서 매년 행하는 집회. 여기에서는 그 해의 소송 및 기타 모든 문제가 처리되었다.
135) 카이사르로서는 로마와 연락할 일도 있고 해서 북이탈리아의 라벤나(Ravenna)와 루카(Lucca)로 돌아갔던 것이다.

기원전 58년도의 갈리아 원정

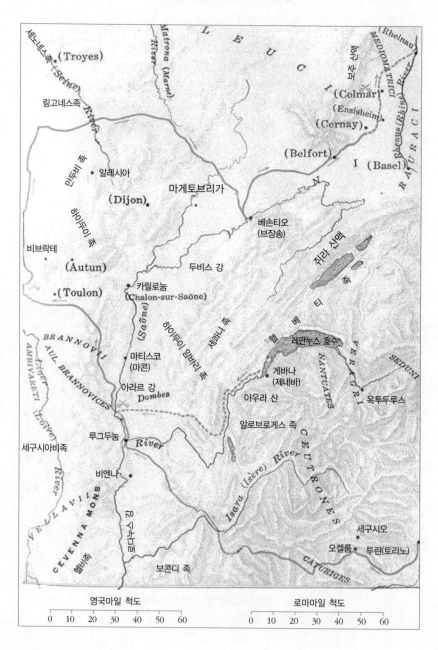

세브네스족 (Troyes)

링고네스족

(Colmar)
(Ensisheim)
(Cernay)

(Belfort)

(Basel)

알레시아

마게토브리가

(Dijon)

베손티오
(브장송)

레무리쿰 족

하이두이 족

쥐라 산맥

비브락테

(Autun)

두비스 강

(Toulon)

카릴로눔
(Chalon-sur-Saône)

BRANNOVII
AUL. BRANNOVICES

마티스코
(마콘)

레만누스 호수

아라르 강
Dombes

게바나
(제네바)

옥토두루스

아우라 산

루그두눔
River

세구시아비족

알로브로게스 족

비엔나

세구시오

오켈룸
투린(토리노)

보콘디 족

CEVENNA MONS

영국마일 척도

0 10 20 30 40 50 60

로마마일 척도

0 10 20 30 40 50 60

제2권 (B.C. 57년)

1. 벨가이 인과의 전쟁

■ 앞서 말한 바와 같이, 카이사르가 갈리아 키살피나의 동영지에 있는 동안 우리가 갈리아의 제3부분으로 일컫는 벨가이 인 전부가 로마 인에 대항하여 음모를 꾀하고 서로 인질을 교환했다는 소문이 잇달아 카이사르에게 전해지고, 또한 라비에누스의 편지로도 확인되었다. 음모를 꾀한 이유는 다음과 같다.

"먼저 갈리아가 평정되고 나면[1] 로마 군이 이곳으로 올지 몰라 두려웠다. 다음으로 게르마니 인이 더 이상 갈리아에 머무르길 바라지 않는 것과 마찬가지로 로마 군이 갈리아에서 동영冬營하면서 정주定住하는 것을 달가워하지 않았다. 또 경솔한 마음에서 지배자가 바뀌기를 바라고 있기도 했다. 갈리아에서는 대개 군사들을 모을 수 있는 유력자가 왕위에 오르는데 로마의 지배하에서는 그렇게 할 수 없으므로 그들이 전 갈리아 인을 부추기고 있었던 것이다."

---

1) omni pacata Gallia. '전숖 갈리아가 평정되었으므로'라고도 옮길 수 있지만 전후 문맥으로 보아 이렇게 해석하는 것이 옳을 것이다.

2 카이사르는 이런 소식과 편지에 놀라 갈리아 키살피나에서 새로이 2개 군단²⁾을 모으고, 초여름에 부장 퀸투스 페디우스(Quintus Pedius)³⁾로 하여금 이들을 이끌고 갈리아 트란살피나로 가게 했다. 또한 병사의 식량과 말의 사료가 풍부해지기 시작하자 그 자신도 군대 곁으로 갔다. 그리고 벨가이 인의 이웃에 사는 세노네스(Senones) 족⁴⁾과 그 밖의 갈리 인에게 명하여 벨가이 인의 동태를 탐지케 했다. 얼마 뒤 벨가이 인들에게 한꺼번에 동원령이 내려져 그들의 부대가 한 곳에 모여 있다고 알려 왔다. 그래서 마침내 카이사르는 벨가이 인 영지로의 진격을 주저해서는 안 된다는 사실을 깨닫고, 곡물 공급 준비가 갖추어지자 진지를 이동하여 약 15일 뒤 벨가이 인의 영지에 도착했다.

3 뜻밖에 누구의 예측보다도 빨리 그곳에 도착하자 벨가이 인 가운데서 갈리아와 가장 가까운 레미(Remi) 족⁵⁾은 부족의 유력자 이키우스(Iccius)와 안데콤보기우스(Andecombogius)를 사절로 보내, "몸과 재산을 모두 로마의 보호하에 맡기고 다른 벨가이 인에게 협조치 않겠다. 로마 인의 뜻을 거스르며 결속하는 일에도 전혀 참여하지 않겠다. 언제라도 인질을 건네고 명령에 따르며, 우리의 도시로 맞아들이겠다. 곡물과 그 밖의 것을 원조할 용의도 있다. 다른 벨가이 인은 모두 무장했으며 레누스 강 앞쪽에 사는 게르마니 인도 이들과 합류하였다. 모두들 너무 흥분했기 때문에 우리와 동족이자 우방이며 같은 관습과 법 아래 같은 수령의 지배를 받고 있는 수에시오네스(Suessiones)

---

2) 이것은 제8, 제14군단이다. 이에 따라 총병력은 8개 군단이 되었다.
3) 카이사르의 조카로 끝까지 그에게 충실했다. 기원전 43년에 사망했다.
4) 오늘날의 상스(Sens), 즉 당시의 아게딘쿰(Agedincum)을 중심으로 살고 있던 부족.
5) 오늘날의 마른 강과 엔 강 상류 중간 구역에서 랑(Laon)에 걸쳐 살고 있던 부족. 오늘날의 랭스(Reims : 프랑스 북부 상파뉴 지방의 도시)는 그 이름에서 나왔다. 당시 그들은 인근의 수에시오네스 족의 통치하에 있었으므로 그 지배에서 벗어나기를 바랐을 것으로 여겨진다.

족[6]이 이들과 합류하는 것을 끝내 막지 못했다"고 말했다.

4 카이사르는 어느 부족이 무장했는지, 전투력은 어느 정도인지, 전쟁을 수행할 수는 있는지를 물어 다음과 같은 사실을 알아냈다.

벨가이 인의 대부분은 게르마니 인 출신으로 옛날에 레누스 강을 건넌 뒤 비옥한 그곳에 정착하고, 그곳에 있던 갈리 인을 쫓아냈다. 갈리아 전체가 테우토니 족과 킴브리 족에게 고통을 겪었던 선대先代에도 벨가이 인만은 두 부족을 자신의 영지에 들이지 않았다. 그들은 이 일을 회상하면서 그들 자신의 큰 권위와 군사상의 자만심을 지니게 되었다.

레미 족은 벨가이 인의 모든 부족의 수를 확실히 알고 있다고 말했다. 왜냐하면 벨가이 인과 가장 가깝고 혼인 관계도 있었으므로 벨가이 인의 공동회의에서 각각의 부족이 전쟁에 어느 정도의 사람을 동원하기로 약속했는지를 알고 있었기 때문이다.

무용으로도, 권위로도, 인구수로도 단연 빼어난 벨로바키(Bellovaci) 족[7]은 10만 명의 무장한 병사 가운데 6만의 정예 병사를 약속하면서 전쟁의 지휘권을 요구하고 있었다. 수에시오네스 족은 레미 족의 가장 가까운 이웃으로서 가장 넓은 영지와 비옥한 토지를 지니고 있었다. 우리의 기억에 따르면, 일찍이 이곳에서는 전 갈리아에서 가장 유력했던 디비키아쿠스(Diviciacus)[8]가 왕으로 있으면서 이 지방의 대부분과 브리타니아(Britannia)[9]까지 지배하였다. 현재는 갈바(Galba)가 왕인데, 그는 올바르고 신중했으므로 모든 부족의 동의에 의해 전쟁의 총지휘권을 부여받고 있었다. 그들은 12개의 도시를 가지고 있었

---

6) 오늘날의 수아송(Soissons) 부근에 살고 있던 부족.
7) 오늘날의 보베(Beauvais) 지방에 살고 있던 부족.
8) 하이두이 족의 디비키아쿠스와는 다른 인물이다.
9) 오늘날의 브리튼(Britain).

고 무장병 5만 명을 약속하였다. 그 가운데 가장 호전적인 부족으로 여겨졌으며 가장 먼 거리에 위치했던 네르비(Nervii) 족[10]은 5만, 아트 레바테스(Atrebates) 족[11]은 1만 5천, 암비아니(Ambiani) 족[12]은 1만, 모리 니(Morini) 족[13]은 2만 5천, 메나피(Menapii) 족[14]은 9천, 칼레티(Caleti) 족[15]은 1만, 벨리오카세스(Veliocasses) 족[16]과 비로만두이(Viromandui) 족[17]도 1만, 아투아투키(Atuatuci) 족[18]은 1만 9천, 콘드루시(Condrusi) 족[19]·에부로네스(Eburones) 족[20]·카이로에시(Caeroesi) 족[21]·파이 마니(Paemani) 족[22] 등 게르마니 인의 이름으로 총칭되는 부족은 4만 으로 추정되었다.

5 카이사르는 레미 족을 격려하고, 모든 원로를 자신이 있는 곳으 로 소집할 것과 유력자의 자식을 인질로서 보낼 것을 정중한 말로 명 했다. 이러한 일들은 모두 지정된 날까지 순조롭게 이루어졌다.

카이사르는 되도록 하이두이 족의 디비키아쿠스를 격려하고, 일시 에 대군大軍과 싸우지 않도록 적의 부대를 분산시키는 것이 나라와 자신의 방어에 얼마나 중요한 일인지를 열심히 설명하였다. 카이사 르는, 하이두이 족이 부대를 벨로바키 족의 영지로 진입시켜 그곳을

---

10) 오늘날의 캉브레(Cambrai)에서 하류의 스켈데(scheldt) 좌안에 살고 있던 게르마니 인.
11) 오늘날의 아라스(Arras) 지방에 살고 있던 부족.
12) 오늘날의 솜므(Somme) 지방에 살고 있던 부족. 아미앵(Amiens)은 이 이름에서 나왔다.
13) 오늘날의 불로뉴(Boulogne) 부근에 살고 있던 부족.
14) 오늘날의 뫼즈(Miuse), 스켈데 두 강 하류의 중간 지역에 살고 있던 부족.
15) 칼레테스 족과 동일. 노르망디의 코(Caux)에 살고 있던 부족.
16) 오늘날의 루앙(Rouen)을 중심으로 센 강 좌안에 살고 있던 부족.
17) 오늘날의 르 베르망두아(Le Vermandois), 즉 노용(Noyon) 지방에 살고 있던 부족.
18) 오늘날의 남南브라반트(Brabant)에 살고 있던 부족.
19) 오늘날의 뫼즈 강 좌안, 콩드로(Condroz)에 살고 있던 부족.
20) 오늘날의 뫼즈 강 유역에서 라인 강에 걸친 지역에서 살고 있던 부족.
21) 오늘날의 리에주(Liege) 부근의 아르덴(Ardennes) 산지山地에 살고 있던 부족.
22) 오늘날의 페이 드 페멘느(Pays de Femenne) 지방에 살고 있던 부족.

악소나 강에서의 전투

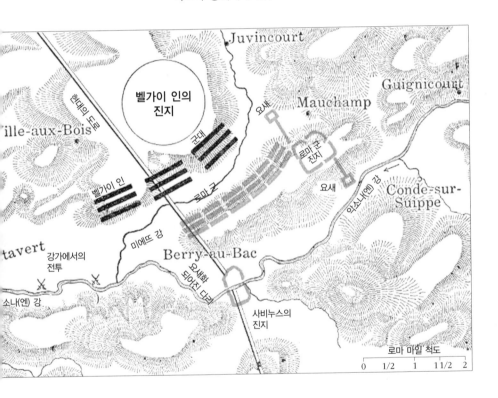

약탈하기만 하면 목적이 달성된다면서 그렇게 하라는 지시를 내린 후 디비키아쿠스를 돌려보냈다.

한 곳에 집결했던 벨가이 인의 전 부대가 자신이 있는 쪽으로 오고 있으며 또 적이 멀지 않은 곳에 있다는, 자신이 파견한 정찰대와 레미 족의 보고가 있자 카이사르는 급히 부대를 이끌고 레미 족의 영지 변두리에 있는 악소나(Axona) 강[23]을 건너 그곳에 진[24]을 쳤다. 진지의 한쪽을 강가에 면하도록 하여 적의 공격으로부터 배후가 안전하도록 만들고 레미 족 및 기타 부족의 영지로부터 위험 없이 식량이 운송될 수 있도록 조치했다.

강에는 다리가 놓여 있었다. 이 다리에 수비대를 배치하고 강 맞은 편[25]에 여섯 개의 코호르스[26]와 부장 퀸투스 티투리우스 사비누스 (Quintus Titurius Sabinus)를 남겨 놓았다. 진지에는 높이 12페스의 방벽과 폭 18페스의 호壕를 파서 요새화하라고 명했다.

6 레미 족의 비브락스(Bibrax)[27]라는 도시가 이 진지로부터 8마일 떨어진 곳에 있었다. 벨가이 인은 행군중에 이곳을 맹렬히 습격했다. 하지만 그날 이 도시는 가까스로 함락을 면했다.

벨가이 인의 습격 방법은 갈리 인의 그것과 같다. 대군大軍에 의해 방벽이 포위되면 우선 방벽을 향해 사방에서 돌을 던지고, 방벽을 지키는 자들이 일소되면 구갑진龜甲陣[28]을 펼치고 다가가 방벽을 무너뜨린다. 이것은 어렵지 않다. 왜냐하면 대군이 돌이나 창을 던지면 어느

---

23) 오늘날의 엔(Aisne) 강.
24) 이 지점은 오늘날 문제시되고 있다. 폰타베르(Pontavert) 고지나 혹은 4마일 상류의 모샹 (Mauchamp)으로 추측되고 있다. 여기에서는 후자로 보았다.
25) 즉 좌안左岸이다.
26) cohort. 군단의 구성에 대해서는 이미 언급했다.
27) 오늘날의 보리외(Beaurieux)라는 설도 있지만 이것은 아마 비외랑(Vieux · Laon)일 것이다.
28) testudo의 역어. 머리 위에 방패를 집결시키는 대형이다. '이동 귀갑차'도 똑같이 testudo란 이름으로 불렸다.

누구도 방벽 위에 가만히 있을 수 없기 때문이다.

밤이 되어 습격이 끝나자 레미 족의 이키우스는 "원군을 보내 주지 않으면 더 이상 버틸 수 없다"고 보고해 왔다. 이키우스는 당시 이 도시를 지키고 있던 레미 족의 최고 귀족으로, 세력도 있고 전에 강화 사절로서 카이사르에게 온 적도 있었던 사람이다.

7 그래서 카이사르는 한밤중에 이키우스로부터 소식을 가져온 자를 안내자로 삼아 누미다이(Numidae) 인[29]과 크레타이(Cretae) 인[30] 궁병, 그리고 발레아레스(Baleares) 인[31] 투석대投石隊를 도시 주민[32]의 구조를 위해 보냈다. 이들이 도착하자 레미 족에게는 방전防戰의 희망과 의욕이 솟아올랐지만 같은 이유로 적에게서는 도시를 빼앗을 수 있다는 희망이 사라지고 말았다.

적은 잠시 도시의 주위에 머물며 레미 족의 영지를 약탈하고 힘이 미치는 한 많은 마을과 집을 모두 불태워 없애 버린 후, 카이사르의 진지를 향해 부대 전체를 급히 이동시켜 2마일도 채 안 되는 곳에 진을 쳤다. 그 진지는 불과 연기에 의해 알아볼 수 있었는데, 폭이 8마일도 넘는 것이었다.

8 처음에 카이사르는, 적이 수도 많고 무용武勇으로도 이름이 높았으므로 전쟁을 피하려고 했다. 그러나 일상적인 기병의 전투를 보고 적의 무용 정도와 아군의 실력을 가늠할 수 있었다. 그 결과 아군이 적에 비해 열등하지 않다는 것을 알게 되자, 지형상 전투대형을 펴기에 아주 적합한 진지 앞 장소에 언덕 양쪽으로부터 길이 약 400파누스의 종호縱壕를 파고, 호의 끝에는 성채를 지어 노포弩砲[33]를 배치

---

29) 아프리카 북해안, 오늘날의 알제리 지방의 주민.
30) 지중해에 있는 섬으로 오늘날 그리스령으로 되어 있는 곳의 주민.
31) 서부 지중해의 제도諸島로 오늘날에는 스페인령이 된 곳의 주민.
32) oppidani의 역어. 많은 로마 상인을 상대로 생활하고 있던 상인이나 공인工人 등이다.

했다(진지가 있는 언덕은 평원보다 약간 높게 솟아 있고, 적을 향해 전투대형을 펴고 자세를 취할 수 있을 만큼 넓었으며, 양끝은 벼랑으로 되어 있지만 앞쪽은 완만하게 경사진 채 평원으로 내려가고 있었다). 전투대형을 폈을 경우, 싸우는 동안 수적으로 우세한 적이 측면에서 아군을 포위하지 못하도록 하기 위해서였다. 준비를 한 후 긴급한 경우 원군으로 쓸 요량으로 최근에 징집한 2개 군단을 진지에 남겨 두고 나머지 6개 군단으로 진지 앞에 진용陣容을 폈다. 적도 똑같이 부대를 진지에서 내어 정렬시켰다.

9 적과 아군 사이에는 크지 않은 늪지가 있었다. 아군이 이곳을 지나갈 것으로 생각한 적은 이곳에서 기다리고 있었다. 그렇지만 아군 쪽에서도 적이 먼저 건너오면서 혼란스러울 때 공격을 가하려고 무장한 채 기다리고 있었다. 때마침 그때 양군 사이에 기병전이 있었다. 양군 모두 늪지의 통과를 멈추자 카이사르는 기병전이 아군에게 유리하다고 판단하고 아군을 진지로 돌려보냈다.

적은 아군의 진지 뒤쪽에 있는 악소나 강을 향해 급히 갔다. 그곳에서 얕은 여울을 발견한 적은 부대 일부를 도하시키려고 했다. 가능하다면 부장 퀸투스 티투리우스가 지키는 성채를 함락시키고 다리를 파괴하거나, 그것이 불가능한 경우에는 로마 군의 전쟁 수행에 도움을 주고 있는 레미 족의 토지를 약탈하여 로마 군의 식량 공급선을 끊으려는 책략이었다.

10 티투리우스로부터 연락을 받은 카이사르는 기병 전부와 경장輕裝한 누미다이 인 그리고 투석대와 궁병을 이끌고 다리를 건넌 뒤 적

---

33) tormenta의 역어. catapultae—투석기, ballistae—투물기投物機, scorpiones—소궁기小弓機 세 개를 포함한다. 앞의 2개는 이 책 속에서 인용되지 않았다. 이들의 구별을 명확히 할 자료는 전혀 없다. 아무튼 이 로마 군의 무기는 그리스 인의 그것에 비해 빈약하고 열등하며, 대체로 그 모방물로 보아도 좋을 것이다. 그렇기 때문에 카이사르의 것도 마시리아의 것에 비해 거의 문제가 되지 못했던 것 같다.

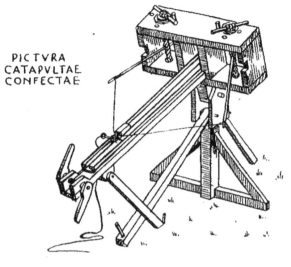

PICTVRA
CATAPVLTAE
CONFECTAE

노포

투석기

을 향해 급히 이동했다. 그리고 거기에서 격렬한 전투가 벌어졌다.

아군은 강 속에서 어려움을 겪고 있던 적을 습격해 그들 다수를 살해했다. 시체를 넘어 건너오려던 용감한 자들도 수많은 텔라로 격퇴하고, 건너온 적의 선두는 기병으로 포위하여 살해했다. 적에게서는 강을 건너 도시를 함락시킬 수 있다는 희망이 사라져 버렸으며, 아군이 전투에 불리한 지점에까지 나오지는 않는 것을 보게 되고 또한 자신들의 곡물도 떨어지기 시작했으므로 회의를 열어, "각기 본국으로 돌아가는 것이 최상책이다. 그리고 로마 군이 침입한 영지에 모두 모여 방어하기로 하자. 다른 영지보다 자신들의 영지에서 싸우기로 하고 곡물은 각자 비축한 것에 의존하기로 하자"고 결의했다.

이들이 이런 결의를 하게 된 데는 다른 이유와 함께 다음과 같은 까닭이 있었다. 즉 디비키아쿠스와 하이두이 족이 벨로바키 족의 영지에 다가가고 있는 것을 알았기 때문이다. 더 이상 벨로바키 족을 만류하여 자기 부족을 돕도록 할 수는 없었던 것이다.

11 이렇게 결정한 적은 2경에 진지를 나와 대소동을 피우며 질서도 지휘도 없이 각자 앞을 다투어 급히 귀국을 서둘렀기 때문에 그 출발의 양상이 마치 도망치는 것 같았다. 카이사르는 첩자로부터 이 소식을 들었으나 그들이 퇴각하는 이유를 알지 못했으므로 복병이 두려워 부대와 기병을 진지에 머무르게 했다.

아침 무렵에야 정찰병으로부터 사정을 확인한 카이사르는 적의 후위를 공격하기 위해 기병 전체를 부장 퀸투스 페디우스와 루키우스 아우룬쿨레이우스 코타(Lucius Aurunculeius Cotta)에게 지휘시켜 먼저 보내고, 부장 티투스 라비에누스에게는 3개 군단을 내주면서 그 뒤를 쫓도록 명했다. 이들은 적의 후위를 여러 마일에 걸쳐 추적하면서 패주하는 다수의 적을 죽였다. 따라잡힌 후위의 적은 멈춰 선 채 로마 군의 공격에 용감히 맞서 싸웠지만, 위험을 모면했다고 생각한 적의 선두는 억제하는 자도 지휘하는 자도 없었기 때문에 절규의 소리를 듣자 대오를 흐트리고 도망치는 것이 최선이라 생각했다. 이리하여 로마 군은 아무 위험도 없이 일몰시까지 최대한 많은 적을 살해하고, 해가 지자 명령대로 추격을 중지하고 진지로 돌아왔다.

12 이튿날, 카이사르는 적이 공포와 패주에서 아직 회복하지 못한 동안에 레미 족의 이웃에 있는 수에시오네스 족의 영지에 군대를 진입시킨 후 강행군하여 노비오두눔(Noviodunum)[34]이라는 도시로 급히 이동했다. 그곳에는 수비대가 없다고 들은 카이사르는 도중에 그 도시를 습격하려 했지만 넓은 호와 높은 방벽 때문에 지키는 자의 수가 얼마 안 되더라도 쉽게 함락시킬 수 없었으므로, 진지를 굳히고 귀갑차龜甲車[35]를 만드는 등 습격에 필요한 것들을 준비했다. 패주하던 수에시오네스 족의 본진本陣은 그날 밤 도시로 되돌아왔다.

도시를 향해 귀갑차를 꾸준히 이동시키고 보루의 물건[36]을 던지고 공성용 망루가 세워지자, 갈리 인은 일찍이 본 적도 들은 적도 없는 이 공사工事의 규모와 로마 군의 민첩함에 놀라 항복 사절을 카이사르에게 보내 왔다. 또한 레미 족으로부터의 탄원도 있었으므로 카이사르는 수에시오네스 족을 그대로 존속시키기로 했다.

13 카이사르는 갈바 왕의 두 아들과 부족의 유력자를 인질로 취하고 모든 무기를 도시에 내놓은 수에시오네스 족의 항복을 인정한 뒤 벨로바키 족의 영지를 향해 군대를 진격시켰다.

---

34) 오늘날의 수아송 부근에 있던 도시. 보빌레(Vauville)의 발굴에 따르면, 수아송에서 서북쪽으로 4킬로미터 떨어진 포미에르(Pommiers) 고지에 있었으리라 추정된다.

35) vinea의 역어. 길이 16피트, 폭 7피트의 견고한 목조 이동 귀갑차.

36) agger의 역어. 방벽이 있는 도시를 공격할 때 만드는 보루다. 이것은 대체로 목재로 구축되지만, 때로는 흙덩이나 기와 조각, 자갈들로 만들어지기도 했다. 귀갑차를 이동시키며 전진하고, 물건을 던져 보루를 구축하며, 최후로 방벽에 다가가 탑을 밀어붙이면서 공격해 들어가는 것이다〔제2권의 주 53) 참조〕

벨로바키 족은 부족과 모든 재산을 브라투스판티움(Bratuspantium)
이라는 도시에 집결시켜 놓고 있었는데, 카이사르가 군대를 이끌고
이 도시에서 약 5마일 떨어진 지점에 이르자, 노인들이 모두 도시에
서 나와 카이사르에게 손을 내뻗고 소리를 지르며,[37] 카이사르의 보
호와 위세에 복종하고 로마에 대항하여 무기를 들지는 않을 것임을
천명하였다. 카이사르가 도시에 이르러 그곳에 진을 치자 여자와 아
이들까지 자신들의 풍습에 따라 방벽에서 손을 내밀고 로마 군에게
화해를 구했다.

14 이들을 대신하여 디비키아쿠스(벨가이 인의 퇴각 후 하이두이 족
의 부대를 해산시키고 카이사르 곁으로 돌아와 있었다) 가 말했다.

"벨로바키 족은 언제나 하이두이 족의 보호와 우정을 받고 있었는
데, 하이두이 족이 카이사르에게 예속되어 온갖 굴욕과 모멸을 받고
있다고 전한 유력자의 부추김에 따라 하이두이 족에게 모반을 꾀하
고 로마에 도전했다. 이 유력자는 자기 부족에 큰 재난을 초래했음을
깨닫고 브리타니아로 도망쳤다. 부디 자비와 친절을 보여 주길 바란
다. 벨로바키 족뿐만 아니라 하이두이 족도 벨로바키 족을 위해 간청
한다. 카이사르가 그렇게 해 주면 벨가이 인 전체에서 하이두이 족의
권위는 한층 높아질 것이다. 전쟁이 일어날 때에 언제나 벨가이 인[38]
의 재력과 원조에 의해 스스로를 방어할 수 있었다."

15 카이사르는 디비키아쿠스와 하이두이 족의 명예를 위해 벨로
바키 족의 항복을 인정하고 존속시키라고 말했다. 그러나 벨로바키
족은 벨가이 인 가운데 큰 세력을 지니고 있었고 인구 수에서도 우세
했기 때문에 600명의 인질을 취했다. 인질이 인도되고 모든 무기가

---

37) 그들은 라틴 어를 모르기 때문에 몸짓으로 표시했다.
38) 하이두이 족으로 해석하는 경우도 있지만, 이것은 문맥상으로 보아 벨가이 인으로 보는
   것이 마땅하다고 생각한다.

도시에 모아지자 암비아니 족의 영지로 진격했는데, 암비아니 족도 곧 자기 자신과 재산을 가지고 항복했다. 이들의 영지는 네르비 족의 영지와 인접해 있었다. 카이사르는 네르비 족의 성격과 풍습에 대해 물어 다음과 같은 것을 알았다.

"상인도 네르비 족과는 가까이 하려고 하지 않는다. 포도주나 그 밖의 사치스런 것을 가지고 들어갈 수 없다. 이러한 것들은 마음을 이완시키고 무용을 무르게 만든다고 생각하고 있다. 그들은 흉포한 무용을 지닌 사람들로, 다른 벨가이 인들이 로마에 항복하여 선조들의 무용을 버렸다고 한탄하며 슬퍼하고 있다. 또한 그들은 절대로 사절을 보내지 않을 것이며, 어떤 강화 조건도 받아들이지 않겠다고 언명하고 있다."

16 그들의 영지에서 3일 정도 진군했을 때 포로로부터, "진지에서 10마일도 채 떨어지지 않은 곳에 사비스(Sabis) 강[39]이 있고, 그 강 맞은편 기슭에 자리잡은 네르비 족이 이웃에 사는 아트레바테스 족과 비로만두이 족(이 양 부족도 이들 부족과 똑같이 전운戰運을 걸도록 권유받고 있었다)과 함께 로마 군의 도착을 기다리고 있다. 적은 아투아투키 족의 부대가 오기를 기다리고 있지만 그 부대는 아직 행군중이다. 나이가 들어 전쟁에 쓸모 없는 자나 여자는 군대가 갈 수 없는 늪지로 떠나갔다"는 것 등을 알아냈다.

17 이러한 사실을 알아낸 카이사르는 진지를 구축할 만한 적당한 장소를 선정하도록 정찰병과 백부장을 먼저 보냈다. 이에 항복한 벨가이 인과 많은 갈리 인이 카이사르를 따라 행군하고 있었는데, 후에 포로로부터 들은 바에 따르면 아군의 평소 행군 방식을 보아온 갈리 인의 일부가 밤중에 네르비 족에게 가서 각 군단 사이에 수많은 군수

---

39) 오늘날의 상브르(Sambre) 강.

품 운반대가 있음을 알리고, 최초 군단이 진지에 도착하고 다음 군단이 멀리 떨어져 있을 때 군수품을 진 자들을 습격하기는 쉬우므로 그들을 쫓아 버리고 군수품을 취하면 뒤에 오는 자들이 저항할 수 없을 것이라고 말했다. 이런 고자질을 한 자들이 권유한 책략에는 다음과 같은 것이 더 있었다. 네르비 족에게는 예로부터 기병이 없기 때문에 (오늘날까지도 그들은 기병에는 관심이 없고 모든 힘을 보병에 쏟고 있다) 인근의 기병이 약탈하러 오면 어린 나무를 베어 넘어뜨리고[40] 옆의 여러 나무들도 그렇게 한 다음 다시 가시나무를 뒤섞어 들어갈 수도, 없앨 수도 없는 방벽 같은 장애물을 만들어 방어했다. 그런데 로마 군의 행군은 이것에 의해 방해를 받을 것이라며 이것의 사용을 권유하자, 네르비 족은 이 책략을 무시하지 않으리라 생각했던 것이다.

18 아군이 진지로 선정한 장소[41]의 지형은 다음과 같았다. 언덕 하나가 꼭대기에서 사비스 강 쪽으로 완만하게 경사져 있었다. 그 맞은 편에 이와 마주하여 또 하나의 언덕이 강에서 똑같은 경사도로 솟아 있고 그 기슭의 약 200파우스 정도는 빈터였지만 위쪽이 숲으로 덮여 있었으므로 그 속을 간파하기가 어려웠다. 적은 이 숲속에 숨어 있었다. 강에 면한 빈터에서는 얼마간의 경계 기병이 인지되었다. 이 강의 깊이는 약 3페스였다.

19 카이사르는 기병을 앞세우고 전 부대로 하여금 그 뒤를 따르게 했다. 그러나 부대의 편성 순서는, 벨가이 인이 네르비 족에게 누설한 것과는 달랐다. 즉 카이사르는 적에게 근접하자 예에 따라 6개 경무장 군단을 이끌면서 바로 뒤에 전군의 물자를 두었고, 그 다음에 최근 징집한 2개 군단을 두어 전 대오의 후위 방비를 단단히 하도록 하는 한편 군수품을 수비하게 했다. 아군의 기병은 투석대 그리고 궁병과

---

40) 아마도 '휘어서' 라는 뜻일 것이다.
41) 이곳은 모뵈주(Maubeuge) 근처에서 약간 상류 쪽인 뇌프 메닐(Neuf Mesnil) 고지다.

사비스 강의 전쟁

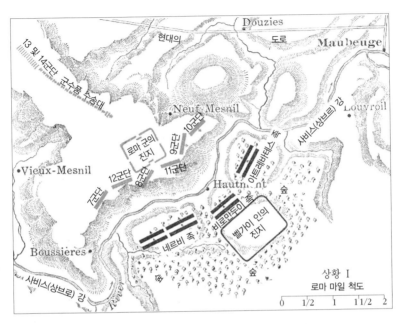

상황 I
로마 마일 척도

0 1/2 1 1 1/2 2

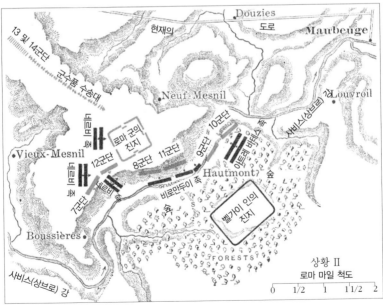

상황 II
로마 마일 척도

0 1/2 1 1 1/2 2

함께 강을 건너가 적의 기병과 싸웠다. 적은 몇 번씩 숲속의 동료들 쪽으로 물러났다가는 다시 나와 아군을 공격했으며, 아군은 빈터의 범위를 넘어서서 퇴각하는 적들은 쫓으려 하지 않았다. 그 사이에 먼저 도착한 6개 군단은 공사를 측량하고 진지를 단단히 구축하는 일에 달라붙었다.

숲속에 숨어 있던 적에게 아군의 군수품 운반대의 선두가 보이기 시작하자 적은 그것을 전투 개시의 시기로 정하고 숲속에서 진용과 전열을 가다듬고 서로 격려하면서 전군이 갑자기 뛰쳐나와 아군의 기병을 공격했다. 기병을 쉽게 쫓아 버리자 적은 믿을 수 없을 정도로 빠르게 강 쪽으로 달려내려왔다. 적이 숲에서, 강에서 튀어나와 아군 병사와 싸운 일까지가 모두 순식간에 일어난 일이었다. 그들은 다시 똑같은 속도로 언덕으로 올라와 진지 공사에 애쓰고 있는 아군에게 공격을 가했다.

20 카이사르는 모든 일을 일순간에 처리하지 않으면 안 되었다. 무기를 들라는 신호인 붉은 기[42]를 내걸고, 나팔로 신호하여 병사들에게 공사를 중지시키고 재료를 구하러 멀리 나간 자들을 불러들여 전투대형을 갖추게 했으며, 한편으로는 병사들을 격려하고 암호를 주지시켰다. 이 일의 대부분은 촉박한 시간과 적의 갑작스런 기습에 의해 방해받았다.

이러한 어려운 처지를 두 가지의 것이 구원해 주었다. 하나는 여태까지의 전투로 훈련을 거듭하여 다른 사람의 가르침이 없어도 어떻게 해야 좋을지 스스로 적당히 판단할 수 있는 병사들의 지식과 경험이었으며, 또 한 가지는 진지가 구축될 때까지 공사에서 군단을 떼어 놓지 말라고 부장에게 내려 놓았던 카이사르의 명령이었다. 적이 다

---

42) vexillum의 역어. 붉은 기는 전투 신호. 무기를 들고 전투 준비를 하라는 신호로 나팔 소리와 함께 전투를 개시하게 된다.

가오자 부장은 신속히 대처하기 위해 카이사르의 지휘를 기다리지 않고 적절한 방식으로 행동했던 것이다.

21 카이사르는 중요한 명령을 내리고 나서 병사들을 격려하고자 진지의 이곳저곳으로 뛰어다니다 때마침 제10군단 쪽으로 갔다. 카이사르는 병사들에게, "이때까지의 무용을 상기하여 침착하고 용감하게 적의 공격을 가로막으라"는 말 이상으로 길게 격려할 수가 없었다.

카이사르는 적이 텔라가 미치는 거리에 이르자 전투 개시를 신호했다. 같은 격려의 말을 하기 위해 다른 진지로 가 보니, 그곳에서는 이미 전투가 벌어지고 있었다. 시간도 촉박하고 적의 전의戰意도 왕성한 까닭에 아군은 복장을 갖추기는커녕 투구를 쓰고 방패의 덮개[43]를 벗길 틈도 없었다. 각자 동료들을 서로 찾고 전투 시기를 놓치지 않기 위해 진지 공사를 포기하고 어느 곳이든 우연히 마주친 장소에서 최초로 눈에 띈 대기隊旗 밑으로 모였다.

22 부대는 일반적인 편성 방식에 따르지 않고 지형과 언덕의 경사 및 그때그때의 필요에 응해 조직되었으며, 군단들은 각기 다른 장소에서 적과 대치했다. 앞서 말한 바와 같이 매우 곤란한 장애물 때문에 그 속을 들여다볼 수 없었으므로 원군을 배치할 수도, 각각 필요한 준비를 갖출 수도, 혼자 모든 지휘를 할 수도 없었다. 이와 같이 아군은 각기 다른 상황에서 각기 다른 운명과 만나게 되었다.

23 좌측에서 대형을 갖춘 제9, 제10군단의 병사들은 구보로 달려온 피로에 숨을 몰아쉬며, 투창 때문에 부상을 입은 아트레바테스 족(이 부족은 로마 인과 대립하고 있었다)을 순식간에 언덕에서 강으로 내몰고, 강을 건너려는 자들에게 다가가 곤경에 빠진 많은 적들을 칼로 베었다. 아군도 주저하지 않고 강을 건너 불리한 장소에까지 돌진해

---

43) tegimenta —행군 때 사용하는 가죽 주머니를 가리킨다.

다시 저항해 오는 적을 패주시켰다. 마찬가지로 다른 장소에서도 제8·11군단의 병사들이 우연히 마주친 비로만두이 족과 강가의 언덕에서 싸워 그들을 패주시켰다.

전열戰列의 우익은 제12군단 및 그들과 얼마간의 거리를 둔 제7군단이 지키고 있었는데, 모든 진지의 정면과 좌측이 거의 노출되어 있는 까닭에 네르비 족은 그 총지휘권을 장악하고 있는 보두오그나투스(Boduognatus)의 지휘하에 밀집대형으로 육박해 왔다. 일부는 우측에서 군단을 포위하고 다른 자들은 진지의 정상을 향해 몰려왔다.

24 그때 적의 공격으로 물러난 아군의 기병과 경무장 보병은 진지로 퇴각하였으나 다시 적과 마주치자 다른 진지로 도망쳤다. 로마 군의 종군자[44]는, 언덕 꼭대기에 있는 진지의 뒷문에서 우세한 아군이 강을 건너는 것을 보고 약탈하러 나섰지만, 다시 둘러보니 아군의 진지에서 적이 이리저리 뛰어다니고 있는 것이 보이므로 쏜살같이 도망쳤다. 동시에 군수품 운송대 사이에서도 절규하는 소리와 소동이 일어나고 공포에 쫓긴 자들이 이리저리 달아났다.

갈리 인 가운데 특히 무용으로 명성이 높은 트레베리 족의 기병이 그 부족으로부터 원군으로 카이사르에게 와 있었다. 그들은 로마 군의 진지가 적의 대군으로 가득 차고 군단이 압도당해 위태롭게 포위되고, 종군자나 기병·투석대·누미다이 인이 뿔뿔이 흩어져 사방팔방으로 도망치며 갈팡질팡하는 것을 보자, 아군에게 가망이 없다고 생각하고 귀국해 로마 군이 패하여 정복되고 진지도 군수품도 적에게 다 빼앗겼다고 자기 부족의 사람들에게 보고했다.

25 카이사르는 제10군단을 격려한 후 우익으로 향했는데, 그곳에서는 아군이 적에게 압도당하고, 제12군단의 대기隊旗도 한 곳에 집

---

44) calones의 역어. 종군하고 있는 술집의 상인.

중되어 밀집한 병사들이 전투에 서로 방해가 되고 있었다. 또 제4코호르스의 백부장이 모두 살해되고[45] 기수도 죽어 대기가 없어졌으며, 다른 코호르스의 백부장도 거의 모두 부상당하거나 죽었다. 그리고 가장 용감했던 백부장두百夫長頭[46] 섹스티우스 바쿨루스(Sextius P. Ba-culus)도 중상을 입어 이미 설 수가 없었고, 다른 자들도 움직임이 둔해졌으며, 후위를 지키던 자들은 탈락하여 전투에서 빠져 나와 텔라를 피하고 있었다.

그렇듯 적이 바로 정면 아래에서 끊임없이 밀어붙이고 양측에서도 육박해 오자, 카이사르조차 위기를 느꼈다. 그러나 보낼 만한 원군이 없었으므로 카이사르는 방패도 들지 않은 채 그곳에 와 있다가 후위의 한 병사로부터 방패를 빼앗아 들고 제1진으로 나아가 백부장을 지명하여 부르고 나머지 병사들을 격려하면서 좀더 자유로이 칼을 쓸 수 있도록 앞으로 나와 중대대형[47]을 갖추라고 명했다. 카이사르가 온 것을 보고 병사들은 희망을 되찾고 사기도 회복하여 모두 각자 자신의 위치에서 지휘관에게 분투하는 모습을 보이고자 하니, 그제야 적의 공격 기세도 다소 꺾였다.

26 곁에 있던 제7군단이 똑같이 적에게 압도당하고 있는 것을 본 카이사르는 천부장에게 군단의 병사를 집결시켜 조금씩 방향을 바꿔 가면서[48] 적에게 대응하라고 지시했다. 지시대로 실시되자 아군은 서로 원조하여 싸울 수 있게 되고 적에게 뒤를 포위당할 위험도 없어져 전보다 대담하게 버티며 용감하게 싸우기 시작했다. 그 사이에 후미

---

45) 즉 여섯 명 모두 살해된 것이다.
46) primipilus의 역어. 제1코호르스의 제1마니풀루스의 제1백부장을 가리킨다. 1군단에 한 명뿐인 가장 명예로운 직책. 제정시대가 되면서 제1마니풀루스의 백부장 두 명을 이렇게 불렀다.
47) manipulus. 이것 세 개가 모여서 하나의 코호르스를 형성한다. 마니풀루스 속에는 두 개의 소대가 있다. 군단 편성에 대해서는 이미 언급한 바 있다.

에서 군수품을 수비하고 있던 2개 군단의 병사들도 전투 통지를 받고 달려왔는데 이들은 언덕의 꼭대기에 있던 적에게도 발견되었다.

라비에누스도 적의 진지를 빼앗고 그 언덕에서 아군의 진지에 무슨 일이 일어나고 있는지를 알게 되자 제10군단으로 하여금 아군을 원조하도록 보냈다. 이들은 도망친 기병과 종군자들로부터 현재의 상황이라든지 진지와 군단, 지휘관이 어떤 위험에 직면해 있는지를 전해 듣고 전력을 다해 서둘러 달려왔다.

27 이들이 도착하자 사태는 완전히 바뀌었다. 아군은 부상당한 자까지 다시 방패를 들고 싸우기 시작했고, 적이 당황하고 있는 것을 본 종군자는 무장한 자들에게마저 맨손으로 달려들었다. 기병도 패주한 부끄러움을 무용으로 씻고자 도처에서 보병을 능가하는 활약을 보였다. 적군 역시 최후의 희망을 걸고 분전하여 선두의 병사들이 죽으면 다음 사람들이 죽은 자의 시신 위에 서서 싸우고, 이들도 죽으면 살아남은 자들이 다시 시체 더미 위에서 로마 군에게 텔라를 던지고 진중에 떨어진 창을 되던졌다.

이처럼 용감한 자들이 넓은 강을 건너고 높은 둑에 올랐으며 매우 불리한 지점까지 나아간 것을 무모한 일로 생각해서는 안 된다. 그 왕성한 사기가 극도로 어려운 것을 이렇듯 좀더 쉽게 만들었던 것이다.

28 전쟁이 끝나자 네르비 족은 그 부족도 이름도 거의 없어졌지만, 부녀자 · 아이들과 함께 호수나 늪지에 모여 있던 노인네들에게는 전쟁 소식을 전하면서 승자에게는 이미 방해될 것이 없고 패자에게는

---

48) 이 뜻은 그다지 명료치 않지만 아래와 같으리라 추정되고 있다.

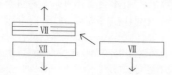

안전이 없다고 말하고, 카이사르에게 사절을 보내 항복하고 부족의 재난에 대해 이야기했다. 600명의 원로가 3명으로 줄고 무장할 수 있는 자도 6만 명에서 겨우 500명 남짓으로 줄었다는 것이다.

카이사르는 가엾은 자나 탄원하는 자에게 자비롭게 보이도록 그 부족의 존속을 허락하고, 영지와 도시도 그대로 쓰도록 했다. 인근 부족과 동료들에게도 이들에게 난폭한 짓을 하거나 손해를 입히지 말라고 명했다.

29 앞서 말한 아투아투키 족은 네르비 족을 원조하고자 전군을 이끌고 왔지만 전쟁의 결과가 알려지자 도중에 귀국했다. 그들은 다른 도시와 성채를 모두 버리고, 자연에 의해 요새화된 도시[49]에 전 재산을 집결시켰다. 그 도시 주위는 어느 곳이나 높은 바위와 벼랑으로 되어 있었고 단지 한 곳에만 폭 200페스도 채 안 되는 완만한 경사의 통로가 있었다. 아투아투키 족은 이곳에 이중의 높은 방벽을 치고 방비를 단단히 했다. 게다가 그 방벽 위에는 무거운 바위와 뾰족한 목재를 놓아 두었다.

아투아투키 족은 킴브리 족과 테우토니 족의 후손으로, 킴브리 족과 테우토니 족이 로마의 프로빈키아와 이탈리아로 행군하면서 자신들이 운반할 수 없는 물자를 레누스 강변[50]에 두고 그 감시를 위해 6천 명의 사람들도 함께 남겼다. 이들은 킴브리 족과 테우토니 족의 멸망 후[51] 오랫동안 이웃 부족들로부터 구박받으며 전쟁을 도발하거나 방어하다가, 전체 협의로 강화가 성립되자 거주지로서 이곳을 택했

---

49) 이곳은 팔레(Falais) 고지, 아스트동(Hastedon), 나무르(Namur), 몽팔히즈(Mont Falhize) 등으로 보는 설도 있다.
50) 라인 강 좌안에 가축 등을 남겨 둔 것을 말한다.
51) 테우토니 족은 기원전 102년에 아쿠아리 섹스티아이(오늘날의 엑스레뱅)에서 가이우스 마리우스에게, 킴브리 족은 기원전 101년에 베르켈리(Vercelli)에서 마리우스와 카툴루스에 의해 각각 섬멸당했다.

던 것이다.

30 아투아투키 족은, 로마 군의 도착 초기에는 여러 번 그 도시에서 돌진해 나와 아군과 소규모 전투를 벌였지만 높이 12페스, 둘레 15마일[52]의 보루와 많은 성채로 주위의 방비를 단단히 하자 도시에 틀어박혀 나오지 않았다. 그들은 로마 군의 귀갑차가 만들어지고 보루가 축조되고 먼 곳에서 공성용 망루가 건립되는 것을 보자[53] "무엇 때문에 그렇게 큰 장비를 먼 곳에서 만드느냐"(왜냐하면 일반적으로 갈리 인 사이에서는 갈리 인의 큰 체격에 비해 로마 인이 작은 것을 경멸하고 있었기 때문이다), "그 체격에 무슨 솜씨와 힘이 있어 그렇게 무거운 탑을 방벽이 있는 데까지 끌고 올 수 있겠느냐"며 처음에는 방벽 위에서 비웃고 조롱하였다.

31 그런데 그것을 실제로 움직여 성벽에 접근시키자 그들은 보기 드물고 불가사의한 그 광경에 놀라 강화 사절을 카이사르에게 보내왔다.

강화 사절은 "높이 솟은 장비를 저처럼 빠른 속도로 움직일 수 있는 로마 인이라면 신의 도움 없이 전쟁하리라 믿을 수 없다. 이에 우리들도 몸과 재산을 모두 로마의 위세에 맡기기로 하겠다. 다른 자들에게서 들은 바 있는 당신의 동정심과 친절한 마음으로 아투아투키 족을 존속시키겠다면 부디 무기를 빼앗지 말아 달라. 단지 이것만을

---

52) 이것을 5마일의 오류로 보는 견해도 있다.
53) 이것의 약도를 그리면 다음과 같이 된다.

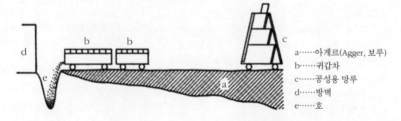

a······아게르(Agger, 보루)
b······귀갑차
c······공성용 망루
d······방벽
e······호

아투아투키 족의 요새에 대한 포위공격

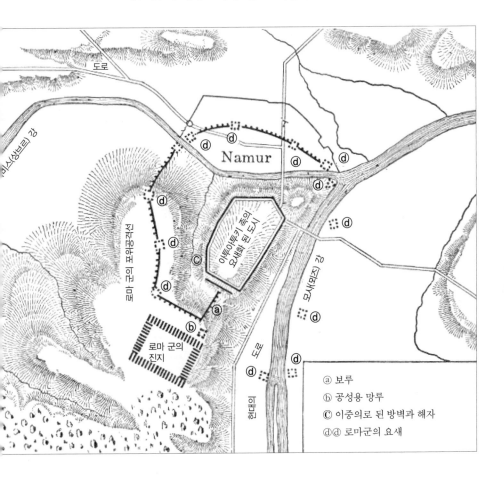

ⓐ 보루
ⓑ 공성용 망루
ⓒ 이중의로 된 방벽과 해자
ⓓⓓ 로마군의 요새

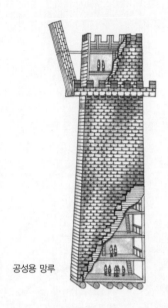

공성용 망루

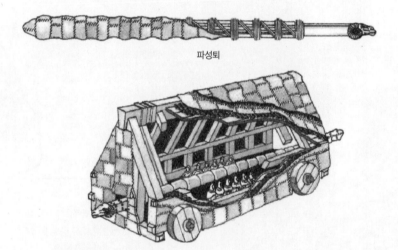

파성퇴

파성퇴용 귀갑차. '테스투도'(Testudo)라는 이름으로 불렸으며, 일반적인 귀갑차보다 더 정사
각형에 가깝고 또한 더욱 튼튼하게 만들어졌다. 적의 성벽에 접근하여 파성퇴로 성벽을 부술
수 있도록 경사진 지붕과 덧문이 있었다. 적의 화공火攻에 대한 대비책으로 동물의 가죽 혹은
잘 타지 않는 물질로 덮여있었다.

파성퇴

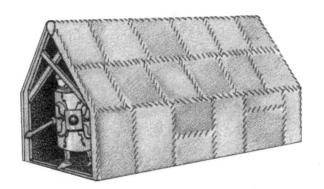

병력 이동용 귀갑차. 종류에 따라 '비네아'(Vinea) 혹은 '무스쿨루스'
(Musculus)라는 이름으로 불렸으며, 옆면은 동물의 가죽 혹은 나무껍질 등
으로 덮여졌다.

공략 a 귀갑차龜甲車 b 파성퇴용破城槌用 귀갑차 c 공성용 망루 d 파성구破城鉤 e 궁병

장벽차障壁車. '플루테우스'(Pluteus)라는 이름으로 불렸으며, 바퀴 위에 나무껍질로 만든 장벽이 놓여진 형태였다. 일반적으로 반원형으로 만들어졌다. 공성용 보루(아게르)를 만들 때, 공사를 진행 중인 병사들을 적의 화살이나 텔라로부터 엄호했다.

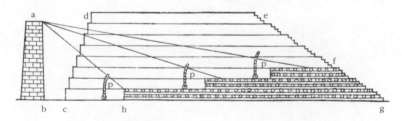

공성용 보루 ab 적의 성벽   cdefh 미완의 부분   hgf 완성된 부분
abcd 맨 마지막에 묻히는 부분   p 장벽차障壁車

원한다. 모든 이웃 부족들이 우리들에게 적의를 품고 우리들의 무용을 미워하기 때문에 만약 무기를 몰수당하게 되면 이웃 부족들로부터 우리 자신을 보호할 수 없게 된다. 만일 그러한 상태로 우리들을 지배하고 있는 자들로부터 들볶이며 살해당하는 것보다는 차라리 로마 인에게 그러한 일을 당하는 쪽이 낫다"고 말했다.

32 이에 카이사르는 다음과 같이 답했다.

"당연한 일이라기보다는 오히려 내 관례상 만약 파성추破城槌가 방벽에 닿기 전에 항복하면 부족은 존속시켜 줄 것이다. 그러나 무기를 건네지 않으면 항복은 인정되지 않는다. 네르비 족에게 실시했던 것을 아투아투키 족에게도 행한 다음, 로마에 항복한 자에게 난폭한 짓을 해서는 안 된다고 이웃 부족들에게 명하겠다."

이 요구가 전해지자 아투아투키 족은 그 명령을 실행하겠다고 말했다. 많은 무기가 방벽에서부터 도시 앞에 있는 호濠로 내던져졌는데 그 더미는 방벽과 보루 사이의 꼭대기와 거의 비슷하였다. 뒤에 알게 된 바에 따르면 무기의 약 1/3은 도시에 숨겨져 있었지만, 그럼에도 불구하고 그날 도시의 문은 활짝 열렸고 평화스러웠다.

33 해가 지기 전에 카이사르는 도시의 문을 닫고 밤중에 도시 주민이 병사들로부터 난폭한 짓을 당하지 않게끔 병사들을 도시 밖으로 내보냈다. 후에 알게 된 일이지만, 항복을 하고 나면 로마 군이 수비병을 철수시키든지 아니면 수비가 허술해지리라 믿은 아투아투키 족은 미리 짠 계획에 따라 숨겨 둔 무기를 꺼내 들거나 혹은 나무 껍질로 만들었거나 가는 나뭇가지로 짠 것에 재빨리 짐승 가죽을 단단히 붙여 짧은 시간에 만든 방패를 들고 3경에 갑자기 전군을 휘몰고 로마 군의 보루를 향해 완만한 오름길로 도시에서부터 돌격해 왔다.

카이사르가 미리 명령해 둔 대로 금세 봉화 신호가 솟아오르고 가까운 성채로 병사들이 모였다. 적도 격렬히 싸웠다. 탑에서 텔라를 던지는 아군에 비해 불리한 입장에 놓인 적은 마침내 막판에 몰려 무용에 모든 희망을 걸고 싸웠다. 사상자가 4천명에 이르고 살아 남은 자는 도시로 퇴각하였다. 이튿날, 이미 지키는 자마저 없는 도시의 문은 파괴되고 아군 병사들이 안으로 들어갔다. 카이사르는 전리품 일체를 팔았다. 전리품을 사 간 사람의 수는 5만 3천명으로 카이사르에게 보고되었다.

2. 해변에 살던 여러 부족의 복속

34 거의 같은 시간에 베네티(Venneti) 족[54], 베넬리(Venelli) 족[55], 오시스미(Osismi) 족[56], 코리오솔리타이(Coriosolitae) 족[57], 에수비(Essuvii) 족[58], 아울레르키(Aulerci) 족[59], 레도네스(Redones) 족[60] 등 대서양에 면한 해변에 사는 부족에게 1개 군단을 이끌고 나가 있던 푸블리우스 크라수스로부터 이들 부족 전체가 로마의 지배와 위세에 복속했다는 보고가 있었다.

35 이런 일들이 달성되어 전 갈리아가 평정되고 전쟁에 대한 평판이 야만족 사이에 널리 퍼지자 레누스 강 맞은편에 사는 부족으로부터도 인질을 보내고 명령에 따르겠다며 카이사르에게 사절을 보내왔다. 카이사르는 이탈리아와 일리리쿰(Illyricum)[61]으로 가려고 서두

---

54) 오늘날의 반느(Vannes) 지방에 살고 있던 부족.
55) 오늘날의 코탕탱(Cotentin) 지방에 살고 있던 부족.
56) 오늘날의 브르타뉴 선단先端 지방에 살고 있던 부족.
57) 코리오솔리테스(Coriosolites) 족과 같다. 오늘날의 브르타뉴 북안北岸에 살고 있던 부족.
58) 오늘날의 세즈(Seez) 지방에 살고 있던 부족.
59) Aulerci Eburovices일 것이다. 오늘날의 외르(Eure) 하류 지역에 살고 있던 부족.
60) 오늘날의 렌느(Rennes) 지방에 살고 있던 부족.
61) 오늘날의 아드리아 해 동쪽 해안.

르고 있었기 때문에 사절들에게 내년 여름 초엽에 다시 오라고 명했다. 카이사르는 자신과 전쟁을 벌였던 부족과 접경한 카르누테스(Carnutes) 족[62], 안데스(Andes) 족[63], 툴로니(Tuloni) 족[64]의 영지에 군단을 동영시키고, 스스로는 이탈리아로 향했다. 카이사르의 편지에는 이러한 사항에 대해 지금까지 어느 누구에게도 주어지지 않았던 15일간의 감사제[65]가 결의되어 있었다.

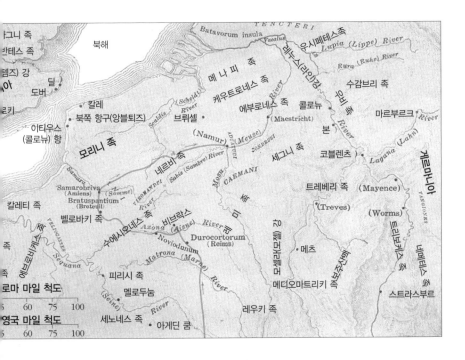

제3권 (B.C. 57-56년)

1. 알페스 산지에 살던 여러 부족의 토벌

1 카이사르는 이탈리아를 향해 출발할 때 세르비우스 갈바(Servi-us Galba)에게 제12군단과 기병 일부를 주어 난투아테스(Nan-tuates) 족[1], 베라그리(Veragri) 족[2], 세두니(Seduni) 족[3] 등 알로브로게스 족의 변경에서부터 레만누스 호와 로다누스 강, 알페스(Alpes) 산정山頂까지 퍼져 살던 사람들에게 파견했다. 그 이유는 로마의 상인이 상당한 위험과 막대한 관세를 물면서 통과하고 있었던 알페스(Alpes) 산맥의 통로[4]를 개척하고자 했기 때문이다. 만약 필요하다면 그 지방에 군단을 주둔시켜 월동하는 것도 허락했다.

갈바가 몇 번의 전투에서 거듭 승리하여 많은 성채를 함락시키자 모든 지방에서 사절이 오고 인질도 건네졌으며, 강화도 성립되었으

---

1) 갈리아 트란살피나의 론 강 상류 알프스 산지에 사는 부족으로 오늘날의 샤블레(Chablais) 동부 지역에서 생 모리스(St. Maurice) 부근에 걸쳐 살았던 부족.
2) 오늘날의 마르티그니(Martigny)를 중심으로 발레(Valais) 서부 지역에 살고 있던 부족.
3) 오늘날의 지텐(Sitten)을 중심으로 살고 있던 알프스 산지의 부족.
4) 오늘날의 생 베르나르(St. Bernard) 고갯길.

옥토두루스와 그 주변지역

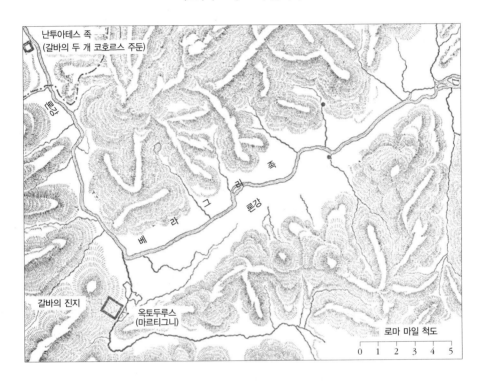

난투아테스 족
(갈바의 두 개 코호르스 주둔)

베 라 그 러 족

론강

갈바의 진지

옥토두루스
(마르티그니)

로마 마일 척도

0 1 2 3 4 5

므로 난투아테스 족의 영지에 두 코호르스를 주둔시키고, 갈바 자신은 군단의 나머지 코호르스와 함께 옥토두루스(Octodurus)⁵⁾라 불리는 베라그리 족의 마을에서 동영했다. 이 마을은 계곡 사이에 있고 곁에 약간의 평지가 있을 뿐 높은 산들로 둘러싸여 있었다. 이 마을은 강에 의해 두 부분으로 나뉘어 있었으므로, 동영을 위해 그 한쪽은 갈리 인에게, 다른 한쪽은 코호르스 병사들에게 각각 할당했다. 갈바는 보루와 참호로 이곳을 요새화했다.

2 동영한 지 며칠이 지나 그곳으로 곡물을 가져오도록 명령받았던 갈리 인들이 밤중에 모두 떠나고 마을 앞의 산들은 세두니 족과 베라그리 족의 대군에 점령되었다는, 정찰병으로부터의 긴급 보고가 있었다.

뜻밖에 갈리 인이 전투를 재개하여 군단을 격퇴할 계획을 세운 데에는 여러 이유가 있었다. 첫째로 군단의 2개 코호르스가 파견되었으나 많은 병사가 각자 식량을 구하러 나가 부재중이었으므로 소수라고 얕보았다. 또한 지형이 아군에게 불리한 까닭에 적이 산에서 계곡으로 달려내려오며 텔라를 던지면 로마 군은 최초의 일격도 당해 내지 못하리라 생각했다. 게다가 적들은 자식이 인질로 잡혀간 데 고통을 느끼고, 로마가 통로의 안전뿐만 아니라 영원한 소유를 위해 알페스의 산정을 점령하고 이 지방을 프로빈키아의 영지에 부속시키려 한다고 생각했던 것이다.

3 이미 항복도 받았고 인질도 잡아 두었으므로 전쟁이 일어날 염려는 없다고 생각하여 동영과 보루의 공사도 제대로 하지 않고 곡물

---

5) 오늘날의 마르티그니. 부르(Bourg) 부근, 론 강의 지류인 드랑스(Dranse) 강에 면해 있다. 유명한 생 베르나르로 올라가는 길은 여기에서 시작된다. 로마 군의 진지가 이 강의 우안에 있었는지 좌안에 있었는지에 대해서는 여러 가지 설만 있을 뿐 정확한 위치는 전혀 알 길이 없다.

및 기타 식량도 충분히 준비하지 않았던 갈바는 이러한 보고를 받자 곧 회의를 열고 여러 의견을 수렴하기 시작했다.

회의에서는 생각지 않은 위험이 닥치고 봉우리란 봉우리는 거의 모두 무장한 대군으로 덮여 있으며, 길도 적에게 막혀 원군의 지원도 식량의 반입도 불가능하여 구조될 희망이 거의 없으므로 "짐을 그대로 두고 돌격하여 올 때와 같은 길로 도망치자"는 의견도 나왔다. 그러나 대부분의 사람들은, 이 계책은 마지막에 가서 쓰기로 하고 우선은 일이 되어 가는 형편을 살펴보면서 진지를 지키는 일이 최선책이라고 생각했다.

4 결정된 사항을 정리하여 실행에 옮길 여유도 없을 만큼의 짧은 시간이 흐른 뒤 신호와 함께 적이 사방에서 달려내려와 돌과 중창重槍을 보루로 던졌다. 아군도 처음에는 사기가 넘쳐 용감히 저항하고, 텔라도 그 위력이 헛되지 않도록 높은 곳에서 던졌다. 아군은 수비대가 없어 적에게 압도당하는 진지 쪽으로 달려가 그곳을 지원했다. 그러나 적이 전투에 지친 자들을 퇴각시키고 사기가 충천한 자들을 투입하자, 아군은 이에 압도되고 또 수도 많지 않았으므로 지친 자가 물러날 수 없을 뿐만 아니라 부상자마저도 그곳을 벗어나 회복을 꾀할 수 없었다.

5 적은 여섯 시간 남짓 계속 싸워 체력도 텔라도 다 떨어진 아군을 더 한층 격렬히 밀어붙여 보루를 무너뜨리고 호를 메우기 시작해 사태는 파국으로 치달았다.

네르비 족과의 전투에서 많은 부상을 입은 백부장두[6] 푸블리우스 섹스티우스 바쿨루스와 지략이 뛰어나고 용감한 천부장 가이우스 볼루세누스(Gaius Volusenus)는 갈바에게 달려가, 유일한 구원의 길은

---

6) 제2권에 나온 사람.

돌격이라고 말했다. 그래서 갈바는 백부장을 집합시켜 병사들의 전투를 잠시 중지시키고 적이 던지는 텔라를 막기만 하면서 피로를 풀게 한 후 신호와 함께 진지에서 나와 돌격하는 것에 최후의 희망을 걸라고 명령했다.

6 병사들은 명령받은 대로 불시에 모든 문에서 뛰쳐나가 적이 사태를 파악할 시간도, 집결할 기회도 주지 않았다. 여기에서 운명이 뒤바뀌어 오히려 아군이 진지를 빼앗으러 온 자들을 도처에서 포위하고 살해했다. 진지에 밀어닥친 야만인의 수는 3만 남짓으로 생각되는데, 그 1/3 이상이 살해되고 나머지는 겁을 먹고 도망치기에 급급한 나머지 봉우리에는 머무르지도 못했다.

적을 완전히 패주시키고 그들의 무기도 빼앗은 아군은 보루로 돌아왔다. 이 전쟁이 끝나자 갈바는 몇 번씩 운명을 걸고 싶지도 않았고 동영하러 올 때의 의도하고는 완전히 다른 사태가 일어나기도 했으며 특히 곡물 및 식량 부족에 질려, 이튿날 그 마을의 집들을 모두 불태워 없앤 다음 서둘러 프로빈키아로 향하였다. 적의 방해에도 행군이 늦춰지는 일 없이 무사히 군단을 난투아테스 족의 영지로, 다시 알로브로게스 족의 영지로 이끌어 그곳에서 동영했다.

2. 해변에 살던 여러 부족과의 전쟁

7 이 일이 있고 나서 벨가이 인을 정복하고 게르마니 인을 몰아내고 알페스 산지의 세두니 족도 굴복시켜 마침내 갈리아가 평정되었다고 생각한 카이사르는, 겨울이 되자 일리리쿰을 향해 출발했다. 이 부족들을 방문하여 이들에 대한 지식을 얻고자 했던 것이다. 그런데 뜻밖에도 갈리아에서 전쟁이 일어났다. 그 전쟁의 원인은 다음과

같았다.

젊은 푸블리우스 크라수스는 제7군단을 거느리고 대서양 연안에 가까운 안데스 족의 영지에서 동영하고 있었다. 그 지방에는 곡물이 부족했으므로 크라수스는 곡물 및 식량을 구해 오라고 원군 대장과 천부장을 가까운 부족에게 파견했다. 티투스 테라시디우스(Titus Terrasidius)는 에수비 족에게, 마르쿠스 트레비우스 갈루스(Marcus Trebius Gallus)는 코리오솔리타이(Coriosolitae) 족에게, 퀸투스 벨라니우스(Quintus Velanius)는 티투스 실리우스(Titus Sillius)와 함께 베네티 족에게 파견되었다.

8 그 해안 지방에서 가장 큰 세력을 가지고 있었던 베네티 족은 많은 선박으로 끊임없이 브리타니아를 왕래하고 있었으므로 항해 지식과 경험에서 다른 부족들을 압도하였고, 거칠고 넓은 대서양에 산재한 몇몇 항구를 손에 넣은 채 이 바다[7]를 왕래하는 거의 모든 사람에게 조세를 징수하고 있었다.

그들은 실리우스와 벨라니우스를 붙잡아 두면 반란 초기에 크라수스에게 건넨 인질을 되돌려받을 수 있으리라 생각하였다. 갈리 인의 생각은 이렇듯 당돌하여 예측하기 어렵지만, 베네티 족의 세력에 이끌린 이웃 부족도 같은 이유에서 트레비우스와 테라시디우스를 체포하고 곧 사절을 보내서, 강화조약을 맺지 않으면 안 되며 모든 부족은 같은 운명을 걷기로 수령들끼리 맹세하고 다른 부족들에게도 로마에 예속당하느니 차라리 조상으로부터 물려받은 자유를 지키라고 요구했다. 이 의견에 이끌린 해안 지방의 모든 부족은 공동 사절을 푸블리우스 크라수스에게 보내, "이들 사자를 되돌려받고 싶으면 인질을 되돌려달라"고 말했다.

---

7) 오늘날의 비스케이 만灣.

9 크라수스에게서 이 소식을 전해 들은 카이사르는 너무 멀리 떨어져 있었으므로, 부랴부랴 바다로 흘러 들어가는 리게르(Liger) 강[8]에서 군함을 건조할 것과 프로빈키아에서 노 젓는 사람들을 징발할 것 그리고 선원과 조타수의 준비도 명했다. 일이 급속히 진행되어 카이사르는 가능한 시기[9]보다 빨리 군대 곁으로 돌아가고자 서둘렀다.

카이사르가 도착한 것을 안 베네티 족과 그 밖의 부족은 자신들이 얼마나 큰 죄를 지었는지를 깨닫자(사절은 모든 부족이 신성시해 왔는데, 그들 부족만 이들을 체포하고 쇠사슬에 매단 것이다) 큰 위험이 닥쳐오리라 예상했으므로 난공불락의 지형에 큰 기대를 걸면서 전쟁에 대비하고, 특히 배를 사용할 수 있는 준비를 갖추었다. 육로는 모두 강굽이에서 끊겨 있고, 항구도 적었기 때문에 그 지방 지리에 어두우면 항해가 어렵다는 사실을 그들은 간파하고 있었던 것이다. 또 곡물이 부족한 로마 군은 그 주변에 오래 머물 수 없다고 믿었다. 더욱이 모든 것이 예측에 어긋나더라도 선박면에서 자기들이 우세하다고 생각했다. 즉 로마 군은 한 척의 배도 지니지 못했으며 전쟁이 벌어질 여울이나 항구·섬 등의 장소에 대해서도 무지했다. 나아가 적은 내해內海에서의 항해와 넓은 대서양에서의 항해가 전혀 다르다는 것도 알고 있었다.

이런 생각에서 도시의 방비를 굳건히 하고, 곡물을 토지에서 도시로 반입하고, 카이사르가 최초로 전투를 벌일 것으로 보이는 베네티

---

8) 오늘날의 루아르(Loire) 강.

9) 시기란, 식량과 말의 먹이가 충분히 준비되고 포로가 행군에 적합한 때를 말한다. 카이사르는 이때 유명한 루카(Lucca)의 회의를 열고 폼페이우스·크라수스와 협의하여, 기원전 54년 3월 1일에 끝나는 그의 갈리아에서의 지위를 다시 5년간 연장하고, 군단을 10개로 증가시키며, 이때까지 사적으로 징발된 것들을 포함한 모든 비용을 국고國庫가 맡아야 한다고 결의했다. 이것은 당시 로마에서 상당한 세력을 펼치고 있었던 반카이사르 운동에 극히 유효적절한 조치였다고 할 것이다.

아(Venetia)에 가능한 한 많은 배를 집결시켰다. 이 전쟁을 위해 연합 부족으로서 오시스미 족, 렉소비(Lexovii) 족[10], 남네테스(Namnetes) 족[11], 암빌리아티(Ambiliati) 족[12], 디아블린테스(Diablintes) 족[13], 메나피 족 등을 끌어들였다. 이 지역 대안對岸에 있는 브리타니아로부터도 원군을 불러들였다.

10 앞서 말한 대로 전쟁을 하기에는 어려운 점이 많았지만 여러 사정이 카이사르로 하여금 전쟁을 하게끔 몰아 갔다. 로마의 기사騎士를 체포한 무례, 항복한 후의 반란, 인질을 건넨 뒤의 모반, 많은 부족에 의한 음모를 저지른데 이어, 이 밖에도 이러한 행동을 묵인하여 다른 부족들에게 이 같은 짓을 조장토록 할 수는 없었기 때문이었다.[14] 거의 모든 갈리 인이 변혁을 좋아하고 제멋대로 곧잘 전쟁을 하지만 일반적으로 사람들은 모두 자유를 열망하고 노예 상태를 싫어하게 마련이므로, 많은 부족이 합류하기 전에 군대를 나누어 널리 배치해 두고자 했다.

11 그래서 레누스 강에서 가장 가까운 트레베리 족에게로 부장 티투스 라비에누스를 기병과 함께 보냈다. 카이사르는 이들에게 레미 족과 다른 벨가이 인들도 방문하여 의무를 충실히 수행토록 지시하고, 또 갈리 인에게서 도움을 요청받은 게르마니 인이 배로 레누스 강

---

10) 오늘날의 센 강 하류, 리지외(Lisieux) 부근에 살고 있던 부족.
11) 오늘날의 루아르 강 하류의 우안, 낭트(Nantes) 부근에 살고 있던 부족.
12) 그 거주지에 대해서는 알 길이 없으나 오늘날의 뫼즈 강 우안에서 찾는 것이 타당하리라 생각된다.
13) 오늘날의 마옌느(Mayenne) 부근에 살고 있던 부족.
14) 베네티 족의 모반은 브리타니아와의 독점 무역에 대한 침해를 두려워했기 때문이리라고 추측하는 견해도 있다. 카이사르에게 브리타니아 원정이 필요했던 이유는 해협의 제패에 있었으며, 이 점에서 확실히 베네티 족의 토벌이 큰 가치를 지니고 있었던 것은 사실이지만, 그 당시 카이사르에게 원정 의도가 있었는지는 의문이다. 그러나 우리로서는 일단 카이사르가 기록한 이러한 이유에 만족해야 할 것이며, 브리타니아 원정은 이들 베네티 족, 모리니 족의 토벌로 인해 생겨난 것이라고 보는 것이 타당할 것이다.

을 건너고자 하면 이를 저지하라고 명했다.

푸블리우스 크라수스에게는 군단의 12코호르스와 다수의 기병을 거느리고 아퀴타니아로 가서 이들 부족이 갈리아에 원군을 보내지 못하게 하고 많은 부족이 연합하지 못하게 하라고 명령했다.

그는 또 부장 퀸투스 티투리우스 사비누스를 3개 군단과 함께 베넬리 족 · 코리오솔리타이 족 · 렉소비 족에게 파견해 이들 부족을 다른 부족으로부터 격리해 두고자 했다.

젊은 데키무스 브루투스(Decimus Brutus)[15]에게는 픽토네스(Pictones) 족[16] · 산토니 족 및 기타 평정된 지방에서 징집한 갈리아의 선박[17]과 함대를 맡기고 가능한 한 빨리 베네티 족의 영지로 향하라고 명했다. 카이사르 자신은 보병부대를 거느리고 그곳으로 급히 떠났다.

12 도시의 정황은 대략 다음과 같았다. 도시란 도시는 모두 주(洲: 흙이나 모래가 수중에 퇴적하여 수면에 나타난 땅)의 끝이나 곶[岬]에 있고 반드시 12시간에 한 번씩, 즉 하루에 두 번 조수가 밀려오는데 밀물 때에는 도보로 건널 수가 없고 또 썰물 때에도 배가 여울에 올라앉아 도무지 접근할 수가 없었다.

어떤 상황에서도 도시를 습격하는 데에는 어려움이 많았다. 만약 보루와 제방으로 바다를 차단하고 도시의 방벽과 거의 비슷한 높이로 방벽을 쌓아 그 사람들을 로마 군이 벌이는 공사의 크기에 의해 압도당하게 만들면 그들은 도시의 운명을 체념하여 전 재산을 가지고 배를 타고 가까운 도시로 퇴각한 후 거기에서 다시 똑같은 지리상

---

15) 유명한 마르쿠스 브루투스(Marcus Brutus)의 먼 친척. 그는 갈리아 전쟁 및 잇따른 내란 동안 카이사르의 진중에 있었고, 그 후에는 카이사르에 의해 갈리아 키살피나의 총독이 되고 또 집정관도 되었다. 그러나 기원전 44년의 카이사르 암살 계획에 참여하여 암살자의 일원이 되었다.

16) 오늘날의 루아르 강 하류의 좌안, 푸아투(Poitou) 지방에 살고 있던 부족.

17) 이것은 식량 및 원군의 수송에 사용되었을 것이다.

의 이점에 의지해 방어했다. 로마 군의 배는 폭풍에 의해 저지당하고 거센 조류와 멀리 떨어진 항구 탓에 대해大海에서의 항해도 어려웠으므로 적은 그 여름 내내 이러한 일을 쉽게 되풀이했다.

13 베네티 족의 배는 다음과 같은 방법으로 건조되고 장비도 갖추었다. 용골龍骨이 로마 인의 배보다 평평해 여울이나 썰물 때에도 쉽게 적응할 수 있고, 고물과 이물이 높아 큰 파도나 폭풍에도 잘 견디며, 떡갈나무로 만들어졌으므로 어떤 거센 힘이나 무리한 것에도 잘 견디었다. 가로대는 폭 1페스의 목재지만 굵은 엄지손가락 크기의 쇠못으로 고정되었고, 닻은 밧줄이 아닌 쇠사슬로 연결되어 있었다. 짐승 가죽 혹은 얇게 무두질한 가죽이 돛을 대신하였는데, 그것은 아마亞麻가 부족했거나, 마를 사용할 줄 몰랐거나, 그도 아니면 — 이것이 보다 사실에 가까울 것이다 — 마로 된 돛으로는 대서양의 강한 폭풍과 돌풍의 충격을 제대로 지탱할 수 없고 또 무거운 배를 움직일 수도 없다고 생각했기 때문일 것이다.

로마 군의 함대와 이들의 배들을 비교할 때 속력과 조력漕力에서는 아군의 배가 뛰어나지만 지형이나 폭풍 등 자연 조건을 고려한다면 이들의 것이 훨씬 더 적응하기 쉽도록 잘 만들어져 있었다. 로마 군은 적의 배를 화살로 파괴할 수도 없었고 — 그것은 그만큼 튼튼했다 — 너무 높아 텔라를 던지기도 곤란했으며 갈고리를 걸기도 어려웠다. 게다가 적들은 바람이 불기 시작하면 이에 적응하여 폭풍에도 이겨내고, 얕은 여울로도 안전하게 이동할 수 있었으며 썰물 때에도 돌이나 바위를 두려워할 필요가 없었다. 반면에 아군의 배는 그런 것들을 모두 두려워해야 했다.

14 많은 도시를 함락시킨 후 카이사르는 그 큰 노력도 허사로 돌아가 도시를 손에 넣어 보았댔자 도망치는 적을 어떻게 막을 수도 또 격파할 방법도 없음을 알게 되자 함대가 오기를 기다리기로 했다.

함대가 도착하고 그 모습이 적에게도 보이자,[18] 준비를 갖추고 모든 장비를 실은 약 220척의 적선敵船이 항구에서 나와 로마 함대 쪽으로 향했다.[19]

로마 함대를 지휘하고 있던 브루투스도, 각 함선을 맡고 있던 천부장이나 백부장도 어떤 식으로 행동하고, 어떤 전법을 채택해야 좋을지 전혀 알 수 없었다. 화살로는 파괴되지 않는 것을 알고 있었고, 갑판에 포탑을 세워도 야만인 배의 고물이 더 높아서 아군은 텔라를 효과적으로 던지지 못한 반면에 갈리 인이 던지는 것은 아군 쪽으로 격렬하게 쏟아졌다.

아군이 준비한 것 가운데 그나마 큰 역할을 한 것은 그 끝에 날카로운 쇠고리를 부착한 긴 장대로, 성벽을 공격할 때 쓰는 파벽 갈고리와 모양이 아주 비슷하였다. 돛의 가로대와 돛대를 연결하는 밧줄을 이것에 걸어 잡아당기고 배를 빨리 움직이면 밧줄이 끊겼다. 이때 돛의 가로대도 밑으로 떨어지는데, 갈리아 함대는 모든 희망을 돛과 장비에 두고 있었기 때문에 그것이 파괴되자 동시에 배의 조종도 불가능해졌다. 그 뒤의 전투는 로마 군 병사들의 뛰어난 무용에 맡겨졌다.

카이사르와 전군이 보는 앞에서 전투가 벌어지고 있는만큼 조금이라도 용맹하기만 하면 눈에 쉽게 뜨이므로 아군의 사기는 한층 더 우세했다. 아주 가까이에서 바다를 내려다볼 수 있는 언덕이나 고지는 이미 모두 아군에게 점령되어 있었다.

15 앞에서 말한 대로 돛의 가로대가 떨어지면 한 척의 배를 두세 척의 아군 배로 포위하고 병사들은 앞다투어 적선으로 건너가려고

---

18) 디오 카시우스(Dio Cassius)는 카이사르가 베네티 족을 토벌하면서 썰물 때에 효과적인 특제 선박으로 돕게 했다고 말하고 있지만, 이것은 사실을 오해한 설일 것이다.

19) 이 지점에 대해서는 여러 이설이 있지만 대체로 모르비앙(Morbihan) 해안 지방의 오레이(Auray) 하구 부근으로 보는 것이 온당할 것이다.

고대 로마의 군선

했다. 일의 경과를 본 야만인들은 대부분의 배가 탈취되고 그것을 구할 가망도 없자, 목숨을 구하고자 도망쳤다. 그런데 적들이 바람 부는 방향으로 배를 돌리자 갑자기 바람이 자고 파도도 가라앉아 더 이상 움직일 수 없게 되었다. 그것은 일을 마무리짓는 데 안성맞춤이었다. 밤 사이에 아군이 하나하나 차례로 탈취하여 육지에 도착한 적선은 얼마 되지 않았다. 그 전쟁은 4시[20]부터 거의 해질 무렵까지 계속되었다.

16 베네티 족과 해안 지방의 모든 부족과의 전쟁은 이것으로 끝이 났다. 모든 젊은이, 지략과 명망이 있는 노인은 전장에 모였고 각지에 있던 배도 모두 한 곳에 집결되었다. 배들이 없어졌기 때문에 남은 자들은 물러날 수도, 도시를 방어할 수도 없었다. 그래서 그들은 자신의 재산을 가지고 카이사르에게 항복했다.

하지만 이후 야만인도 사절使節의 권리를 충실히 존중하도록 하려면 이들을 엄벌해야겠다고 카이사르는 결심했다. 그래서 원로들은 모두 죽이고 나머지는 노예로 팔아 버렸다.[21]

17 베네티 족에게서 이러한 일이 행해지고 있는 동안에 퀸투스 티투리우스 사비누스는 카이사르로부터 받은 부대를 거느리고 베넬리 족의 영지에 도착했다.

이 당시 비리도빅스(Viridovix)가 베넬리 족을 지배하고 있었는데, 그는 모반한 부족 전체의 총지휘권을 장악하고 대군을 집결시켰다. 며칠 전에 아울레르키 에부로비케스(Aulerci Eburovices) 족과 렉소비 족은 전쟁의 지휘자가 되기를 거부한 원로를 죽이고 난 후 도시의 문을 닫고 비리도빅스에게 합류했다. 약탈의 가능성과 전쟁에 대한 열망에서 경작과 일상 활동을 팽개친 무뢰한과 도적들도 갈리아 각지

---

20) 아침 9시가 지난 시각.
21) sub corona Vendidit. 로마 인에게 사로잡힌 포로는 관을 씌워 파는 것이 관습이었다.

에서 몰려들었다.

사비누스는 모든 일에 적합한 지점에 진지를 쌓았는데,[22] 적인 비리도빅스와는 2마일 정도 떨어져 있었다. 적은 매일처럼 부대를 보내 싸움을 걸어왔다. 이로 인해 사비누스는 적으로부터 경멸당했을 뿐만 아니라 아군 병사들에게서도 비난을 받았다.

겁을 집어먹은 듯한 기미가 아군에게서 보이자 적은 아군 진지의 보루에까지 접근해 왔다. 하지만 사비누스는 다음과 같은 이유에서 이렇게 한 것이다. 즉 총지휘권자가 없는 동안에 부장인 자신에게 유리한 장소와 좋은 기회가 오지 않는다면 적의 대군과 전투를 해서는 안 된다고 생각했기 때문이었다.

18 아군이 겁을 집어먹었다는 적의 판단이 강해지자 사비누스는 원군으로 따라온 자 가운데서 재치 있고 적당한 갈리 인 한 사람을 선택했다. 그는 그 갈리 인에게 많은 보수를 주기로 약속하면서 적이 있는 곳으로 가도록 설득하고, 해야 할 일을 일러 주었다.

이자는 지시받은 대로 탈주자처럼 꾸미고 적 속에 들어가서 로마군이 겁을 집어먹었다고 말하고 또 카이사르도 베네티 족 때문에 곤경에 빠져 있다고 알리면서, 사비누스가 오늘 밤 진지에서 몰래 군대를 빼내 카이사르를 도우러 갈 것이라고 말했다. 이 말을 들은 적은 이런 좋은 기회를 놓쳐서는 안 된다, 진지로 가야 한다고 외쳐댔다. 다음과 같은 여러 사정이 갈리 인으로 하여금 그렇게 하도록 한 것이다.

며칠째 사비누스가 주저했다는 사실이 이렇듯 탈주자의 말로 확인되고, 세심하게 준비하지 못한 자신들의 식량은 바닥나고 있었으며,

---

22) 이 지점에 대해서는 샤텔리에(Chatelier)·샹프르퓌(Champrepus)·비르(Vire) 등으로 추정되고 있지만, 이 정도의 기록으로 그 위치를 정확히 결정하기는 어렵다.

베네티 족과의 전쟁으로 로마 군이 곤경에 빠져 있는 듯한데다, 또 대개 사람들은 자신이 바라는 것을 쉽게 믿어버리게 마련이기 때문이다. 이러한 사정에서 무기를 들고 로마 군 진지에로의 진격이 승인될 때까지 사람들은 비리도빅스와 다른 지휘자들을 회의에서 풀어주지 않았다. 그래서 그것이 승인되자 그들은 마치 승리한 것처럼 기뻐하며, 호를 메우는 임무를 맡은 사람들은 나뭇가지와 잡목을 모아 가지고 로마 군의 진지로 향했다.

19 진지는 아래쪽으로 완만하게 약 1마일 가량 경사진 높은 곳에 위치하였다. 적은 로마 군에게 집합과 무장할 여유를 되도록 주지 않기 위해 빠른 속도로 숨차게 달려왔다.

이에 사비누스는 부하들을 격려하고 대기시킨 병사들에게 신호했다. 그들은 짊어진 군수품 때문에 난처한 지경에 빠진 적을 향해 두 개의 진문陣門[23]으로 나가 불시에 돌격했다.

아군의 위치가 유리한 점과, 불시에 허를 찔린 적이 지쳐 있었던 점, 병사들의 무용과 이때까지의 전쟁 경험 등으로 인해 적은 아군의 공격을 한 차례도 지탱하지 못하고 곧 등을 돌렸다. 사기가 충천한 아군의 병사들은 곤경에 빠진 적을 추격해 많은 자를 살해했다. 나머지도 기병에 쫓겨 무사히 탈출한 적은 거의 없었다.

이리하여 사비누스는 베네티 족과의 해전 결과를, 카이사르는 사비누스의 승전 소식을 서로 동시에 듣게 되었고, 다른 부족들도 곧 티투리우스 사비누스에게 항복했다. 전쟁을 하는 데는 기민하지만 의지가 허약해 재난에 견디지 못하는 것이 갈리 인의 기질이었기 때문이다.

---

23) 좌우 양옆의 진문.

3. 아퀴타니 인과의 전쟁

20 비슷한 시기에 푸블리우스 크라수스는 아퀴타니아에 도착했는데(이 지방은 면적과 인구면에서 갈리아의 제3부로 간주되고 있었다) 몇 년 전에 부장 루키우스 발레리우스 프라이코니누스(Lucius Valerius Praeconinus)의 부대가 패하여 살해되고,[24] 프로콘술(proconsul)인 루키우스 만리우스(Lucius Manlius)도 짐을 빼앗기고 도망친[25] 이 지방에서 전쟁을 해야 하기 때문에 여간 주의하지 않으면 안 된다고 생각했다. 그래서 곡물 공급을 정비하고, 원군과 기병을 준비하고, 톨로사(Tolosa)[26]와 카르카소(Carcaso)[27], 나르보(Narbo)[28] 등 이웃에 있는 갈리아 프로빈키아의 부족으로부터도 많은 용감한 자들을 징집한 후에 소티아테스(Sotiates) 족[29]의 영지로 군대를 진입시켰다.

크라수스가 오는 것을 안 소티아테스 족은 대군을 모으고, 그 주력인 기병으로 행군중인 아군의 대오를 습격하는 등 먼저 기병에 의한 전투를 벌였다. 패한 적의 기병을 아군이 추격하면 적은 골짜기에 잠복시켜 둔 보병을 불시에 내보냈다. 이들은 대오가 흐트러진 아군을 습격하고 전세를 만회했다.

21 이전의 승리로 자부심을 느낀 소티아테스 족은 아퀴타니아 전체의 안위가 자신들의 무용에 달렸다고 생각한 반면에, 아군은 아군 나름대로 젊은 지휘자 밑에서 지휘관이나 다른 군단 없이도 잘할 수

---

24) 이 사건은 다른 사료가 없어 알 길이 없다.
25) 이 사건은 기원전 78년의 세르토리우스(Sertorius:마리우스측 장군으로 당시 스페인에서 메텔루스와 폼페이우스에 대항하고 있었다)와 관계 있는 사건인 듯싶다. 그렇다면 22년 전의 일이다.
26) 오늘날의 툴루즈(Toulouse).
27) 오늘날의 카르카손느(Carcassonne).
28) 오늘날의 나르본느(Narbonne).
29) 오늘날의 로테가론(Lot-et-Garonne) 지방의 남부를 중심으로 살고 있던 부족.

있음을 보여 주고자 했으므로 장기간에 걸쳐 격렬한 전투를 하였다.

마침내 큰 타격을 입은 적이 등을 돌리자, 크라수스는 많은 적을 살해하고 행군중에 소티아테스 족의 도시[30]를 습격했다. 적이 용감하게 저항하자, 크라수스는 귀갑차와 공성용 망루를 세웠다.

적은 돌격을 해 보기도 하고 보루나 귀갑차가 있는 데까지 지하도를 파고 오려고도 해 보았으나(아퀴타니 인은 많은 곳에 구리 광산을 가지고 있었으므로 이 일을 아주 잘해냈다) 로마 군의 세심한 경계 때문에 아무 소용이 없는 것을 알고 크라수스에게 사절을 보내 항복을 인정해 줄 것을 요청했다. 아군이 항복을 인정하고 무기를 인도할 것을 요구하자, 그들은 그대로 실행했다.

22 아군의 마음이 모두 이 일에 쏠려 있을 때 적의 총지휘권을 장악하고 있던 아디아투아누스(Adiatuanus)가 도시의 한 모퉁이에서 600명의 가신家臣[31]을 거느리고 돌격해 와 보루의 한쪽에서 함성을 지르자 아군 병사들이 무기가 있는 곳으로 달려들어 거기에서 격렬한 전투가 벌어졌다. 하지만 결국 도시에서 격퇴된 적은 크라수스로부터 같은 항복 조건을 부여받았다.

여기에서 말하는 가신이란 종사從士[32]라 불리는 것으로, 그 조건은 다음과 같다. 그 우정에 자신을 바친 상대방과 우정을 나누게 되면 평생 모든 이익을 함께 하고 상대방이 곤경에 처한 경우에는 운명을 함께하거나 자살한다. 사람들의 기억에 따르면, 우정을 나눈 상대방이 살해되었을 경우에 죽는 일을 거부하는 자는 없었다.

23 크라수스는 무기와 인질을 취하고 나서 보카테스(Vocates) 족[33]

---

30) 오늘날의 소(Sos).
31) devotii 의 역어.
32) soldurii 의 역어.
33) 오늘날의 바자(Bazas) 남부에 살고 있던 부족.

과 타루사테스(Tarusates) 족[34]의 영지로 진군했다.

지형과 인공人工으로 방비를 단단히 한 도시가 로마 군이 도착한 지 겨우 며칠 만에 함락되는 것을 본 야만인들은 겁을 먹고, 모든 진지로 사절을 보내 서로 결속을 다짐하면서 인질을 교환하고 병사들을 모았다. 아퀴타니아 인근의 내內히스파니아 부족에게도 사절을 보내 원군과 지휘자를 요청했다. 그들이 도착하면 대군으로 단숨에 전투를 벌이려 했다.

적 가운데 오랫동안 퀸투스 세르토리우스(Quintus Sertorius)[35]와 함께 지낸 군사에 정통하다고 생각된 사람들이 지휘자로 뽑혔다. 그자들은 로마의 수법을 흉내내 유리한 장소를 선택하고 진지를 굳혀 아군의 식량 공급선을 차단하려 했다. 크라수스는 아군은 수가 적기 때문에 분할하기 어려운 반면에 적은 한편으로는 기동하여 길을 봉쇄하면서도 한편으로는 충분한 수비대를 진지에 남겨 두고 있어서 그 때문에 아군의 곡물 및 식량 반입이 어렵고, 더구나 적의 수는 날로 증가해 가는 것을 보고 곧 결전을 벌이고자 했다. 그는 회의를 통해 의견이 모두 같은 것을 알고, 결전일을 다음날로 잡았다.

24 크라수스는 새벽에 부대 전체를 내어 이중의 전열을 갖추고 중앙에 원군을 둔 후 적의 대비책을 지켜보았다.

적은 수도 많고 옛날의 무명武名도 있는 데다 아군의 수가 적은 것을 보고 전투에 별 지장이 없다고 생각했다. 그러나 좀더 안전한 일은 도로를 봉쇄해 식량을 차단하고 상처 없이 승리를 얻는 것이라 생각했다. 로마 군이 곡물 공급 부족으로 퇴각하기 시작하면 대오 가운데서 곤경을 겪는 자, 군장비를 지고 사기가 떨어진 자들을 공격하려고

---

34) 오늘날의 에르(Aire) 부근에 살고 있던 부족.
35) 히스파니아에서 로마 정부에 대항해 모반을 꾀했던 로마의 장군으로 그 지방 사람들에게 큰 인기가 있었다.

했다. 지휘에 의해 이러한 대비책이 마련되자 적은 로마 군이 진격해도 진지에 틀어박혀 나오지 않았다.

그리하여 적이 주저하고 겁을 집어먹은 듯한 인상을 받은 아군은 전투 의욕이 한층 솟아오르고 적 진지를 곧장 습격하자고 모든 병사들이 이구동성으로 이야기하자, 크라수스는 사기가 불타오른 부하들을 격려하면서 전군을 적 진지로 돌진시켰다.

25 어떤 병사들은 호를 메우고, 어떤 병사들은 텔라를 무수히 던져 보루를 지키는 자들을 쫓아내고, 크라수스가 전투력을 그다지 기대하지 않았던 원군까지 돌이나 텔라를 보충해 주거나 아게르로 잔디를 운반해 주는 등 싸우는 자들과 똑같이 움직였다. 한편 적도 결연히 맞서 싸웠고, 그 때문에 위에서 아래로 텔라가 효과적으로 쏟아졌다. 그때 적 진지를 한바퀴 돌고 온 기병이 크라수스에게 진지의 뒷문 방비가 허술하므로 용이하게 접근할 수 있다고 알렸다.

26 부하들에게 막대한 보수를 약속하여 사기를 진작시키라고 부탁했던 기병대장에게 크라수스는 자신의 계책을 이야기했다. 명령을 받은 대장은 진지 수비를 위해 남겨 두었으므로 지치지 않은 제4코호르스(cohort)를 끌고 적에게 보이지 않도록 크게 우회해 모든 사람의 눈과 마음이 전투에 쏠려 있는 틈을 타서 앞서 말한 보루에 도착한 후 그곳을 파괴하고, 무슨 일이 일어났는지 적이 미처 깨닫지 못하는 가운데 그 진지에서 태세를 갖추었다.

그때 그 진지에서 부르짖는 소리가 들려 오자 아군은 언제나처럼 승리에 대한 희망에 부풀어 힘을 회복하고, 한층 격렬히 싸우기 시작했다. 사방에서 포위된 적은 모든 것을 체념하고 보루에서 뛰어내려 도망쳤다. 기병은 넓은 들 너머로 이들을 추격하여 아퀴타니아와 칸타브리(Cantabri) 인[36]에게서 모은 5만 명 가운데 겨우 1/4만을 남겨

---

36) 히스파니아 북부 칸타브리아에 살고 있던 부족.

두고 밤늦게 진지로 돌아왔다.

27 아퀴타니아의 대부분 부족은 이 전투 소식을 듣자 크라수스에 게 항복하고 자진해서 인질을 보내 왔다. 구체적으로는 타르벨리 (Tarbelli) 족,[37] 비게리오네스(Bigerriones) 족,[38] 프티아니(Ptianii) 족,[39] 보카테스(Vocates) 족, 타루사테스(Tarusates) 족, 엘루사테스(Elusates) 족,[40] 가테스(Gates) 족,[41] 아우스키(Ausci) 족,[42] 가룬니(Garunni) 족,[43] 시불라테스(Sibulates) 족,[44] 코코사테스(Cocosates) 족[45]이 있었다. 변 경의 소수 부족은 서서히 겨울철이 되자 이를 핑계로 인질을 보내오 지 않았다.

4. 북쪽에 위치한 여러 부족의 토벌

28 거의 같은 시기에 카이사르는, 전 갈리아가 평정된 가운데 여 름이 다 끝나 갈 때까지 모리니 족과 메나피 족만이 무장한 채 한 번 도 강화 사절을 보내 오지 않자, 그 전쟁도 곧 끝내리라 생각하고 그 곳으로 군대를 급히 진격시켰다.

이들은 다른 갈리 인과는 전혀 다른 방식으로 전쟁을 하려고 했다. 로마 군과 싸운 큰 부족들이 격파되고 정복되었던 것을 생각하고 그

---

37) 오늘날의 아두르(Adour) 강의 닥스(Dax)를 중심으로 살고 있던 부족.
38) 오늘날의 피레네 산지의 비고르(Bigorre)를 중심으로 살고 있던 부족.
39) 그 거주지는 알 수 없다.
40) 오늘날의 제르(Gers) 지방 북서쪽의 오즈(Eauze)를 중심으로 살고 있던 부족.
41) 그 거주지는 알 수 없다.
42) 오늘날의 오쉬(Auch) 남쪽에 살고 있던 부족.
43) 오늘날의 가론(Garonne) 강의 상류 지역에 살고 있던 부족.
44) 그 거주지는 알 수 없다.
45) 그 거주지에 대해 명료한 증거는 없지만, 일반적으로 닥스 북쪽으로 추정되고 있다.

들은 잇달아 늘어선 숲과 늪지대에 부족 사람들과 재산을 모았다.

카이사르는 그 숲 끝으로 가 진지를 구축하기 시작했다. 그 사이에 전혀 눈에 띄지 않던 적들은 아군이 흩어져 공사를 시작하자 숲의 여러 곳에서 불시에 뛰쳐나와 아군을 공격했다. 아군은 신속히 무기를 들고 이들을 숲에서 쫓아내고 많은 적을 죽였으나 장애물이 많은 장소에서 너무 멀리까지 쫓았기 때문에 병사를 조금 잃었다.

29 그 일이 있은 후로부터 며칠 동안 숲을 베어 낸 카이사르는 무장도 하지 않은 아군이 무방비 상태로 공격을 받지 않게끔 베어 낸 재목을 모두 보루 역할을 할 수 있도록 적을 향해 양옆에 늘어세웠다. 믿을 수 없을 만큼 빠른 속도로 그 광대한 지역을 정리하고 적 후미의 가축과 군수품도 아군 손에 들어오자, 적은 숲의 가장 깊숙한 곳으로 들어갔다.

하지만 공사를 중지할 수밖에 없을 만큼 폭풍이 거세지고 강우도 계속되자, 병사들을 더 이상 천막 속에 둘 수가 없었다. 그래서 그 토지를 황폐화시키고 마을과 집에 불을 지른 뒤, 카이사르는 군대를 철수시켜 아울레르키 족과 렉소비 족, 그 밖의 이제 막 전쟁을 끝낸 부족의 영지에 동영을 위해 배치했다.

제4권 (B.C. 55년)

1. 게르마니 인과의 전쟁

1 그 다음해 겨울은 그나이우스 폼페이우스(Cnaeus Pompeius)[1]와 마르쿠스 크라수스[2]가 집정관이었던 때인데,[3] 게르마니 인인 우시페테스(Usipetes) 족[4]과 텐크테리(Tenctheri) 족[5]의 대군이 바다에서 그리 멀지 않은 지점[6]을 택해 레누스 강을 건넜다. 도하의 원인은, 오랫동안 수에비 족에게 시달리고 전쟁을 강요당했으며 농경 생활을 방해받았던 것 등이다.

수에비 족은 모든 게르마니 인 가운데 가장 크고 호전적인 부족이었다. 100개의 바쿠스를 보유하고 있었는데, 각 바쿠스는 전쟁을 위해 매년 영지에서 부장 1000명씩을 내고, 본국에 남은 자들이 동료들

---

1) 제5권에 나오는 인물과 동명이인이다.
2) 삼두정치로 유명한 인물.
3) 즉 기원전 55년.
4) 라인 강 좌안 가까운 곳에 살고 있던 게르마니 인 부족.
5) 라인 강 우안 가까운 곳에 살고 있던 게르마니 인 부족.
6) 이곳은 크산텐(Xanten)이나 클레브(Cleves)로 추측되고 있다.

까지 부양하다가 이듬해에는 대신 무장하여 나가고, 앞서 나간 자들은 본국에 남았다. 이리하여 농경도 전쟁도 중단되는 일이 없었다. 그러나 수에비 족 사이에서는 개별적인 사유지가 없었고 거주 목적으로 한 곳에 1년 이상 머무는 것도 허락되지 않았다. 곡물은 그리 많이 먹지 않고 우유와 육류를 주식으로 하였기 때문에 많은 부족인이 수렵에 종사하였다. 음식의 종류나 일상 훈련, 생활의 자유에 의해, 더욱이 소년 시절부터 의무와 규율 없이 생활하고 마음에 들지 않는 것은 일체 하지 않아도 좋았던 사정에 의해 그들은 체력이 좋고 몸집이 큰 인간으로 성장하였다. 가장 추운 지방에서도 짐승 가죽 이외의 의류는 몸에 걸치지 않았는데, 짐승 가죽이 그리 많지 않았으므로 몸의 대부분을 드러내 놓은 채 생활했으며, 게다가 그들에게는 강에서 목욕하는 풍습이 있었다.

2 상인이 수에비 족에게 가는 것은 수에비 족이 필요한 물건을 요청해서라기보다는 그들이 전쟁의 획득물을 팔 만한 상대가 되었기 때문이다. 갈리 인이 가장 좋아하고 막대한 대가도 아까워하지 않는 수송용 말에 대해서도 게르마니 인은 수입한 것을 쓰려 하지 않았다. 그들은 자기 지방에서 태어난 빈약하고 꼴사나운 말을 일상적인 훈련에 의해 중노동도 견뎌 낼 수 있게끔 만들었다. 기병전을 하다가도 종종 말에서 뛰어내려 도보로 싸우고, 말 또한 바로 그 자리에 서 있도록 훈련되어 있었으며, 필요한 경우에는 말이 있는 곳으로 곧장 돌아갔다. 그들의 풍습으로는 안장을 사용하는 것만큼 부끄럽고 비겁한 일은 없었다. 그 때문에 안장을 사용하는 어떤 기병에게도 소수로 맞서 싸울 수 있는 용기가 있었다. 그들에게는 술의 수입이 결코 허용되지 않았다. 술로 인해 노동할 수 있는 힘을 잃고 약해진다고 생각했기 때문이다.

3 일반적으로 자기 영지 주위에 두는 빈터가 넓으면 넓을수록 더

명예로운 일로 간주되고 있었다. 자신의 힘에 많은 다른 부족이 대적할 수 없다는 사실을 그 넓은 빈터가 나타낸다고 보았기 때문이다. 수에비 족 영지의 한쪽에 약 600마일의 빈터가 있다고 한다. 다른 쪽으로는[7] 우비 족의 영지에 접해 있는데, 우비 족은 게르마니 인의 입장에서 보면 크고 번영한 부족이었고 게르마니 인의 다른 부족보다 훨씬 교양이 있었다. 그들은 레누스 강에 면해 있었고 많은 상인들이 왕래하고 있었으며, 갈리아에서 가까웠던만큼 갈리 인의 풍습에는 익숙하였다. 수에비 족은 우비 족과 자주 전쟁을 치렀지만 큰 영지와 많은 인구 때문에 그들을 축출하지는 못하였다. 그러나 수에비 족은 이들에게 세금을 부과하여 지금까지 지내왔던 것보다도 훨씬 참담하고 무력하게 만들었다.

4 앞서 서술한 우시페테스 족이나 텐크테리 족도 같은 사정에서 오랫동안 수에비 족에게 힘으로 저항해 왔으나 마침내 그 땅에서 축출되어 3년 동안 게르마니아 각지를 유랑하다가 레누스 강에 이르렀다. 그 지방에는 메나피 족이 살고 있었다. 메나피 족은 강의 양안에 토지와 집과 마을을 지니고 있었다. 이런 대군의 도착에 겁을 집어먹은 이들은 강 맞은편[8]에 있는 집으로 이동하고, 레누스 강 앞에 수비대를 두어 게르마니 인의 도하를 가로막았다. 게르마니 인은 모든 시도를 다했지만 배가 없어 적극적으로 나서지 못하고, 메나피 족의 감시 때문에 몰래 건너지도 못하였다. 이들은 살았던 지방으로 돌아가는 척하고 3일간 행군한 뒤 기병을 이용하여 하룻밤 만에 되돌아와 자신들의 계획을 알지도 예상하지도 못한 메나피 족을 습격했다. 메나피 족은 정찰병을 통해 게르마니 인의 철수를 알고, 아무 걱정 없이 레누스 강 맞은편의 자기 마을로 돌아와 있었다. 게르마니 인은 이들

---

7) 즉 서쪽.
8) 오늘날의 에메리히(Emmerich) 부근의 지역.

메나피 족을 살해하고 배를 빼앗은 뒤, 레누스 강을 건너가 평화롭게 살고 있던 메나피 족의 모든 집을 점령하고, 그들의 식량으로 나머지 겨울을 났다.

5 이러한 소식을 들은 카이사르는 쉽게 일을 계획하고 변화도 좋아하는 갈리 인의 변덕스런 성격에 생각이 미치자 그들을 그냥 놓아둘 수는 없었다. 갈리 인들에게는 여행객이 싫어해도 억지로 붙들고 그들이 들은 것이나 알고 있는 것을 묻는 습성이 있었다. 도시에서는 민중들이 상인을 둘러싸고 어떤 지방에서 왔는지, 어떤 것을 들었는지 이야기해 달라고 졸라댔다. 그렇게 얻어들은 정보나 이야기에 마음이 쏠려 그들은 종종 중대한 일마저 이것에 의존하여 결정하였다. 그들은 애매한 소문에 따르거나 여행객이 해 주는, 그들의 구미에 맞는 대답 때문에 금세 후회하는 곤란한 처지에 빠지곤 했다.

6 이런 풍습을 알고 있던 카이사르는 심각한 전쟁이 일어나지 않도록 어느 때보다 빨리 군대 곁으로 돌아왔다. 그곳에 도착했을 때에는 이미 그가 예상했던 일이 벌어지고 있었다. 어떤 부족은 게르마니 인에게 사절을 보내 레누스 강변에서 떠나도록 간청하고, 또한 그들이 요구한 것을 모두 준비할 작정이었다. 이런 전망에 마음이 동한 게르마니 인은 매우 먼 거리를 이동하여 트레베리 족의 피호민被護民이었던 에부로네스 족과 콘드루시 족의 영지에 이르렀다. 카이사르는 갈리아의 수령들을 불러 보았지만 이미 알고 있는 사항을 모른 체하는 것이 더 낫다는 생각에서 수령들의 마음을 달래고 어르는 한편 기병을 내어 게르마니 인과 싸우도록 했다.

7 곡물이 공급되고 기병이 선발되자 카이사르는 게르마니 인이 있다는 지역으로 행군을 시작했다. 그곳까지 불과 며칠 간의 행군만을 남겨두고 있을 때 게르마니 인으로부터 사절이 와서 이렇게 말했다.

"게르마니 인이 로마 인에게 먼저 전쟁을 걸지는 않겠지만 로마 인이 쳐들어오면 사양치 않고 무장하여 싸울 것이다. 도전을 받으면 저항하고 자비를 애걸하지 않는 것이 조상으로부터 물려받은 우리 게르마니 인의 풍습이다. 본국에서 쫓겨나 어쩔 수 없이 이곳으로 왔다만, 로마가 우정을 바란다면 기꺼이 그 친구가 될 것이다. 토지를 넘겨 주든지 아니면 무기의 보유를 인정해 달라. 불멸의 신들도 애를 먹는 수에비 족보다는 열등하지만, 그 밖에 지상에서 정복할 수 없는 것은 아무것도 없다."

8 이에 대해 적당히 대답하던 카이사르는 다음과 같은 말로 끝을 맺었다.

"갈리아에서 우물쭈물하고 있는 한, 우정 따위는 있을 수 없다. 자기 영지도 지키지 못한 부족이 다른 부족의 영지를 취한다는 것은 온당치 않으며, 그런 대군에게 줄 만한 빈터가 갈리아에는 없다. 희망한다면 우비 족의 영지에 머무는 것은 좋다. 우비 족의 사절이 내가 있는 곳에 와 수에비 족의 침략을 호소하면서 내 도움을 요청하고 있는 만큼 그 우비 족의 청을 받아 주면 될 것이다."

9 사절은 이 말을 동료들에게 전하고 사정을 고려한 뒤 3일 후[9]에 다시 오겠으며 그 사이에는 진지를 더 접근시키지 말아달라고 카이사르에게 말했다.

카이사르는 그렇게 할 수 없다고 답했다. 왜냐하면 며칠 전에 적의 기병 대부분이 약탈과 곡물의 조달을 위해 모사(Mosa) 강[10]을 건너 암비바리티(Ambivariti) 족[11]에게 쳐들어갔다는 것을 알고 있었기 때문이다. 적은 그 기병을 기다려야 했으므로 어쩔 수 없이 우물쭈물 미루고 있다고 생각했다.

---

9) post diem tertium, tertio die와 같은 말이다. 즉 '다음다음 날'을 말한다.
10) 오늘날의 뫼즈(Meuse) 강.
11) 거주지에 대해서는 명확하지 않으나, 뫼즈 강 우안으로 추정되고 있다.

10[12] 모사 강은 링고네스 족의 영지에 있는 보세구스(Vosegus) 산[13]에서 흘러 나와 바칼루스(Vacalus) 강[14]이라 불리는 레누스 강의 지류를 받아들여 바타비(Batavi) 족[15]이 사는 섬을 만들면서 대서양으로 흘러 들어가는데, 대서양에서 80마일이 채 되지 않은 곳에서 레누스 강으로 흘러 들어간다.[16] 그 레누스 강은 알페스 산맥에 사는 레폰티(Lepontii) 족[17]의 영지에서 나와 네메테스 족, 헬베티 족, 세콰니 족, 메디오마트리키(Mediomatrici) 족[18], 트리보케스 족, 트레베리 족의 영지를 지나고, 긴 격류가 되었다가 대양에 가까워지면서 몇 개의 지류로 나뉘어 많은 섬을 만든 후 여러 하구를 통해 대양으로 흘러 들어가고 있다(그 섬 대부분에는 흉포하고 야만적인 부족이 살고 있었는데, 그 중에는 물고기와 물새 알로 생활을 영위해 나간다고 생각되는 부족도 있었다).

11 카이사르가 적에게서 12마일도 못 되는 곳에 이르자 약속대로 사절이 다시 왔다. 행군중에 만난 그 사절은 더 이상 나아가지 말아 달라고 열심히 간청했다. 하지만 카이사르는 그것을 들어줄 수는 없었다. 다음으로는 대오에 앞서 가는 기병에게 사람을 보내 전쟁을 하지 않도록 하고 자신들이 우비 족에게 사절을 보내는 것을 인정해 달라고 청했다. 또한 우비 족의 수령이나 원로가 안전을 보장하면 자신들도 카이사르가 제시하는 조건을 받아들일 수 있으며, 그 준비를 할 수 있도록 3일간의 여유를 베풀어 달라고 말했다. 카이사르는 이번에도 앞서의 경우와 마찬가지로 3일간의 여유를 주면 먼 곳에 나가

---

12) 이 일절은 일반적으로 후세의 삽입구로 보고 있다.
13) 오늘날의 보주(Vosges) 산맥.
14) 오늘날의 발(Waal) 강.
15) 라인 강 하구의 섬에 살던 게르마니 부족.
16) 지류가 되었다는 의미일 것이다.
17) 오늘날의 생고타르(St. Gothard)를 중심으로 살고 있던 알프스의 부족.
18) 모젤(Moselle) 강가, 오늘날의 메스(Metz)를 중심으로 살고 있던 부족.

있는 기병이 돌아올 수 있는 시간만 벌어 주는 결과가 되리라 생각했다. 그래서 "물을 보급하기 위해 오늘은 4마일 이상 진군치 않겠다. 게르마니 인의 요구를 알고 싶으니 내일 여기에 가능한 한 많은 자를 집합시키라"고 말했다. 기병 전부를 이끌고 앞서 가고 있는 대장에게도 사람을 보내, 적에게 도전하지 말고 설사 공격을 받더라도 카이사르가 군대를 이끌고 갈 때까지 기다리라고 명령했다.

12 곡물을 구하러 모사 강을 건너간 무리가 돌아오지 않았기 때문에 적의 기병은 800명에 불과했다. 하지만 적은 아군의 기병 5천 명을 보자 곧 공격을 하여 아군을 혼란시켰다. 아군은 적의 사절이 카이사르의 곁을 바로 조금 전에 떠났고 또한 그날은 휴전을 바라고 있었기 때문에 아무 걱정도 하지 않았던 것이다. 항전하려는 아군에게 적은 언제나처럼 말에서 뛰어내려 밑에서 말을 찔러 많은 병사를 낙마시키고 다른 자들도 패주시켰다. 이리하여 겁을 집어먹은 아군은 쫓겨나고, 쫓겨난 아군은 동료들의 대오를 발견할 때까지 패주하지 않으면 안 되었다.

이 전투에서 74명의 아군 기병이 살해되었는데, 그 중에는 아퀴타니 인의 용감한 사나이 피소도 있었다. 명문 태생으로 원로원으로부터 친구로 불리던 피소의 조부는 부족의 왕이기도 했다. 피소는 적에게 포위된 동생을 구해냈지만 자신은 부상당한 말에서 떨어져 포위당한 채 있는 힘을 다해 저항했으나 많은 부상을 입고 죽었다. 잠시 쉬고 있던 동생도 멀리서 이것을 보고 말에 채찍질을 하며 달려와 적 속으로 뛰어들었다가 죽음을 당했다.

13 전투가 끝난 후 카이사르는, 거짓과 책략으로 강화를 요청하면서 한편으로는 도전하는 그런 무리의 사절에게 귀를 기울여서는 안 되고 그 조건도 받아들여서는 안 된다고 생각했다. 기병이 돌아와 적의 군사가 증가할 때까지 기다리는 것은 더할 나위 없이 어리석은 짓

이라 생각하고, 갈리 인의 변덕을 잘 알고 있는 만큼 갈리 인들이 이 한 차례의 전투로 게르마니 인에게 큰 권위를 부여한 것도 헤아렸으며, 계획을 세울 여유 또한 적에게 주어서도 안 된다고 생각했다.

이렇게 결심하고 전투 날짜를 놓치지 않도록 부장과 재무관에게 그 계획을 전달하고 있었는데, 행운의 사건이 일어났다. 다음날 아침에 게르마니 인의 모든 수령과 노인들이 전번과 똑같이 거짓과 사기를 저지르려고 카이사르의 진지로 왔던 것이다. 전날 자기들 쪽의 요청에 의해 약속을 하고서도 도전해 온 일을 해명하겠다는 것이었지만 사실은 속임수를 써서 휴전하려 했던 것이다. 카이사르는 이들이 온 것을 기뻐하면서 이들을 잡아 두도록 명하고는 부대 전체를 진지에서 출발시켰다. 이번 전쟁에서 겁을 먹었다고 생각된 기병에게는 대오를 뒤따르라고 명령했다.[19]

■14 3개 제대를 편성하고 신속히 8마일을 행군하여 게르마니 인이 무슨 일이 일어났는지 알기도 전에 적의 진지에 이르렀다. 적은 로마 군이 신속히 진격해 온 데다 동료들도 없어[20] 계획을 세우거나 무기를 들 여유도 없이 허를 찔려 겁을 집어먹고, 로마 군에 대항해 군대를 낼 것인지 진지를 방어할 것인지 패주하여 목숨을 구할 것인지 전혀 갈피를 잡지 못하였다. 그 공포가 소요와 혼란으로 확산되자 전날의 배반에 분개한 아군 병사들이 적의 진지를 향해 돌입했다. 무기를 든 적들은 잠시 아군에 저항하여 수레와 군수품 속에서 싸웠다. 나머

---

19) 카이사르의 행위는 당시 로마에서 큰 문제가 되었다. 게르마니 인 수령들의 말을 무시하고 체포한 후, 이들에게 철저한 패배를 안겨 준 것은 국가의 신의를 손상시킨 행위라 하여 카토(Cato) 등에게서 맹렬한 비난을 들었던 것이다. 그럼에도 불구하고 감사제를 여는 등 원로원이 누그러진 것은 삼두정치에 의한 압력과 매수에 기대하는 바가 많았기 때문이라고 보인다.

20) 기병의 부재는 물론, 앞에서 서술한 바와 같이 수령을 비롯한 많은 사람들이 카이사르에게 붙잡혀 있었기 때문이다.

지 여자와 아이들은(적은 가족 모두를 데리고 본국을 떠나 레누스 강을 건넜던 것이다) 사방으로 도망쳐 카이사르는 기병을 내어 이들을 추격하게 했다.[21]

15 게르마니 인은 뒤에서 울부짖는 소리가 나고 동료들이 살해되는 것을 보자, 무기를 던지고 군기軍旗를 내팽개친 채 진지에서 뛰쳐나왔다. 모사 강과 레누스 강의 교차 지점에 이른 이들은 그곳에도 많은 시체들이 널려 있는 것을 본 후 도망치는 것을 체념하고 강에 뛰어들었다. 이들은 공포 아니면 피로, 그도 아니면 강의 격류에 휩쓸려 죽었다. 적군이 43만에 달하던 무서운 대전쟁으로부터 아군은 부상을 입은 약간 명까지 포함하여 한 사람도 빠짐 없이 모두 진지로 돌아왔다. 카이사르는 진지에 붙잡아 둔 사람들에게 떠나도 좋다는 허락을 내렸다. 그들은 토지가 황폐화된 갈리아 지역 사람들로부터 앙갚음과 난폭한 짓을 당할까봐 두려워 카이사르 곁에 있고 싶다고 말했다. 카이사르는 그렇게 해도 좋다고 허락했다.

16 게르마니 인과의 전쟁을 끝낸 카이사르는 여러 이유에서 레누스 강을 빨리 건너야겠다고 결심했다. 그 중 가장 큰 이유가, 게르마니 인이 손쉽게 갈리아에 올 수 있었던 것처럼 로마 군대도 또한 어렵지 않게 레누스 강을 건널 수 있으며 또한 로마 군의 도하가 알려지면 게르마니 인 자신도 자기들의 일을 걱정하게 되리라는 것이었다.

앞서 말한 대로 약탈과 곡물 보급을 위해 모사 강을 건너 전쟁에 참여하지 못했던 우시페테스 족과 텐크테리 족의 기병 일부가 동료들의 패주 후 레누스 강을 건너 수감브리(Sugambri) 족[22]의 영지로 퇴각

---

21) 이 교전지의 위치에 대해서는 많은 논란이 있으나 여기에서는 뫼즈 강 우안의 라인 강에서 가까운 메나피 족의 영지로 보고, 암비바르티도 뫼즈 강 우안으로 파악하였다.

22) 우비 족의 북쪽, 오늘날의 크레펠트(Crefeld), 뒤셀도르프(Dusseldorf), 콜로뉴의 동쪽 지역에서 살고 있던 부족.

하여 그들과 합류하는 일도 있었다. 카이사르가 수감브리 족에게 사자를 보내 자신과 갈리아에 도전한 자들의 인도를 요구하자, "레누스 강이 로마 지배의 한계다. 게르마니 인이 당신에게 대항하여 갈리아로 건너간 것이 공평치 않다고 생각한다면 어째서 레누스 강 너머의 이곳까지 와서 당신의 지배와 권위에 따르라고 말하는가" 하고 답했다.

레누스 강의 맞은편에서는 우비 족만이 카이사르에게 사절을 보내오고 인질을 차출해 우정을 굳건히 했는데, "수에비 족에게 몹시 압박받고 있으니 구해 달라. 국사에 쫓겨 당신이 그것을 실행할 수 없다면 군대만이라도 레누스 강을 넘게 해 달라. 그것만으로도 현재의 우리들에게는 충분한 도움이 되고, 장래의 희망도 된다. 아리오비스투스를 격파한 데다 이번에 이 전쟁도 있었으므로 당신 군대의 명성이 게르마니 인의 변경 부족에게까지 미치고, 우리들도 로마의 성망聲望과 우정으로 안전하게 지낸다"고 말했다. 우비 족은 군대를 실어 나를 배를 많이 내겠다고 약속했다.

17 이런 이유에서 카이사르는 레누스 강을 건너기로 작정했다. 그러나 배로 건너는 것은 안전하지도 않고 자신과 로마의 면목도 손상시키는 일이라 생각되었다. 다리를 놓기에는 강의 넓이와 속도 · 깊이에서 큰 곤란이 있었지만, 그래도 다리 놓기 이외의 방법으로 군대를 도하시켜서는 안 된다고 마음먹었다. 그리하여 다음과 같은 다리 놓기 계획을 세웠다.

강의 깊이를 재고 끝을 약간 뾰족하게 깎은, 굵기 약 1페스 반의 재목 두 개를 각각 2페스의 사이를 두고 묶었다. 이것을 기계로 강 속에 집어넣고 말뚝처럼 수직이 아니라 강물의 흐름과 일치시켜 비스듬하게 망치로 박았다. 여기에서 하류 쪽으로 40페스 정도 떨어진 곳에는 똑같은 방식으로 묶은 두 개의 재목을 강의 흐름과 힘에 거스르도록

게르마니아 원정을 위해 건설중인 다리

레누스 강을 건너 게르마니아로 진입하는 카이사르의 로마군

설치했다. 이 두 부분의 위로는 매듭이 끝에 있는 두께 2페스의 재목을 설치하고 그 양끝에서 가로막대를 질러 고정시켰다. 이런 간격을 두고 서로 반대 방향으로 묶어 고정시켰기 때문에 매우 튼튼하게 되었고, 재료의 사용도 적절했기 때문에 물의 힘이 세차게 닿으면 닿을수록 점점 강하게 묶여 탄탄하게 되었다. 그것이 세로로 놓인 재목에 연결되고 그 위를 긴 장대나 잡목 가지로 엮은 것으로 덮었다. 또한 말뚝을 그 하류에 비스듬히 박았는데, 이것은 버팀목으로서 공사 전체와 결합하여 강의 힘을 막아내고 있었다. 다리의 상류에도 적당한 간격을 두고 이와 같은 것을 설치하여, 설혹 야만인이 이 공사를 훼

손시키려고 나무 줄기나 재목을 흘려 보내더라도 그 힘이 이들 방책들에 부딪히면서 약해져 다리를 파괴시키지 못하도록 했다.[23]

18 재목이 운반되기 시작한 날로부터 10일 만에 공사가 완료되어 부대를 도하시켰다. 카이사르는 다리의 양끝에 강력한 수비대를 남기고 수감브리 족의 영지로 향했다. 그 사이에 많은 부족으로부터 카이사르에게로 사절이 왔다. 카이사르는 이들의 평화와 우정의 요청에 친절히 답하면서 인질을 차출하도록 명했다.

수감브리 족은 다리가 건설되기 시작하면서부터 도주할 준비를 하고, 함께 있던 텐크테리 족과 우시페테스 족 사람들에게도 권유하여 전 재산을 들고 자신의 영지를 빠져 나와 숲속으로 숨어들었다.

19 카이사르는 수감브리 족의 영지에서 며칠 간 체류하면서 마을과 집을 모두 불태워 없애고 곡물도 베어 버린 뒤 우비 족의 영지로 돌아왔다. 수에비 족에게 심한 압박을 받게 된다면 도와주겠다고 약속하면서 우비 족으로부터 다음과 같은 사실을 알아냈다.

수에비 족은 정찰을 통해 다리가 건설되고 있는 것을 알아내고, 관습에 따라 회의를 여는 한편 사자를 사방에 보내 모두 도시를 나와 처자와 재산을 숲으로 옮기고 무기를 들 수 있는 자는 모두 한곳에 모이라고 명했다. 그 선정된 장소는 수에비 족 영지의 중앙에 가까웠고, 그들은 거기에서 로마 군이 오기를 기다려 결전을 벌일 예정이라는 것 등이었다.

이 사실을 알게 된 카이사르는 부대를 도하시킨 목적, 즉 게르마니인을 위협하고 수감브리 족을 벌하며 우비 족을 압박에서 구한다는 것이 모두 달성되고, 레누스 강을 건넌 지 18일이나 경과했으며, 로

---

23) 이 장소에 대해서는 콜로뉴, 본(Bonn), 코브렌츠(Coblenz) 등 여러 설이 있다. 다리의 설계도에 관해서도 여러 의견이 있다. 그러나 사료의 부족으로 단순한 추정을 넘어서지 못하고 있다. 관련하여 323쪽의 〈레누스(라인) 강에 건설된 다리〉 참조.

마의 영예와 이익을 위해 충분히 전진했다고 생각하여 갈리아로 돌아왔으며, 또한 다리도 파괴했다.

2. 브리타니 인과의 전쟁

20 여름이 얼마 남지 않았고 갈리아 전체가 북쪽으로 펼쳐져 있어 겨울이 빨리 옴에도 불구하고, 카이사르는 브리타니아를 향해 급히 떠났다. 갈리 인과의 거의 모든 전쟁에서 적이 브리타니아의 도움을 받았다는 것을 알았기 때문이다. 물론 전쟁을 하기에는 시기적으로 너무 늦었지만, 섬에 들어가 그 인종의 특성을 살피고 섬의 위치와 항구, 상륙 지점을 알 수 있다면 훨씬 유리하리라 생각했던 것이다.

갈리 인은 이들에 대해 아는 것이 거의 없었다. 상인 외에는 누구도 그곳에 가려하지 않았고, 상인이라 해도 해안이나 갈리아에서 마주보이는 지방 외에는 아는 곳이 없었다. 카이사르는 모든 지역으로부터 상인들을 불러모았지만, 그들은 섬의 크기가 어느 정도인지, 어떤 부족이 어느 정도 살고 있는지, 어떤 식으로 전쟁을 하고 또 어떤 습관을 가지고 있는지, 많은 대형 선박이 정박하기에 적합한 항구는 어디인지 등에 대해서 아무것도 알지 못했다.

21 카이사르는 이러한 것들을 알아내기 위해 자신보다 앞서 그 일에 적합하다고 생각되는 가이우스 볼루세누스를 군함에 태워 보냈다. 카이사르는 무엇이든 정찰하고 되도록 빨리 돌아오라고 명령했다.

카이사르 자신은 전군을 이끌고 모리니 족의 영지 쪽으로 향했다. 거기에서 브리타니아로 건너는 것이 가장 가까웠기 때문이다. 지난 해 여름 베네티 족과의 전쟁 때 건조한 함대와 이웃 나라의 모든 지역에서도 이곳으로 배를 집결시키도록 명령했다.

이 사이에 카이사르의 계획이 감지되고, 이 사실이 상인을 통해 브리타니아 인들에게 전해지자 그 섬의 많은 부족이 카이사르에게 사절을 보내 인질을 차출할 것과 로마에 복속할 것 등을 약속했다. 사절의 말을 들은 카이사르는 이들에게 친절히 대하고 약속을 꼭 지키도록 격려했으며, 이들을 본국으로 돌려보내면서 콤미우스(Commius)를 파견했다. 일찍이 카이사르는 아트레바테스 족을 정복한 후 무용과 지략이 뛰어나다고 인정받고 있던 콤미우스를 그곳의 왕으로 삼았는데, 그는 브리타니아에 대해 큰 영향력을 가지고 있고 카이사르에게도 충실하다고 생각되어 온 사람이었다. 카이사르는 콤미우스에게 될 수 있는 한 많은 부족을 방문하고 로마의 성의를 신뢰하도록 설득할 것과 곧 자신도 갈 것을 알리라고 명했다.

볼루세누스는 배에서 내리면서까지 야만인의 지역에 출입하진 않았지만 그래도 기회가 닿는 한 많은 지방을 보고, 5일째에 카이사르에게 돌아와 관찰한 것들을 보고했다.

22 배를 건조하기 위해 카이사르가 이곳에 머무는 동안 대부분의 모리니 족으로부터 사절이 와, 자신들은 야만인으로 로마의 풍습에 익숙지 않아 로마에 도전했었다며 이전의 잘못을 변명하고, 카이사르의 지시에 따르겠다고 약속했다. 카이사르는 뒤에 적을 남기고 싶지 않고 시기적으로도 전쟁을 수행할 만한 전망이 서지 않으며, 또한 이런 작은 문제를 브리타니아 문제에 앞서 처리해서는 안 된다고 생각했으므로 이것을 아주 다행한 일이라 보고 모리니 족에게 많은 인질을 요구했다. 인질이 건네지자 카이사르는 복속을 인정했다.

카이사르는 2개 군단[24]의 수송에 충분하다고 생각되는 약 80척의 화물선을 모으고, 배정받은 군함에는 재무관과 부장, 원군 대장 등을

---

24) 제7, 제10 두 군단이다.

실었다. 덧붙여 18척의 상선도 있었는데 바람 때문에 이곳에서 8마일 떨어진 곳에 머물러 있어 같은 항구[25]에 들어올 수 없었다. 이것을 기병에 할당했다. 나머지 부대는 부장 퀸투스 티투리우스 사비누스와 루키우스 아우룬쿨레이우스 코타로 하여금 지휘하도록 하여 메나피 족과 카이사르에게 사절을 보내지 않은 모리니 족의 바쿠스로 향하게 했다. 부장 푸블리우스 술피키우스 루푸스(Publius Sulpicius Rufus)에게는 충분하다고 생각될 만큼의 수비대를 주어 그것으로 항구를 지키도록 했다.

23 이런 일들을 결정하고 나서 항해에 적합한 날씨를 기다려 3경에 배를 출항시키고 기병에게는 북쪽 항구[26]에서 배를 탄 뒤 뒤따라 가라고 명했다. 이 일은 조금 지연되었고, 카이사르는 그날 4경[27]에야 첫 배를 탄 기병대와 함께 브리타니아에 도착했는데, 그곳에서는 이미 무장한 적의 부대가 모든 언덕 위에 모습을 드러내고 있었다. 그곳은 바다가 절벽으로 둘러싸여 있어 높은 곳에서 해안으로 텔라를 던질 수 있는 지형이었다. 이곳은 상륙에 적당치 않은 장소로 생각되어 다른 배가 이곳에 집결하는 9경[28]까지 닻을 내리고 기다렸다.

그 사이에 부장과 천부장을 불러모아 볼루세누스로부터 들은 것과 해 주기를 바라는 것들을 전하고, 지령대로 즉시 실행하는 것이 전쟁에서의 법칙이며 특히 바다의 움직임은 급작스럽고 확실치도 않으므로 그리해야 한다고 경고했다. 그들을 해산시킨 후 바람과 조수가 한꺼번에 유리해진 틈을 타 신호와 함께 닻을 올리고 그곳에서부터 7마일 정도 나아가 평평하게 뻗은 해안에 배를 정박시켰다.[29]

---

25) 카이사르 시대와 현재의 지형은 다를 터인데, 이 항구 Portus Itius가 콜로뉴라는 것에는 모든 이의 의견이 일치되고 있다.
26) 이곳은 앙블퇴즈(Ambleteuse)로 추측된다.
27) 아침 10시가 지나서.
28) 오후 3시가 지나서.

24 야만인은 로마 군의 계획을 알고 기병과 전차(요컨대 적은 이런 것을 전쟁에서 사용하고 있었다)를 선행先行시키고, 뒤이어 나머지 부대로 아군의 상륙을 방해하려 했다.

아군은 다음과 같은 이유에서 매우 큰 어려움을 겪었다. 배가 너무 커서 깊은 바다가 아니면 정박할 수 없었고, 그곳 지형에 익숙지 못한 병사들은 무거운 무장 탓으로 양손 모두 번거로운 상태로 배에서 뛰어내려야 했으므로 한편으로는 파도와 맞서고 또 한편으로는 적과 싸우지 않으면 안 되었다. 양손 모두 자유롭고 지형에도 밝은 적은 육지에서, 때로는 물이 약간 있는 곳에까지 와서 격렬히 텔라를 던지고 잘 조련된 말에 올라 기세 좋게 달렸다. 이에 겁을 먹은 아군은 이런 전투에는 미숙하여 육지의 전투에서 늘 발휘하였던 용맹과 열의를 보여 주지 못했다.

25 이를 본 카이사르는, 야만인에게는 진기하게 보이고 조종하기도 쉬운 군함을 화물선에서 떼어 낸 후 노를 힘껏 저어 적의 우측으로 몰고 나가 투석기와 화살과 노포弩砲로 적을 쫓아내고 후퇴시켰다. 이것은 아군에게 좋은 효력을 발휘했다. 군함의 모양과 노의 움직임, 그리고 보이지 않는 노포 등에 기가 꺾인 야만인은 멈추어 서서 뒤로 후퇴했다.

그때 바다가 너무 깊어 아군이 하선을 망설이자 제10군단의 기수가 군단을 위해 신에게 빌며 "뛰어내려라, 병사들이여. 적에게 군기를 건네 주지 않으려면……! 나는 국가와 지휘관에게 의무를 다하겠다!" 하고 큰 소리로 부르짖고는 배에서 뛰어내려 군기를 들고 적 가

---

29) 로마 군의 상륙 지점에 대해서는 페벤시(Pevensex), 림프뉴(Limpne), 히드(Hythe), 허스트켄나딩턴(Hurst-Kennardington), 왈머딜(Walmer-Deal), 리치버러(Richborough), 샌드위치(Sandwich) 등 여러 설이 있는데, 첫째 것을 제외하고는 모두 이스트 켄트(East Kent) 해안이다. 카이사르의 사료로 정확한 위치를 추정할 수는 없지만 왈머딜이 가장 합당한 듯하다.

브리타니아 인의 전차

운데로 돌진했다. 아군은 큰 수치를 당하지 않으려고 서로 소리를 질러대며 모두 배에서 뛰어내렸다. 가까운 배에서 이 광경을 본 병사들도 뒤따라 적에게 바짝 다가갔다.

26 적도 아군도 격렬히 싸웠다. 아군은 열을 지을 수도, 확실히 설수도, 부대기를 따라갈 수도 없었다. 따라서 배에서 내린 아군은 그곳이 어디든 간에 부대기를 만난 곳에 모였기 때문에 대혼란을 빚었다. 얕은 여울이 어디에 있는지 잘 알고 있던 적은, 아군이 뿔뿔이 흩어진 채 배에서 내리는 것을 해안에서 보자, 말에 채찍질을 해대며 혼란에 빠져 있던 아군을 공격했다. 다수의 힘으로 소수의 아군을 포위하고, 안정된 아군에게는 노출된 측면에서 텔라를 던져댔다.

이것을 본 카이사르는 군함에 딸린 작은 배와 정찰선에 병사들을 가득 싣게 하여 고전하는 병사들에게 보냈다. 육지에 도착한 아군은 동료들이 뒤따라오고 있었으므로 적에게 달려들어 그들을 패주시킬 수 있었지만 깊숙이 쫓지는 못하였다. 그 까닭은 그대로 항해를 계속한 기병이 섬에 도착하지 않았기 때문이다. 이것이 카이사르에게 있

브리타니아에 상륙한 로마군

어 유일하게 행운이 따르지 않은 경우였다.

27 전쟁에서 패한 적은 멀리 도망가 전열을 수습한 즉시 카이사르에게 강화 사절을 보냈다. 사절은 인질을 보낼 것과 명령을 실행할 것 등을 약속했다. 카이사르가 자신에 앞서 브리타니아로 먼저 보냈다고 이미 말한 바 있는 아트레바테스 족의 콤미우스가 강화 사절과 함께 돌아왔다. 카이사르로부터 임무를 부여받은 콤미우스가 사자로서 섬에 상륙하자마자 곧 브리타니 인에게 체포되어 쇠사슬에 묶였다. 전쟁이 끝나자 그들은 콤미우스를 돌려보내면서 화해를 청했다. 카이사르는 브리타니 인 스스로 대륙에 사절을 보내 강화를 요청하고서도 이유 없이 도전해 온 데 분개했지만, 그들의 무지를 용서해 주겠다고 말하고 인질을 요구했다. 인질의 일부는 곧 인도했지만, 다른 자들은 먼 지방에서 모으고 있으므로 며칠 안에 인도하겠다고 말했다. 그 사이에 사람들은 자기 고장으로 돌아가고 각지로부터 수령들이 모였으며, 각각의 부족들도 카이사르에게 굴복했다.

28 브리타니아에 도착한 지 4일째 되는 날, 이러이러한 과정을 거

쳐 기병을 태웠다고 앞서 말한 18척의 배가 북쪽 항구에서 미풍을 타고 출항했다. 브리타니아에서 가까운 아군의 진지에서도 이것이 보였는데, 뜻밖에 큰 바람이 불어 한 척도 항해를 계속하지 못했다. 일부 배들은 출발했던 항구로 되돌아갔으나, 다른 배들은 큰 위험에 직면한 채 서쪽 방향으로 섬 아래쪽에서 떠내려갔다. 닻을 던졌지만 파도가 덮치자 폭풍우가 치는 밤임에도 불구하고 별도리 없이 난바다로 나가 대륙으로 향했다.

29 그날 밤은 때마침 만월이어서 대서양에서는 조수가 가장 높은 날이었지만, 아군은 그것을 알지 못했다. 부대 수송에 대비하여 카이사르가 육지에 끌어올려 놓았던 군함도 조수에 휩쓸리고 닻으로 연결시켜 놓았던 화물선도 폭풍우에 파괴되기 시작했으나, 아군은 그것을 조종하여 구해 낼 수가 없었다. 많은 배가 난파되었고 나머지도 밧줄이나 닻, 그 밖의 삭구索具를 잃어 항해할 수 없었으므로, 이것의 당연한 결과로서 전군에 대혼란이 일어났다. 돌아갈 배도 없고 배의 수리에 필요한 것도 부족하였으며, 모든 군사는 갈리아에서 겨울을 나도록 결정되어 있었으므로 이곳에는 겨울 식량도 준비되어 있지 않았다.

30 이러한 사실이 알려지자 카이사르의 명령을 실행하기 위해 모인 브리타니아의 유력자들은 서로 협의하였다. 이들은 로마 군에게는 기병도 배도 곡물도 없는 것을 알고, 진지가 좁은 것, 요컨대 카이사르는 군수품도 없이 군단을 수송했기 때문에 그만큼 좁았던 것인데, 그로써 병사들이 적은 것도 함께 알아채고 또다시 전쟁을 시작해 로마 군을 곡물 및 식량으로부터 차단하고 그대로 겨울까지 밀고 나가는 것이 가장 좋은 방법이라고 생각했다. 로마 군이 패배하고 귀국을 방해받으면 이후부터는 아무도 전쟁을 하러 브리타니아까지 오지 않으리라 믿었던 것이다. 그래서 다시 공모하고 차례로 진지에서 나

와 동료들을 몰래 자기 고장으로부터 불러냈다.

31 카이사르는 아직 그 계획을 모르고 있었지만, 아군의 배에서 일어난 일이나 인질을 내기로 한 약속을 지키지 않고 있는 것으로부터 무슨 일이 일어나기 시작한 것을 깨달았다. 그래서 모든 경우에 대비해 대책을 마련했다. 곡물을 매일 그 지역에서 진지로 운반하고, 심하게 파손된 배의 재목이나 구리는 다른 배를 수리하는 데 쓰고, 수리에 필요한 그 밖의 것들을 대륙에서 가져오도록 명령했다. 이 일은 병사들의 특별한 열의에 힘입어 순조롭게 진행되었다. 이리하여 12척의 배를 잃었지만 그 밖의 것들은 항해하는 데 별문제가 없도록 되었기 때문이다.

32 이런 일이 행해지고 있을 때, 한 군단이 관례대로 곡물을 위해 파견되었다. 브리타니 인 가운데 일부는 아직 그 지역에 남아 있고 그 나머지가 진지 이곳저곳에 와 있는 정도였으므로 전쟁의 염려 따위는 조금도 없었는데, 진지의 문에서 임무를 수행하고 있던 자가 카이사르에게 군단이 지나간 방향에서 보통 때보다 모래 먼지가 많이 보인다고 보고해 왔다.

카이사르는 야만인들이 새로운 책략을 꾀하기 시작했다고 추측하고, 근무중인 코호르스를 거느리고 그 방향으로 진격하면서 다른 두 개의 코호르스로 하여금 그 임무를 인계받도록 하고, 다른 자들은 무장하고 곧 뒤따라오도록 하라고 명했다. 진지에서 얼마쯤 전진하자 아군이 적에게 압도당하고 고전하며, 밀집된 군단에게 사방에서 텔라가 던져지는 것을 발견했다.

다른 곳의 곡물을 모두 거두어 한곳에 모아 놓았기 때문에 이곳으로 로마 군이 오리라 예상한 적은 밤이 되자 숲속에 숨어 있었다. 그리고 예상대로 아군이 무기를 놓고 흩어져서 열심히 곡식을 거두어들이고 있을 때, 불시에 습격한 적은 아군 몇 명을 살해하고, 다른 병사들을 혼란시키면서 기병과 전차로 그들을 포위했다.

33 전차의 전술[30]은 다음과 같았다. 우선 말을 타고 이곳저곳으로 돌며 텔라를 던지고, 말과 수레바퀴 소리로 열을 흩트린 후 동료 기병대 속으로 되돌아가서는 전차에서 뛰어내려 도보로 싸우는 것이 일반적인 방식이었다. 그 사이에 어자[31]는 전투장에서 조금 떨어져 동료들이 적의 대군에게 압도당하더라도 쉽게 아군 곁에서 후퇴할 수 있도록 전차를 늘어세워 놓는다. 이리하여 전쟁에서 기병의 유동성과 보병의 견실성을 유지하고, 매일매일의 경험과 훈련으로 경사지고 험한 장소에서도 맹렬한 속도로 달리며 순간적으로 방향을 바꾸거나 혹은 수레의 끌채 위를 뛰어넘거나 멍에 위에 서고, 그곳에서 다시 전차 위로 금세 돌아오는 식이었다.

34 이러한 전투 방식에 현혹된 로마 군을 카이사르는 적절한 기회에 구원했다. 카이사르가 오자 적의 공격은 멈추고 아군은 두려움에서 다시 일어섰다. 적을 공격하거나 싸우기에는 불리한 시간이라고 생각해 그 장소를 떠나지 않고 잠시 있다가 군단을 진지로 되돌렸다. 이런 일이 있고 아군이 모두 후퇴한 사이에 그 지역에 있던 나머지 사람들은 떠나가고 말았다.

그 후 며칠 동안은 폭풍이 세차게 불었으므로 아군은 진지에 머물러 적과 전투를 벌이지 않았다. 그 사이에 야만인들은 각지에 사자를 보내 로마 군의 병사가 소수인 것을 알리고, 로마 군을 진지에서 쫓아내면 막대한 전리품을 획득하고, 자신들을 영원히 해방시키는 기회도 얻을 수 있다고 역설했다. 그리하여 순식간에 보병과 기병의 대군을 모아 진지로 밀어닥쳤다.

35 카이사르는 이전에 일어난 것과 똑같이 적이 구축되더라도 재

---

30) 이 전차들은 두 필의 말이 끌었으며, 어자御者를 포함하여 모두 7명이 타고 있었던 것 같다.
31) 어자가 부하인 전사보다 신분이 높았다고 한다.

빨리 도망쳐 위험에서 벗어나리라 생각하고, 앞서 말한 아트레바테스 족의 콤미우스가 이끌고 온 기병 약 30명으로 진지 앞에서 전열을 정비했다.

전투가 시작되자 적은 아군의 공격에 오래 버티지 못하고 등을 돌렸다. 아군은 도망하는 적을 뒤쫓아 체력이 미치는 한 멀리까지 추격하여 많은 자를 살해하고, 또 넓은 범위에 걸쳐 가능한 한 모든 집을 불태워 없앤 뒤에 진지로 돌아왔다.

36 그날, 적으로부터 강화 사절이 카이사르에게 파견되어 왔다. 카이사르는 전에 부과한 인질의 수를 배로 늘리면서 그들을 대륙으로 데려오라고 명했다. 추분이 가까운데 배도 견고하지 않으므로 겨울[32]까지는 항해하기가 어렵다고 생각했기 때문이다.

카이사르는 좋은 날씨를 기다려 한밤이 지난 뒤에 출범했고, 그렇게 해서 모두 무사히 대륙에 도착했다. 다만 두 척의 화물선만이 다른 배들이 도착한 항구로 들어오지 못하고 약간 아래쪽으로 표류했다.

3. 북쪽에 위치한 여러 부족의 토벌

37 약 300명의 병사가 배 두 척에서 내려 진지로 급히 가고 있는데, 카이사르가 브리타니아로 출발할 때 평정해 놓은 모리니 족이 약탈하고 싶은 욕구를 참지 못하고 먼저 얼마 안 되는 인원으로 아군을 포위한 뒤 죽고 싶지 않으면 무기를 내려놓으라고 말했다. 병사들이 원진圓陣을 만들어 방어하자 그 야만인들이 부르짖는 소리에 금세 약 6천 명이 모였다.

---

32) 폭풍의 계절.

이 소식을 들은 카이사르는 진지에서 이들을 구원하기 위해 기병 전체를 보냈다. 그 사이에 아군 병사들은 적의 공격에 꺾이지 않고 네 시간 이상 아주 용감하게 싸웠고, 몇 사람이 부상을 입었음에도 불구하고 많은 적을 살해했다. 아군 기병이 보이기 시작하자 적은 무기를 버리고 등을 돌렸으나, 거의 대부분이 살해되었다.

38 이튿날, 카이사르는 브리타니아에서 데리고 돌아온 군단과 부장 티투스 라비에누스를 모반한 모리니 족에게 파견했다. 모리니 족은 지난해에 은신처로 이용했던 늪지[33]가 메말라 퇴각할 곳이 없었으므로 거의 모든 사람이 라비에누스의 위세에 굴복했다.

메나피 족의 영지로 군단을 이끌고 간 부장 티투리우스와 투키우스 코타는 메나피 족이 모두 숲속 깊이 숨어 버린 것을 알아내고는 그 지역을 황폐화시키고, 곡물을 망쳐 놓고, 집을 불태운 뒤 카이사르에게로 돌아왔다.

카이사르는 전 군단의 동영지를 벨가이 인의 영지로 정했다. 브리타니아에서는 두 부족만이 인질을 보내 오고, 나머지 부족은 이 일에 태만했다. 카이사르가 보낸 편지로 이런 업적이 알려지자 20일간의 감사제가 원로원에서 결의되었다.

---

33) 이 책 제3권에 나왔다.

제5권 (B.C. 54년)

1. 브리타니 인과의 전쟁

■ 루키우스 도미티우스(Lucius Domitius)와 아피우스 클라우디우스(Appius Claudius)가 집정관일 때,[1] 해마다 해왔던 관례대로 카이사르는 동영지에서 나와 이탈리아로 떠나면서 군단을 맡긴 부장에게, 그 겨울 동안 가능한 한 많은 배를 건조하고 또 낡은 배를 수리해 놓으라고 명하면서 크기와 형태도 설명해 주었다. 신속히 짐을 싣고 끌어올릴 수 있도록 지중해[2]에서 늘 쓰는 것보다 약간 낮게 만들어야 했다. 또한 조수의 변화가 심하고 파도가 높지 않은 것을 알고 있었으므로,[3] 더욱 낮으면서도 짐이나 많은 수송용 말을 운반하는 데 편리하도록 다른 바다에서 사용되고 있는 것보다 약간 폭이 넓게 건조했다. 또한 어느 배나 조종하기 쉽도록[4] 만들었는데, 여기에는 배의 높

---

1) 즉 기원전 54년.
2) mare nostrum(우리들의 바다)의 역어.
3) 해협이 얕고 좁았기 때문일 것이라고 보는 견해도 있다.
4) 노를 저어도 되고 돛으로 항해해도 되도록 건조되었을 것이다.

이가 낮다는 것이 큰 역할을 했다. 배를 무장하는 데 필요한 것은 히스파니아로부터 가져오게 했다.

카이사르는 갈리아 키살피나에서의 순회재판을 끝내자 일리리쿰으로 갔다. 프로빈키아의 이웃 지방이 피루스타이(Pirustae) 족[5]의 침입으로 황폐화되었다고 들었기 때문이다. 그곳에 도착한 카이사르는 여러 부족들에게 병사를 내어 지정한 장소에 집결하라고 명했다. 피루스타이 족은 이 소식을 듣자 카이사르에게 사절을 보내 그 어떤 것도 공적인 책략에서 이루어진 것은 없다고 말하고 손해에 대해서는 모든 수단을 강구해 보상할 생각이라고 말했다. 카이사르는 그 말을 받아들이고 인질을 부과한 뒤 날짜를 정해 그들을 인도하게 하고 그대로 실행하지 않으면 그 부족을 섬멸하겠다고 말했다. 명령대로 지정된 날짜에 인질이 인도되고, 부족 사이에 중재자를 선정하여 손해를 평가하도록 하여 벌금을 결정했다.

2 이 일이 실행되고 순회재판도 끝나자 갈리아 키살피나로 돌아온 카이사르는 부대로 갔다. 카이사르는 그곳에 도착하여 동영지 전체를 돌아본 뒤, 모든 것이 부족했음에도 병사들이 놀랄 만한 열의로 앞서 말한 배 약 600척 외에 군함도 20척이나 건조하였고, 또한 그것이 며칠 안에 진수될 것이라는 사실을 알았다. 카이사르는 이 일의 감독자와 병사들을 칭찬하고, 또한 해주었으면 하고 바라는 것들을 말하게 한 뒤 모든 배를 이티우스(Itius) 항으로 집결시키라 명했다. 대륙에서 약 30마일[6] 떨어진 브리타니아로 건너가는 데에는 이 항구가 가장 편리하다는 것을 알고 있었기 때문이다.

배를 항구에 집결시키기에 충분하다고 생각되는 병력을 남기고 카

---

5) 일리리쿰 북쪽에 있던 부족으로 기원전 167년부터 로마와 우호 관계를 맺고 있었다.
6) 오늘날의 27.5마일에 해당한다. 현재 불로뉴-포크스톤(Boulogne · Folkestone)[29㎖.], 칼레-도버(Calais-Dover)[28㎖.]와 비교해 보면 대체로 이 측정이 정확하다고 할 수 있다.

이사르는 경무장한 4개 군단과 기병 800명을 거느리고 트레베리 족의 영지로 향했다. 트레베리 족이 회의에도 오지 않고 명령도 듣지 않으며, 또한 레누스 강 맞은편의 게르마니 인을 사주하고 있다는 소문 때문이었다.

3 트레베리 족은 모든 갈리 인 중에서 특히 기병이 강하고 많은 보병을 지니고 있었으며 앞서 서술한 대로 레누스 강변에 살고 있었다. 이 부족의 인두티오마루스(Indutiomarus)와 킹게토릭스(Cingetorix) 두 사람이 서로 수위首位를 다투고 있었다. 그 중 한 사람[7]이 카이사르와 군단이 온 것을 알자 곧 찾아와, 자신과 부하들은 모두 충성을 다하고 로마의 우정에 반기를 든 일이 없다고 단언하고 트레베리 족 사이에서 일어난 일을 이야기했다. 그렇지만 인두티오마루스는 보병과 기병을 모으고 나이 때문에 무장할 수 없는 자들[8]을 아르두엔나(Arduenna) 숲[9], 즉 레누스 강에서 트레베리 족의 영지를 거쳐 레비 족의 국경에까지 미치는 큰 숲에 숨기고 전쟁 준비를 시작했다.

그 후 트레베리 족의 몇몇 수령이 킹게토릭스의 세력에 동요되었거나, 아니면 로마 군이 왔다는 사실에 겁을 집어먹었거나, 아무튼 카이사르가 있는 곳에 나타나 부족의 안전을 기할 수 없다며 개인적으로 자기들의 일을 간청하기 시작했다. 그렇게 되자 인두티오마루스도 모두에게 버림받을까봐 두려움을 느끼고 사절을 카이사르에게 보내, "내가 무리를 떠나 카이사르에게 오지 못했던 것은 귀족들이 떠나면 무분별한 민중이 반란을 꾀할 것이었기 때문이다. 트레베리 족이 내 수중에 있지만, 만약 당신이 허락한다면 진지로 찾아가 부족도 재산도 당신의 보호하에 맡기고 싶다"고 제의했다.

---

7) 즉 킹게토릭스.
8) 노인들과 아이들.
9) 오늘날의 아르덴느(Ardennes)의 숲.

4 카이사르는 무엇 때문에 이런 말을 하는지, 또 그 책략이 어떤 사정 때문에 좌절되었는지 알고 있었지만 브리타니 인과의 전쟁 준비가 모두 갖추어져 있었기 때문에, 그 여름을 트레베리 족의 영지에서 허비하지 않으려고 인두티오마루스에게 200명의 인질을 데려오라고 했다. 이에 인두티오마루스의 아들과 친척 등 지명했던 자도 포함된 인질이 인도되자, 카이사르는 인두티오마루스를 달래며 충성을 다해 줄 것을 당부했다. 그러고 나서 트레베리 족의 유력자들을 모아 각각 킹게토릭스와 화해도 시켰다. 카이사르는 킹게토릭스의 공적에 비추어 그렇게 하는 것이 당연하다고 생각했고, 자신에 대한 호의가 가장 확실한 사람의 세력이 그 무리 가운데서 가장 강해지는 것도 중요한 일이라 보았다. 인두티오마루스는 카이사르의 이 행위를 동료들에 대한 자신의 영향력을 깎아내리는 처사로 보고 분노를 느꼈다. 그는 이전부터 로마에 대해 적의를 품고 있었는데, 이로 인해 로마에 대한 불만은 한층 더 커졌다.

5 카이사르는 이런 일들이 해결되자 군단을 이끌고 이티우스 항에 도착했다. 멜디(Meldi) 족[10]의 영지에서 건조된 60척의 배가 폭풍에 호되게 당해 항해를 계속하지 못하고 출발한 항구로 되돌아왔다고 들었다. 그 밖의 배들은 항해 준비를 하고 장비를 갖추고 있었다. 전 갈리아의 기병 4천 명과 부족의 수령들은 집결해 있었다. 그 중에서 카이사르에 대한 충직함이 분명한 약간 명만을 갈리아에 남기고 그 밖의 사람들은 인질로서 데리고 가기로 결정했다. 왜냐하면 자신의 부재시 갈리아에서 동란이 일어날까 두려웠기 때문이다.

6 인질 가운데에는 이미 이야기한 적이 있는 하이두이 족의 둠노릭스도 있었는데, 특히 그를 데리고 가기로 결정해 놓고 있었다. 카이

---

10) 오늘날의 모(Meaux) 지방에 살고 있던 부족.

사르는 그가 변혁을 좋아하고 지배욕이 강하며 대담하고 갈리 인 사이에 큰 세력을 가지고 있는 것을 잘 알고 있었기 때문이다. 하이두이 족의 회의에서 둠노릭스는 부족의 왕권을 카이사르에게서 받았다는 말을 하자 그 말에 하이두이 족은 분개했지만, 그것을 거부하거나 탄원하는 사절을 카이사르에게 보내지 않았던 일도 있었다. 카이사르는 그것을 손님에게서 들었다.

둠노릭스는 처음에는 항해에 익숙지 않아 바다가 두렵다라든지, 종교상의 일로 떠날 수 없다는 등 이런저런 말을 거듭하며 갈리아에 남아 있게 해 달라고 탄원했다. 이것이 완강한 거부에 부딪혀 잔류 가망성이 전혀 없게 되자 갈리 인의 유력자들을 꼬드기고, 또한 한 사람씩 불러 대륙에 머물라고 설득하기 시작했다. 그는 이유도 없이 갈리아의 모든 귀족이 자유를 잃게 될 리 없고, 또한 갈리 인이 보는 앞에서 죽일 수는 없으므로 모두 브리타니아로 데려가 죽이려는 것이 카이사르의 생각이라고 무섭게 위협하면서, 다른 사람들에게도 신의에 호소하여 갈리아에 유리하다고 생각되는 일에 협력할 것을 서약하게 하려고 했다. 이것은 많은 사람들을 통해 카이사르에게 전해졌다.

7 이것을 안 카이사르는, 하이두이 족에게 큰 권위를 부여한만큼 둠노릭스를 만류하지 않으면 안 되며, 그의 광기 어린 음모가 상당히 진전되고 있는만큼 국가나 자신에게 해가 미치지 않도록 주의해야겠다고 생각했다. 이 일 때문에 카이사르는 약 25일간 그곳에 머물렀다. 그곳에서는 북서풍이 사계절 내내 불고 있어서 항해도 할 수 없었지만, 카이사르는 둠노릭스로 하여금 충성을 다하도록 하면서 모든 책략을 알아내려고 했다.

적당한 날씨를 기다려 카이사르는 마침내 병사와 기병의 승선을 명했다. 모든 사람이 그 일에 열심히 매달리는 동안 둠노릭스는 하이두이 족의 기병을 거느리고 카이사르 몰래 진지를 빠져 나가 본국을 향해 떠났다. 카이사르는 출발을 중지시키고 만사를 연기시킨 다음 대부분의 기병으로 하여금 둠노릭스를 추적하여 붙잡아 오라고 명령했다. "내 앞에서도 명령을 무시하는 자가 내가 없을 때 충직하리라 생각할 수 없으므로, 무력을 사용하고 복종치 않으면 죽이라"고 명했다. 소환된 둠노릭스는 저항하며 무력으로 방어하면서 "나는 자유로운 몸이고, 자유로운 부족 사람이다"라고 몇 번이나 부르짖으며 동료들의 도움을 구했다. 기병은 명령받은 대로 둠노릭스를 에워싼 후 죽였다. 하이두이 족의 기병은 모두 카이사르 곁으로 돌아갔다.

8 이 일이 끝나자 라비에누스를 3개 군단 및 기병 2천 명과 함께 대륙에 남겨, 이들로 하여금 항구를 지키고 곡물의 공급도 감독하며 갈리아에서 일어나는 사건에 대해 시의에 적합한 대책을 강구토록 했다. 카이사르는 5개 군단과, 대륙에 남긴 기병과 같은 수의 기병을 거느리고 해질녘에 배를 내어 약한 서남풍[11]을 타고 전진했는데, 한밤중에 바람이 약해져 항해를 계속할 수 없었고 조수 때문에도 멀리 밀려가, 브리타니아는 왼쪽 후방에 있는 것을 일출시에 알게 되었다. 조수가 변하기를 기다려 지난해 여름에 아주 적합한 상륙 지점으로 보아 두었던 곳으로 가려고 힘껏 노를 저었다. 이에 대한 병사들의 노력은 실로 칭찬할 만한 것이었다. 무거운 수송선을 탄 병사들은 노 젓는 손을 늦추지 않고 군함과 속도를 맞추었다.

모든 배가 정오 무렵에는 브리타니아에 도착했는데, 그곳에서는 한 사람의 적도 볼 수 없었다. 카이사르가 뒤에 포로로부터 알게 된 바에 따르면, 적의 대군이 그곳에 집결해 있었으나 많은 아군의 배, 즉 지난해의 배에다 각자가 힘써 건조한 개인의 배[12]를 합쳐 족히 800척 이상의 배가 한꺼번에 나타난 데 겁을 먹고 집을 떠나 언덕에 숨

---

11) auster(남풍)와 favonius(서풍) 사이의 바람.
12) 이 원정에 참가한 상인들의 배였을 것이다.

었던 것이다.

9 카이사르는 부대를 상륙시키고 진지에 적합한 장소[13]를 선정한 뒤, 포로를 통해 적군이 있는 곳을 알아내고 코호르스 10개[14]와 기병 300명을 바다에 남겨 배를 수비하게 하고, 3경에 적을 향해 서둘러 떠났다. 배는 완만하고 넓은 해안에 닻으로 묶어 두었기 때문에 아무런 염려도 없었다. 배와 그 수비는 퀸투스 아트리우스(Quintus Atrius)에게 지휘토록 했다.

카이사르는 밤 사이에 약 12마일을 전진하여 적을 확인했다.[15] 적은 기병과 전차를 이용하여 언덕에서 강으로 나와 로마 군을 저지하며 도전해 왔다. 아군 기병에 쫓긴 적은 숲속에 숨고 자연과 인공으로 훌륭히 방비가 갖추어진 장소에서 은거했다. 그곳은 내란 때문에 일찍이 준비된 곳인 듯했다. 어느 입구나 많은 베어 낸 나무로 막아 놓았다. 적은 이따금 숲에서 나와 싸웠으나 로마 군을 보루 안에 들이지는 않았다. 제7군단의 병사들은 구갑진龜甲陣을 짜고, 보루를 향해 성벽을 만들어 그곳을 빼앗고 적을 숲에서 쫓아냈으나, 아군은 불과 몇 사람만 부상을 입었다. 하지만 카이사르는 패주하는 적을 너무 멀리 쫓지는 못하게 했다. 아군은 그곳의 지형을 모를 뿐만 아니라 날도 저물었기 때문이다. 카이사르는 진지를 구축할 여유는 남겨 두고자 했던 것이다.

10 다음날 아침 일찍 카이사르는 보병과 기병을 셋으로 나누어 패주한 자들을 추격하게 했다. 이들이 전진하여 적의 후미가 이미 보이

---

13) 상륙 지점은 전년보다 약간 북쪽의 딜 캐슬(Deal Castle)과 샌드위치 사이로 추정되고 있다. 따라서 그 진지도 워드(Worth) 부근의 구릉일 것으로 추측된다.
14) 10개의 코호르스가 1개의 레기오(legio)를 이루는데, 그렇게 부르지 않은 것으로 보아 이것은 정예의 혼성부대였을 것으로 추정된다.
15) 이 지점은 명확치 않다. 아마도 켄터베리(Canterbury) 부근의 그레이트 스투어(Great Stour) 강변으로 추정된다.

기 시작했을 때,[16] 퀸투스 아트리우스는 카이사르에게 전령을 보내 "전날 밤 큰 폭풍이 일어 거의 모든 배가 파괴된 채 해안으로 밀어닥쳐 닻도 밧줄도 견뎌 내지 못하였고, 수부水夫도 조타수도 폭풍의 힘에 대항할 수 없었다. 그리하여 배끼리 서로 충돌해 큰 손해를 입었다"고 말했다.

11 이러한 사실을 안 카이사르는 군단과 기병에게 행군의 중단과 재집결을 명령했다. 그리고 그 자신은 배가 있는 곳으로 돌아가 사자와 편지를 통해 안 사실을 눈으로 확인했다. 약 40척의 배를 잃었으나 다른 것들은 약간의 손질로 수리할 수 있을 것 같았다. 그래서 군단에서 공병工兵을 뽑고[17] 대륙에서도 사람들을 불러들이라고 명했다. 라비에누스에게도 휘하의 군단으로 가능한 한 많은 배를 건조하라고 편지를 써 보냈다. 어렵고 힘든 일이었지만 모든 배를 끌어들이고, 이것을 보루로 삼아 진지와 연결시키는 것이 가장 편리한 방책이라 생각했다. 병사들은 밤에도 쉬지 않고 일을 해 10일 정도 걸려 다 마쳤다. 배가 모두 끌어올려지고 진지도 훌륭히 다져지자 전에 배의 수비를 맡았던 부대만을 남겨 놓고 카이사르는 본래 장소로 급히 떠났다.

카이사르가 그곳에 도착했을 때에는 이미 각지에서 온 브리타니인 대부대가 협의한 뒤, 전쟁의 총지휘권을 카시벨라우누스(Cassivellaunus)에게 맡기고 있었다. 이자의 영지는 바다에서 약 80마일 떨어져 있고 타메시스(Tamesis)라 불리는 강[18]이 해변 부족과의 경계를 이루고 있었다. 일찍부터 카시벨라우누스와 다른 부족들 사이에는

---

16) 이것을 아군의 뜻으로 해석해 '아군의 마지막 병사가 아직 보이고 있을 때' 라고 번역하는 견해도 있다.
17) 이것으로 보면, 카이사르의 진중에는 공병 부대가 별도로 존재했다고 생각되지 않는다.
18) 오늘날의 템즈(Thames) 강.

끊임없는 전쟁이 있었다. 그러나 로마 군의 내습에 겁을 먹은 브리타니 인은 카시벨라우누스에게 전쟁의 총지휘권을 맡긴 것이다.

12[19] 브리타니아의 내지에는 선주민先住民의 후예들이 대를 물리며 살고 있었고, 해안에는 약탈과 전쟁을 위해 벨가이[20]에서 와 (이 사람들은 부족을 떠나 이곳으로 왔는데, 거의 모두 그 부족의 이름으로 불리고 있었다) 전쟁을 하고, 그곳에서 토지를 경작하기 시작한 자들이 살고 있었다.

셀 수 없을 정도로 많은 사람과 집들이 있었고, 그 집들은 갈리 인의 집과 아주 흡사했다. 가축도 많았으며 일정한 무게를 지닌 구리나 쇠고리[21]를 화폐[22]로 사용하고 있었다. 내륙에서는 주석이, 해변에서는 철이 생산되었으나 그 양은 적었으며 구리는 수입해다 썼다. 너도밤나무와 전나무를 제외하고 갈리아에 있는 모든 종류의 나무가 다 있다.[23] 토끼나 닭, 거위를 먹는 것은 좋지 않다고 생각했으나 애완용이나 도락을 위해 기르고 있었다. 기후는 갈리아보다 온화하여 덜 추웠다.

13 섬은 삼각형 모양이었고 그 한쪽 면은 갈리아와 마주 보고 있었다. 이 면의 한 모퉁이는 갈리아에서 출발하는 거의 모든 배가 거쳐야 하는 칸티움(Cantium)[24]에 있었으며, 동쪽을 바라보고 있었다. 아래쪽 모퉁이는 남향이었다. 이 면은 약 500마일에 이른다. 다른 면은 히스

---

19) 이 부분은 후세에 삽입한 것이 아닌가 하는 의문이 있다.

20) 이곳이 갈리아 벨기카(Gallia Belgica)의 일부, 즉 오늘날의 보베(Beauvais), 아르투아(Artois), 아미앵(Amiens) 부근이라는 주장도 있지만 확증은 없다.

21) 화폐가 유통된 동부 또는 동남부를 제외한 다른 지역에서 많이 발굴되었다. 그 중량은 4단계로 나뉘어 있었다.

22) 오늘날 발견되는 동전 가운데 가장 오래된 것이 이보다 약간 아래 연대에 해당한다. 또 그들이 카이사르의 침입 150년 전에 이미 금화金貨를 사용하였던 것도 증명되었다.

23) 이 기술은 앞의 주석, 쇠의 기록과 함께 다소 수정이 필요하다. 그 산물을 구역별로 한정지은 것도 옳지 않거니와, 제외된 수목도 풍부하게 존재하였던 것이다.

24) 오늘날의 켄트(Kent).

파니아를 향해 서쪽으로 뻗쳐 있었다. 이 방향으로 브리타니아의 반 정도로 생각되는 히베르니아(Hibernia) 섬[25]이 있는데, 그 거리는 갈리아에서 브리타니아까지의 거리와 같았다. 그 중간에 모나(Mona)라 불리는 섬[26]이 있었고, 그 밖에도 수많은 작은 섬들이 있었다. 이들 섬에서 동지 무렵에는 밤이 30일 간이나 계속된다는 기록도 있다. 그것에 대해 우리도 조사했으나, 대륙보다 밤이 짧은 사실을 물의 정확한 측량[27]으로 안 것 이외에는 아무것도 알아낼 수 없었다. 사람들의 견해에 따르면 이 면의 길이는 700마일이었다. 북향의 제3면에는 아무런 토지도 없었고, 모퉁이들은 거의 게르마니아를 향하고 있었다. 따라서 이 섬의 둘레는 2천 마일로 추정된다.

14 이곳의 여러 부족 가운데 가장 문화적인 부족은 칸티움에 살고 있는 부족으로, 해변에 위치한 그 지방의 풍습은 갈리아와 그다지 다르지 않았다. 내지에 사는 부족들은 곡식을 거의 파종하지 않고 젖과 고기로 생활하면서 짐승 가죽을 입었다.[28] 브리타니 인은 모두 대청大靑[29]으로 몸을 파랗게 물들이기 때문에 전장에서 무섭게 보였다. 머리카락은 길게 기르고 윗입술을 제외한 온몸의 털을 깎아 냈다. 10인 또는 12인씩, 특히 형제나 부자父子 사이에 공동의 아내가 있었고,[30] 거기에서 태어난 아기는 처녀로서 최초로 잠자리를 같이한 사람의 자식으로 간주되었다.

15 적의 기병과 전차는 행군중인 아군의 기병과 격렬한 전투를 벌

---

25) 오늘날의 아일랜드.

26) 오늘날의 맨(Man) 섬.

27) 로마에서 이전부터 사용하였던 물시계(clepsydrae)다. 일반적으로는 진중의 경계병 교대 시간을 측정하기 위해 사용하였다.

28) 오늘날의 고고학적 성과는 이 기술의 오류를 증명하고 있다. 곡물도 있고, 마직물도 존재 하였다는 것이다.

29) vitrum — 이 풀에서 청색 염료를 뽑아 냈다.

30) 이러한 일처다부제(polyandry)의 관습은 갈리 인에게는 없었다.

였다. 도처에서 우세를 보인 아군은 적을 숲과 언덕으로 몰아넣었다. 많은 적을 살해하였으나, 너무 열심히 쫓아간 약간 명의 아군을 잃었다. 잠시 후, 아군이 경계심을 풀고 진지 구축에 힘쓰고 있는 동안 불시에 숲에서 나온 적들이 진지 앞을 경비하고 있던 아군을 습격하고 격렬한 기세로 몰아붙이자 카이사르는 2개 코호르스를 보내 아군을 돕게 했다. 2개 군단의 제1코호르스인 이들은 서로간에 약간의 거리밖에 두지 못했지만 새로운 전술에 놀란 적은 대담하게 아군의 중앙을 뚫고 안전하게 퇴각하였다. 그날 천부장인 퀸투스 라베리우스 두루스(Quintus Laberius Durus)가 살해되었다. 카이사르는 많은 코호르스를 계속 보내 적을 격퇴시켰다.

■16 아군의 모든 병사가 보고 있는 진지 앞에서 전투가 벌어졌는데, 무거운 무장 때문에 퇴각하는 적을 쫓을 수도 또 부대기를 떠날 수도 없는 아군의 이러한 전투 방식이 이들과의 전투에 맞지 않다는 것을 알게 되었다. 적은 훌륭한 계략으로 퇴각하고, 아군의 기병이 군단에서 조금 떨어지면 전차에서 뛰어내려 도보로 자신들에게 유리한 싸움을 하였으므로 아군의 기병이 위험하다는 것도 알게 되었다.

적 기병의 전술은 퇴각시에도, 쫓을 때에도 똑같은 위험을 아군에게 안겨 주었다. 적이 결코 밀집하지 않고 뿔뿔이 흩어져 큰 간격을 두고 싸우고, 부대를 각기 다른 장소에 배치하여, 힘 있고 기운찬 새 병력으로 피로한 자를 대신하도록 계속 교체하는 사정도 여기에 있었다.

■17 이튿날, 진지에서 멀리 떨어진 언덕에 분산된 채 모습을 나타낸 적은 전날보다 천천히 아군에게 도전해 왔다. 카이사르는 3개 군단과 기병 전체를 부장 가이우스 트레보니우스(Gaius Trebonius)[31]와 함께

---

31) 후에 카이사르 암살자의 한 사람이 되었다.

식량과 마초馬草의 징발을 위해 내보냈는데, 정오 무렵 부대기나 군단에 아랑곳없이 적들은 불시에 사방에서 징발대를 습격하였다.

아군은 격렬히 공격해 적을 패주시키고, 지원에 의존하는 기병은 자기 뒤에 군단이 보이는 한 추격을 그치지 않고 쏜살같이 적을 쫓아가 많은 적을 죽이고, 적들이 재집결하거나 멈춰 서거나 또는 전차에서 뛰어내릴 기회도 주지 않았다. 각지에서 모인 구원병들도 이 패주를 알자 곧 떠났고, 이 이후 적이 많은 병사를 내어 아군과 싸운 적은 없었다.

18 적의 책략을 안 카이사르는 부대를 타메시스 강에서 카시벨라우누스의 영지로 진입시켰다. 이 강에는 도보로 건널 수 있는 곳이 겨우 한 군데밖에 없었다. 그곳에 이르자 적의 대군이 맞은편 강가에서 전투태세를 취하고 있는 것이 보였다. 그들은 강변에 뾰족한 말뚝을 박아 단단히 고정하고 강물 속에도 같은 종류의 말뚝을 숨겨 놓았다.

탈주자와 포로를 통해 이것을 안 카이사르는 기병을 먼저 보내고, 군단에게는 곧 뒤따르라 명령했다. 병사들은 머리만 물 위로 내놓은 채 신속하고 맹렬하게 진격하였고, 적은 군단과 기병의 공격을 지탱하지 못하고 강변을 떠나 패주했다.[32]

19 앞서 말한 대로 카시벨라우누스는 항전의 희망을 완전히 잃고 많은 부대를 해산시킨 뒤 약 4천 대의 전차만을 남겨 로마 군의 행군을 지켜보면서 길에서 약간 벗어나 장애물이 많은 울창한 곳에 숨었다. 카시벨라우누스는 로마 군의 전진 방향으로 예측되는 지역의 가축과 사람들을 토지에서 숲으로 몰아넣고, 로마 군의 기병이 그 지역에 흩어져 마음껏 약탈과 파괴를 하려 한다면, 잘 아는 길이나 통로를 이용하여 전차를 숲에서 끌어내 로마 군의 기병을 매우 위험한 궁지

---

32) 이 지점에 대해서도 논쟁이 있지만 오늘날에는 대체로 코웨이 스테이크스(Coway Stakes)나 브렌포드(Brentford)로 추정되고 있다.

에 몰아넣으면서 싸움으로써 아군에게 공포심을 불러일으켜 로마 군이 널리 돌아다니며 황폐화시키는 것을 막으려 했다. 그래서 카이사르는 부하들로 하여금 군단의 대오에서 멀리 떨어지지 못하도록 하고, 행군하는 도중에 가능한 범위 내에서 토지를 황폐화시키고 불을 질러 적에게 손해를 입히라고 명령했다.

20 그 사이에 이 지방에서 가장 유력한 부족으로 생각되는 트리노반테스(Trinovantes) 족[33](그곳에서 젊은 만두브라키우스(Mandu-bracius)가 카이사르의 보호를 구하기 위하여 대륙(갈리아)으로 왔다. 그 아버지인 이니아누베티티우스(Inianuvetitius)는 부족의 왕권을 장악하고 있었으나 카시벨라우누스에게 살해되었다. 만두브라키우스는 도망쳐 죽음을 면했다)이 카이사르에게 사절을 보내 항복하고 명령의 실행을 약속했다. 그들은 카시벨라우누스의 난폭한 행위로부터 만두브라키우스를 보호하고 부족의 우두머리가 되어 통치할 사람을 보내 달라고 탄원했다. 카이사르는 40명의 인질과 군대의 식량을 요구하고, 만두브라키우스를 되돌려보냈다. 그들은 명령을 신속히 실행하여 지정된 수만큼의 인질과 식량을 보내 왔다.

21 트리노반테스 족이 병사들의 난폭한 행위로부터 완전히 보호받게 되자 케니마그니(Cenimagni) 족, 세곤티아키(Segontiaci) 족, 안칼리테스(Ancalites) 족, 비브로키(Bibroci) 족, 카시(Cassi)[34] 족도 사절을 보내 카이사르에게 항복했다. 이들로부터 카이사르는 카시벨라우누스의 도시[35]가 그리 멀지 않고, 숲과 늪지로 방비가 단단히 된 그곳에 많은 수의 가축과 사람들이 모여 있다는 것을 확인했다.

---

33) 오늘날의 에섹스(Essex) 및 서퍼크(Suffolk) 남부에 살고 있던 부족.
34) 모두 브리타니아 남부의 부족이나, 거주지는 정확히 알 수 없다.
35) 이곳의 여러 가지 조건에 가장 잘 들어맞은 곳을 세인트 올번스(St. Albans) 서쪽의 베룰람(Verulam; Verulamium)으로 추정하고 있지만 명확치는 않다.

브리타니 인은 보통 장애물이 많은 숲에 보루나 호를 만들어 방비를 단단히 할 수 있게 되면 이를 '도시'라 칭하고 적의 침입을 피하여 그곳에 집결했다.

카이사르는 군단을 이끌고 그곳으로 향했다. 그 장소는 자연과 인공으로 교묘히 방비되어 있었다. 그러나 카이사르는 이곳을 두 방향에서 습격했다. 적은 잠시 저항했지만 아군의 공격을 이겨내지 못하고 도시의 맞은편으로 뛰쳐나갔다. 여기에서는 수많은 가축이 발견되었고 많은 적들이 패주 도중에 아군에게 잡혀 죽었다.

22 이 지방에서 이런 일이 일어나고 있는 동안에 카시벨라우누스는 킹게토릭스, 카르빌리우스(Carvilius), 탁시마굴루스(Taximagulus), 세고박스(Segovax) 등 네 명의 왕이 분할 통치하는, 바다에 면해 있다고 이미 서술하였던 칸티움에 사자를 보내 부대 전체를 규합해 해안의 로마 진지를 불시에 습격하라고 명했다. 이들이 진지를 내습하자 아군은 돌격해 많은 자를 살해하고, 귀족 출신의 장군 루고토릭스(Lugotorix)를 사로잡은 뒤 무사히 귀환했다.

이 소식을 들은 카시벨라우누스는 자기들도 패배당하여 영지가 황폐화되면, 부족이 등을 돌릴지 모른다는 두려움 때문에, 아트레바테스 족의 콤미우스를 통해 항복 사절을 카이사르에게 보냈다. 카이사르는 갈리아에서의 돌발 사고에 대비하여 대륙에서 동영하기로 이미 결정해 놓고 있었고, 여름도 얼마 남지 않은 시점에서 일을 질질 끌게 될지도 모른다는 우려에서[36] 이들에게 인질을 부과하고, 매년 브리타니아가 로마에 지불해야 할 조세를 정하고, 카시벨라우누스로 하여금 만두브라키우스와 트리노반테스 족에게 난폭한 행위를 하지 못하도록 하는 금령禁令을 내렸다.

---

36) 카이사르는 이때 아마도 딸 율리아(당시 폼페이우스의 아내였다)가 죽었다는 소식을 듣고 있었을 것으로 생각된다.

기원전 54년의 제2차 브리타니아 원정

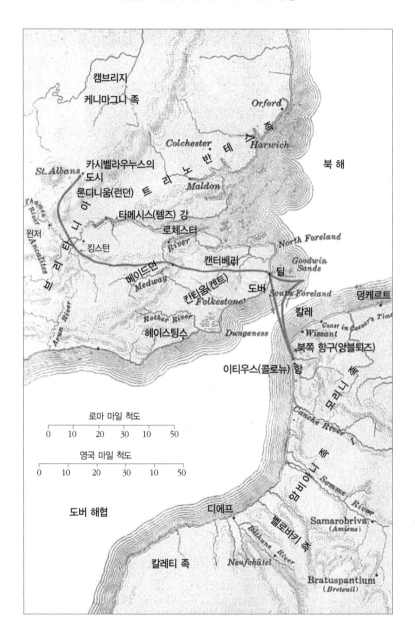

케니마그나 족

캠브리지

Orford

케니마그나 족

Colchester

Harwich

테

반

북 해

St. Albans

카시벨라우누스의 도시

노

론디니움(런던) 트

Maldon

타메시스(템즈) 강

원저

킹스턴

로체스터

North Foreland

메이드던

캔터베리

Goodwin Sands

딜

Medway

North Foreland

칸티움(켄트)

Folkestone

도버

South Foreland

덩케르트

Rother River

칼레

헤이스팅스

Dungeness

Wissant

북쪽 항구(앙블퇴즈)

이티우스(콜로뉴) 항

Canche River

로마 마일 척도

0 10 20 30 10 50

영국 마일 척도

0 10 20 30 10 50

도버 해협

디에프

Somme River

Samarobriva (Amiens)

벨로바키 족

칼레티 족

Neufchâtel

Bratuspantium (Breteuil)

23 인질을 취한 후 부대를 바다로 되돌렸는데, 배는 수리되어 있었다. 배를 진수시키자 포로가 많고 배 몇 척이 폭풍에 파손된 사실이 발견되었으므로 두 차례로 나누어 돌아가기로 했다. 그것은 다음과 같은 사정에서 행해졌다.

많은 배가 항해를 거듭했는데, 병사를 실은 배는 작년에도 금년에도 모두 그대로였으나 앞선 항해에서 병사를 상륙시키고 난 후 빈 채로 대륙으로부터 카이사르에게 송환된 것은 거의 없었으며, 라비에누스가 뒤에 건조시킨 60척 가운데서도 극히 일부만이 목적지에 도착하고 다른 배들은 모두 되돌아가고 말았던 것이다. 카이사르는 이 배들을 오랫동안 기다렸으나 허사였고, 추분도 가까워지고 있었으므로 시기를 놓쳐 항해를 못 하게 될까봐 두려워하여 어쩔 수 없이 병사들을 밀집시켜 바람이 멎고 잔잔해질 때를 기다려 2경이 시작될 무렵 출범하여 새벽에 육지에 도착하고, 모든 배를 무사히 도착시켰다.

2. 북쪽에 위치한 여러 부족의 모반

24 이해에 갈리아에서는 가뭄으로 곡물이 풍부하지 못하였으므로 배를 끌어올리고 나서 갈리 인 회의를 사마로브리바(Samaro-briva)[37]에서 열고, 작년과는 다른 동영지에 부대를 두고 몇 개 부족에 군단을 할당하지 않으면 안 되었다. 그 하나를 부장 가이우스 파비우스(Gaius Fabius)에게 지휘시켜 모리니 족의 영지로 진입하게 하고, 두번째의 것은 퀸투스 키케로(Quintus Cicero)[38]로 하여금 네르비 족의 영지에서, 세번째의 것은 루키우스 로스키우스(Lucius Roscius)로 하여금 네

---

37) 암비아니 족의 도시. Samarabriva가 정확한 철자일 듯하다. 오늘날의 아미앵.
38) 유명한 키케로의 동생으로 카이사르의 부장이었다.

카이사르 시대의 갈리아 제부족

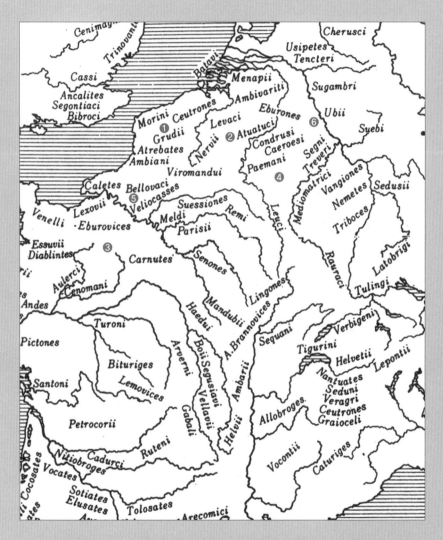

1. Gaius Fabius
2. Quintus Cicero
3. Lucius Roscius 네수비족

4. 티투스 라비에누스
5. 3개군단 : 크라수스, 플란쿠스, 트레보리우스
6. 1개 군단, 5개 cohort 사비누스, 코타

수비 족의 영지에서, 네번째의 것은 티투스 라비에누스로 하여금 레미 족의 영지로 들어가 트레베리 족과의 국경에서 각각 동영하게 했다. 3개 군단은 벨로바키 족의 영지에 두고 이것을 재무관 크라수스[39]와 부장 루키우스 무나티우스 플란쿠스(Lucius Munatius Plancus)와 부장 가이우스 트레보니우스에게 지휘하게 했다. 조금 전에 파두스(Padus) 강[40] 북쪽에서 징집한 1개 군단[41]과 코호르스 5개는 에부로네스 족의 영지로 보냈다. 에부로네스 족의 영지는 주로 모사 강과 레누스 강 사이에 있었고 암비오릭스(Ambiorix)와 카투볼쿠스(Catuvolcus)가 지배하고 있었다. 이들 병사는 부장 퀸투스 티투리우스 사비누스와 부장 루키우스 아우룬쿨레이우스 코타를 시켜 지휘하게 했다.

이렇게 군단을 분할해 두면 곡물 공급 부족을 쉽게 보충할 수 있을 것이라고 카이사르는 생각했다. 가장 평화롭고 조용한 지방으로 가도록 루키우스 로스키우스에게 편의를 보아 준 것을 제외하면 군단의 동영지는 모두 100마일 이내에 있었다.[42] 카이사르는 군단이 정해진 위치에 이르러 동영지를 구축할 때까지 갈리아에 머물기로 했다.

25 타스게티우스(Tasgetius)는 카르누테스 족의 고귀한 귀족 태생으로, 그 조상은 부족의 왕이었다. 카이사르는 모든 전쟁에서 타스게티우스의 눈부신 활동을 본 후 이 사람의 무용과 자기에 대한 충성에 대한 보답으로 그를 조상의 왕위에 올려놓았다. 하지만 타스게티우

---

39) M. 크라수스의 아들, 푸블리우스 크라수스의 형.

40) 오늘날의 포(Po) 강.

41) 우리는 카이사르가 적어도 기원전 54년에는 8개 군단을 가지고 있었다는 사실을 알고 있다. 즉 그는 갈리아에 올 때 적어도 4개 군단을 지녔으며, 같은 해에 2개를 증가시켰고, 그 이듬해에 또 2개를 증가시켰던 것이다. 그런데 여기에서 볼 수 있는 poxima라는 말에서 또 한 개의 증가를 상상하면 코호르스 5개라는 것은 살아 남은 노병으로, 군단의 실제 숫자는 모두 8개 반이 아니었을까. 사비누스의 이 1개 반의 군단은 이해 가을에 전멸하고, 이듬해 3개 군단이 배로 징집되어 기원전 53년에는 모두 10개가 되고 있다. 여하튼 이 경우에 군단의 내용은 명확하지 않다.

42) 100마일 안에 다른 진지들이 있었다.

스는 통치 3년째인 금년에는 많은 적이 공공연히 반역하고 또한 카르누테스 족에 의해 부족에서 쫓겨났으며, 결국 그 주모자에게 살해되었다. 이 사건은 카이사르에게도 통지되었다. 이 사건에는 다수가 관련되어 있었기 때문에 이들의 선동으로 부족이 모반할까 두려워진 카이사르는 루키우스 플란쿠스에게 벨가이에서 카르누테스 족의 영지로 들어가 그곳에서 동영하면서 타스게티우스를 모살했다고 생각되는 자를 잡아 보내라고 명했다. 그 사이에 카이사르는 군단을 맡은 부장과 재무관들로부터 각각 동영지에 도착하여 진지를 구축했다는 연락을 받았다.

26 동영지에 도착한 지 15일쯤 지났을 때, 뜻밖에도 모반이 암비오릭스와 카투볼쿠스에 의해 빚어졌다. 두 사람은 자신의 왕국에 사비누스와 코타를 맞아들이고 곡물을 동영지에 반입했지만, 트레베리 족의 인두티오마루스가 보낸 사자의 사주를 받아 동료들을 꾀어 낸 후 나무를 잘라내고 있던 병사들을 습격하고, 다시 대대적으로 진지를 내습했다.

아군이 무기를 들고 신속히 보루에 올라가는 한편 히스파니아의 기병을 보내 기병전에서 승리를 거두자, 단념한 적은 병사들을 철수시켰다. "로마 군에서 누군가가 협의해서 나오길 바란다. 공동 관심사에 관해 말하고 싶은 것이 있다. 이것으로 다툼을 중지하고 싶다"고 적은 자기들의 풍습에 따라 호소해 왔다.

27 로마의 기사로, 티투리우스 사비누스의 친구였던 가이우스 아르피니우스(Gaius Arpinius)와 히스파니아 태생으로 전에 카이사르가 몇 번인가 암비오릭스에게 파견한 바 있었던 퀸투스 이우니우스(Quintus Iunius)를 협의차 에부로네스 족에게 보냈다. 암비오릭스는 그에게 다음과 같이 이야기했다.

"고백하지만 나에 대한 카이사르의 호의에는 깊이 감사하고 있다.

카이사르의 공작으로 내가 이웃의 아투아투키 족에게 바치고 있던 공물에서 해방되고, 내 아들과 형제의 아들이 카이사르에 의해 송환되었다. 아투아투키 족은 인질로 보내 온 자들을 노예로서 쇠사슬에 매어 놓았다. 진지를 습격한 행위는 내 판단이나 의욕에 의한 것이 아니라 부족 사람들이 졸라대 저지른 일이다. 부족에 대한 내 지배권이 이런 상황으로, 나의 일동에 대한 권리 못지않게 일동도 나에 대한 권리를 지니고 있다. 또 부족에게서 전쟁이 일어났던 원인은 갈리 인들의 돌발적인 음모에 저항할 수 없었기 때문이다. 이것은 나 자신의 무력無力함에서도 쉽게 증명된다. 내 부대로 로마 군에게 승리할 수 있다고 생각할 만큼 정세에 어둡지는 않다. 그러나 이것은 갈리아 전체의 책모다. 어떤 군단도 다른 군단을 도울 수 없도록 카이사르의 동영지 전체를 습격하기로 결정한 날이 오늘이다. 특히 갈리아 전체의 자유를 회복하려는 책모가 시작되었으므로 갈리 인은 갈리 인으로서의 책임을 쉽게 부인할 수는 없을 것이다. 그러나 이제 그 애국심을 만족시켰기에 이번엔 카이사르의 호의에 대한 의무를 생각해 보겠다. 티투리우스에게는 우정에서 그 자신과 병사들의 안전을 고려하는 것이 좋겠다고 진심으로 권한다. 게르마니 인의 대부대가 고용되어 레누스 강을 건넜다. 이들은 이틀 후에 나타날 것이다. 가까운 곳에 있는 사람들이 알기 전에 동영지에서 군사를 내어 키케로 쪽으로 가는 것이 좋은지, 그렇지 않으면 라비에누스 쪽으로 가는 것이 좋은지는 그쪽의 판단에 맡기겠다. 키케로 쪽은 약 50마일, 라비에누스 쪽은 조금 더 멀리 떨어져 있다. 에부로네스 족의 영지를 안전하게 통과하는 것만큼은 약속하고 맹세를 통해 보증하겠다. 그렇게만 된다면 나는 동료들을 로마 군의 동영冬營에 따른 부담에서 구해 내 부족을 위하는 일이 되고 또한 카이사르의 공에도 보답하는 일도 된다."

28 아르피니우스와 이우니우스는 그 내용을 부장에게 전했다. 부

장은 뜻밖의 사건에 당황하면서 적의 이야기지만 무시해서는 안 되겠다고 생각했다. 에부로네스 족과 같은 무력하고 하찮은 부족이 로마에 도전한다는 것은 확실히 어불성설이었으므로 오히려 심한 두려움을 느꼈다. 그 문제를 회의에 올리자 사람들 사이에 격렬한 논쟁이 벌어졌다.

루키우스 아우룬쿨레이우스와 여러 명의 천부장, 일급 백부장들은 "무모한 행동은 삼가야 하며, 카이사르의 명령 없이 동영지를 떠나서는 안 된다"고 말했다. 그들은 또, "게르마니 인이 아무리 대군이더라도 동영지의 보루로 막을 수 있다. 적의 첫 공격을 용감히 저지하고 이들에게 많은 부상을 입힌 것이 그 좋은 증거다. 곡물 공급 문제는 절박하지 않다. 머지않아 가까운 동영지나 카이사르로부터 원군이 올 것이다"라고 덧붙였다. 그들은, "요컨대 적이 말하는 것을 그대로 믿고 중대 문제로 받아들이는 것만큼 어리석고 시시한 일은 없을 것이다"라는 말로 이야기를 끝맺었다.

29 이에 대해 티투리우스는, "적의 대군이 게르마니 인과 합류하든지 혹은 가까운 동영지에서 어떤 재난이라도 일어난다면 그때는 이미 손을 쓸 수가 없다. 서로 이야기하고 있을 여유도 없다. 카이사르는 이탈리아로 갔을 것이다. 그렇지 않았다면 카르누테스 족이 타스게티우스를 죽이지 않았을 것이다. 카이사르가 있다면 에부로네스 족이 로마 군을 무시하고 진지를 습격하는 일도 없었을 것이다. 적을 생각해서가 아니라 사실이기 때문에 말하는 것이다. 레누스 강은 가깝다. 아리오비스투스의 죽음과 이때까지의 로마 군의 승리는 게르마니 인에게는 큰 고통이었다. 갈리아도 로마에게 여러 번 참패한 후 그의 지배를 받게 된 일과 옛날의 무명武名을 잃은 사실에 대해 노여움을 품고 있다"고 외쳤다. 그는 계속해서, "요컨대 암비오릭스가 아무런 믿는 바도 없이 이런 일을 계획했다고 누가 납득할 수 있겠는

가? 내 의견은 어쨌든 안전한 것이다. 어려운 일이 없다면 위험 없이 가장 가까운 군단에 도착할 수 있을 것이다. 만약 전 갈리아가 게르마니 인과 공모한다면 신속한 조치만이 유일한 구원책이다. 나와 의견을 달리하는 사람이나 코타의 생각은 어떤 결과를 낳을 것인가? 절박한 위험은 없다 해도 오랜 포위 공격에서 비롯되는 굶주림은 정녕 무서운 것이다"라고 말했다.

30 양자 모두 의견을 굽히지 않고, 코타와 일급 백부장들이 격렬히 반대하므로 사비누스는 "마음대로 하라"고 말했다. 그는 또한 많은 병사들이 들을 수 있을 만큼 큰 소리로, "여기에 있는 모든 사람들 가운데 내가 죽음의 위험을 가장 두려워하고 있는 것은 아니다. 하지만 이제 알겠다. 어떤 재난이 닥친다면 그 책임은 자네들에게 있다. 자네들만 좋다면 내일 모레라도 가장 가까운 동영지와 합류해 다른 동료들과 전운戰運을 함께할 수 있다. 동료들에게서 멀리 떨어져 전사하거나 굶어 죽는 일도 없을 것이다" 하고 말했다.

31 회의는 결렬되었지만 사람들은 두 사람을 만류하면서 "사태를 최악의 상태로 몰고 가지 말아 달라"고 요청했다. "머물든 나아가든 모두 같은 생각에서 같은 행동을 하면 일이 쉽지만 반대로 다투고만 있으면 아무런 구원책이 없다"고도 말했다. 논의를 거듭한 끝에 한밤중이 되어서야 마침내 코타가 마음을 움직여 양보하고 사비누스의 견해에 따랐다.

이로서 새벽에 행동을 개시한다고 통지되었다. 병사들은 자신의 소지품이나 동영 준비품 중에서 가지고 갈 수 있는 것과 내버려야 할 것 등을 가리느라 자지 못한 채 그날 밤을 꼬박 새웠다. 그리하여 비극의 모든 준비가 갖추어졌다.[43] 위험을 무릅쓰지 않고서는 이미 머

---

43) 숙명적인 사태의 움직임에 대한 엄숙한 표현이리라.

무를 수가 없었으며, 병사들의 피로와 불면不眠으로 위험도 점점 커져만 갔다. 새벽에는 그 충고가 적으로부터가 아니라 친밀한 사람 암비오릭스로부터 받은 것으로 착각한 까닭에 긴 대오를 이룬 채 큰 짐을 지고 진지를 떠났다.

32 밤중의 소란과 밤을 새운 사실로써 아군의 출발을 추측한 적은 약 2마일 떨어진 숲의 적당한 은신처에 복병을 둘로 나누어 배치하고, 로마 군이 도착하기를 기다렸다. 대부분의 아군이 깊은 골짜기로 내려서자, 적은 계곡 양쪽에서 불시에 나타나 아군의 후미를 압박하면서 올라오는 선두를 저지하고, 아군에게 몹시 불리한 장소에서 전투를 시작했다.

33 아무것도 예측하지 못한 티투리우스는 당황하여 부산을 떨면서 군사들을 모으려 했으나, 두려움 때문에 어떻게 해야 할지 전혀 갈피를 못 잡는 듯했다. 이러한 일은 분별없이 행동하는 사람에게 흔히 있는 일이다. 이런 일이 행군중에 일어날지도 모른다고 생각은 했으나 출발할 때 조언하지는 않았던 코타가 아군의 구원자를 자청했다. 그는 지휘관으로서 병사들에게 호소하며 격려하고, 군인으로서 전투에 최선을 다하였다.

대오가 너무 길어 코타와 티투리우스만으로는 모든 일을 지휘하기도 어렵고 여기저기 요소요소에 필요한 것들을 제공하기도 힘들어 군수 물자를 버리고 원진을 만들라고 명령했다. 이 경우에 그러한 조치는 비난해야 할 것은 아니지만, 결과는 비참했다. 커다란 공포와 절망이 없다면 그런 일은 할 수 없을 것이므로 그 일은 아군의 희망을 꺾어 놓았고 동시에 적의 전의를 북돋웠던 것이다. 나아가 많은 병사가 부대기를 떠나 각자의 짐 속에서 자신의 귀중품을 찾았으며, 어느 곳이든 절규하는 소리와 탄식 소리로 가득 찼다.

34 야만인들은 큰 책략을 썼다. 적의 지휘관은 모든 병사들에게,

"그 누구도 자신의 위치를 떠나서는 안 된다. 전리품은 각자의 것이다. 로마 군이 남긴 것은 어떤 것을 취해도 무방하다. 그러므로 이 모든 일은 모두 전투에서의 승리에 달려 있다고 생각하라"는 지시를 내렸다.

이 전쟁은 병력 수나 무용면에서 대등했다. 하지만 아군은 지휘관과 행운에게 버림받았지만 여전히 구원의 희망을 무용에 걸고 있었으며, 각 코호르스가 돌진할 때마다 다수의 적이 죽었다. 이것을 본 암비오릭스는 멀리서 텔라를 던질 것과 가까이 접근하지 말 것, 그리고 로마 군이 나오면 퇴각할 것 등을 명했다. 적은 가벼운 무장과 평상시의 훈련으로 부상을 입지 않고 아군이 부대기로 철수할 때면 바싹 따라왔다.

35 그 지령은 충실히 지켜져 어느 코호르스가 원진을 이탈해 나와도 적은 금세 뒤로 후퇴했다. 그 사이에 원진의 그 부분은 무방비 상태가 되고, 그 노출된 부분으로 적의 텔라가 날아왔다. 아군이 나왔던 곳으로 되돌아가면 뒤로 후퇴했던 적이나 가까이에 있던 적이 포위했다. 원진을 고수할 경우에는 무용을 발휘할 수도 없고 다수의 적이 던지는 텔라를 피할 수도 없었다. 이처럼 아군은 곤경과 싸우고 부상자도 많았지만, 그날 내내 저항을 계속하여 새벽부터 8시[44]까지 싸웠다. 그러나 누구도 부끄러운 짓은 하지 않았다.

지난해의 백두장두로 용기도 있고 존경도 받고 있었던 티투스 발벤티우스(Titus Balventius)는 양 허벅지가 창에 관통되고, 같은 백두장두인 퀸투스 루카니우스(Quintus Lucanius)도 포위된 자기 자식을 구하려고 용감히 싸우다가 죽었다. 부장 루키우스 코타는 각 코호르스와 병사들을 격려하다가 투석으로 얼굴에 부상을 입었다.

---

44) 오후 2시가 지나서.

36 사태에 놀란 퀸투스 티투리우스는 멀리서 부하를 격려하는 암비오릭스의 모습을 확인하자 통역자인 그나에우스 폼페이우스[45]를 암비오릭스에게 보내 자신과 병사들의 목숨을 애걸했다. 애원을 들은 암비오릭스는, "협의하고 싶다면 그렇게 하겠다. 병사들의 목숨을 살리고 싶으면 모두에게 요청하기 바란다. 티투리우스에겐 해를 끼치지 않겠다. 그에 대해서는 신의를 지키겠다"고 답했다. 티투리우스는 부상당한 코타에게, "잠시 전투 지역을 떠나 암비오릭스와 협의하는 것이 좋겠다. 우리들과 병사들의 구원을 암비오릭스에게 부탁해야 하지 않겠는가?" 하고 말했다. 코타는 무장한 적에게 가고 싶지 않다며 끝내 승낙지 않았다.

37 사비누스는 자기 곁에 있던 천부장과 일급 백부장에게 동행을 명했다. 암비오릭스에게 다가선 사비누스는 무기를 버릴 것을 요구받자 그대로 하고, 부하들에게도 자신을 따르도록 했다. 조건을 서로 논하고, 암비오릭스가 일부러 논의를 오랫동안 질질 끌고 있는 사이에 사비누스는 점차 포위되어 살해되었다. 그러자 적은 자신들의 풍습에 따라 '승리'를 외치고 함성을 지르며 로마 군에게 달려들어 대오를 우르르 밀어붙였다.

루키우스 코타는 싸우다가 많은 병사들과 함께 죽었다. 다른 병사들은 나온 진지로 되돌아갔다. 그들 가운데 기수인 루키우스 페트로시디우스(Lucius Petrosidius)는 적의 대군에 쫓기자 군기를 보루 속으로 던져 넣고 자신은 진지 앞에서 용감히 싸우다 죽었다.

아군은 밤이 될 때까지 적의 공격을 어렵게 막아냈다. 그러나 밤이 되자 구원을 체념하고 모두 자살했다. 소수만이 전쟁터에서 빠져 나와 숲을 지나고 길 아닌 길을 더듬어 부장 티투스 라비에누스의 동영

---

45) 제4권에 나오는 폼페이우스와는 동명이인이다.

지에 도착했다.[46]

38 이 승리에 도취된 암비오릭스는 곧 기병을 거느리고 자신의 왕국 이웃에 있는 아투아투키 족의 영지를 향해 밤낮으로 전진하고 보병도 뒤따라오게 했다. 그는 자신의 승리를 전하며 아투아투키 족을 흥분시키고, 다음날에는 네르비 족에게로 가 "자신들을 영원히 해방시키고, 로마 군에게서 받았던 손해에 대해 복수할 기회를 놓치지 말라"고 말했다. 그는 또, "부장들을 살해하고, 군사 대부분을 죽였다. 키케로와 동영하고 있는 군단을 급습하면 쉽게 죽일 수 있다. 그렇게만 하면 나도 가세하겠다"고 말했다. 이런 말로 그는 네르비 족의 마음을 쉽게 사로잡았다.

39 네르비 족에게 지배를 받던 케우트로네스 족[47], 그루디(Grudii) 족, 레바키(Levaci) 족, 플레우목시(Pleumoxii) 족, 게이둠니(Geidumni) 족[48]에게도 곧 사자를 보내 가능한 한 많은 군사들을 모아 불시에 키케로의 동영지를 습격했다. 그곳에는 아직 티투리우스의 전사 소식이 전해져 있지 않았다. 이때에도 — 피하기 어려운 일이었지만 — 땔나무와 보루용 재목을 모으러 나갔던 약간의 병사들이 기병의 급습으로 차단되고 말았다. 이들을 포위해 죽이자 에부로네스 족, 네르비족, 아투아투키 족, 그 모든 연합부족과 피호민被豪民이 한꺼번에 군단을 습격했다. 아군은 곧 무기를 들고 보루로 올라갔다. 그런 식으로 그날은 간신히 버텨 냈다. 적은 일체의 희망을 신속함에 걸고, 전투에서 이기기만 하면 영원한 승리자가 되리라 믿었다.

40 키케로는 곧 카이사르에게 편지를 쓰고 그 편지를 무사히 전하

---

46) 이 사건은 카이사르가 갈리아 원정 중에 겪은 최대의 재난으로 큰 충격을 받은 것 같다. 카이사르는 이 잃어버린 군단에 대한 복수를 굳게 맹세하고 극히 엄하게 시행했다.

47) 제1권에 나오는 부족과는 동명이족이다.

48) 이들은 모두 키케로의 진지 근처에서 살고 있던 부족이라 생각되지만 그 정확한 지역은 알 수 없다.

기만 하면 큰 포상을 내리겠다고 약속했다. 그러나 모든 길은 막히고 전달하러 가는 사람도 모두 차단되었다. 밤이 되자 보루용으로 모은 재목을 사용하여 놀랄 만한 속도로 120개에 달하는 탑이 건조되었다. 꼭 필요하다고 생각되었던 공사가 완료된 것이다.

다음날이 되자 적은 한층 더 많은 부대를 동원해 진지를 습격하고 호를 메웠다. 그러나 전날과 같은 방법으로 아군에게 격퇴되었다. 그로부터 같은 일이 되풀이되었다. 이 일은 밤중에도 중단되지 않았고, 이에 병자도 부상자도 쉴 수 없었다.

이튿날의 습격에 대비해 그 방어에 필요한 것은 모두 밤 사이에 준비되었다. 끝을 태운 말뚝과 벽창壁槍[49]을 많이 준비하고, 탑에는 상판床板을 부착시키고, 흉장胸牆과 흉벽胸壁은 나뭇가지로 엮었다.[50] 키케로 자신은 건강이 좋지 않았음에도 불구하고 밤에 한시도 쉬지 않아 결국에는 몰려온 병사들의 간청으로 겨우 쉬었을 정도였다.

41 네르비 족 가운데서 키케로의 친구 혹은 안면이 있는 유력자나 지휘관은 키케로에게 협의하자고 말해 왔다. 그것이 허락되자 암비오릭스가 티투리우스에게 말했던 것처럼, "전 갈리아는 무장하였다. 게르마니 인은 레누스 강을 건넜고, 카이사르와 그 밖의 동영지도 습격당했다"고 말했다. 그들은 사비누스의 전사에 대해서도 말하고, 또한 믿도록 하기 위해 암비오릭스를 만나게도 했다.

암비오릭스는 "절망 상태에 빠져 있는 자에게 원조를 기대해도 소용없다. 나는 키케로와 로마에게 친밀함을 갖고 있기 때문에 동영冬營

---

49) muralis pilum — 성벽 전투에 사용되던 투창.

50)

상판床板 ┄ Pinnae(흉장胸牆)

Lorica(흉벽胸壁)

요새를 건축하는 로마 군 병사들

이외의 것은 아무것도 거부하지 않지만 동영冬營에 드는 것을 관례화
하는 것은 곤란하다. 네르비 족 영지의 동영에서 안전하게 나와 어디
든 원하는 곳으로 망설이지 말고 가도록 하라"고 말했다.

이에 대한 키케로의 대답은 하나뿐이었다.

"로마 인은 무장한 적으로부터는 어떤 조건도 받아들이지 않는다.
무기를 내려놓고 싶으면 나를 옹호자로 하여 카이사르에게 사절을
보내고, 카이사르의 정의에 호소해 소원을 이루도록 하라."

42 소망을 거부당한 네르비 족은 동영지를 10페스의 보루와 15페스
의 호[51]로 에워쌌다. 몇 년간 로마 군에게서 그 방법을 배웠으며, 사로
잡은 몇몇의 아군 포로에게서도 가르침을 받았던 것이다. 그러나 그
일에 적당한 철제 도구가 없던 그들은 칼로 잔디를 떼어 내고, 짧은
외투와 손으로 흙을 운반해야 했다. 그것만으로도 그들의 사람 수가
상당히 많다는 사실을 알 수 있었다. 적은 주위 10마일의 보루를 3시

---

51) 전자는 높이고, 후자는 폭이다.

간도 걸리지 않아서 완성했다. 똑같은 포로로부터 배운, 보루의 높이에 필적하는 공성용 망루와 파벽구破壁鉤, 귀갑차[52]를 다시 며칠 안에 완성했다.

43 포위 공격을 시작한 지 7일째 되던 날, 적은 때맞춰 불어온 열풍을 타고 갈리아식으로 지붕을 입힌 귀갑차를 앞세우면서 점토를 구워 만든 탄환[53]과 새빨갛게 달군 투창을 투석기로 던졌다. 이것은 금세 불을 내뿜었고, 이 불은 센 바람에 실려 진지 곳곳으로 번졌다. 이에 적은 마치 승리나 얻은 것처럼 환성을 지르며, 공성용 망루와 귀갑차를 이동시키고 사닥다리를 이용하여 보루로 올라왔다.

그러나 아군은 사방이 불길에 휩싸이고, 많은 텔라가 날아오고, 물자와 재산이 불에 타도 누구 한 사람 보루를 떠나지 않고 뒤를 돌아보지도 않은 채 격렬히 싸울 만큼 용기와 침착성을 지니고 있었다. 이 날이 아군에게 가장 위험한 날이었는데, 그 와중에 다음과 같은 일도 있었다.

그날 보루 밑에 밀집한 적은 뒷사람이 앞사람의 후퇴를 허락지 않아 많은 자가 부상당하고 죽었다. 불길이 약간 수그러들었을 때 탑 하나가 다가와 보루에 닿았다. 지키고 있던 곳에서 후퇴한 제3코호르스의 백부장은 부하들도 뒤로 물러서게 한 뒤 적에게 들어오고 싶으면 들어오라고 소리지르며 고개를 끄덕여 보였다. 그러나 나서는 사람은 아무도 없었다. 마침내 아군은 사방에서 돌을 던져 적을 쫓아내고, 그 탑에는 불을 질렀다.

44 이 군단의 일급에 가까운 용감한 백부장 티투스 풀로(Titus Pullo)와 루키우스 보레누스(Lucius Vorenus) 두 사람은 누가 더 우월한지를

---

52) testudo—이동 귀갑차로 병사들의 활동을 용이하게 하는 차양이 긴 것. 마실리아의 포위 공격 때에는 길이 60척이나 되는 것이 사용되었다.
53) 브리타니아에서는 점토로 만든 실물이 많이 발굴되고 있다.

가리기 위해 끊임없이 다투고, 또한 매년 격심한 경쟁을 통해 서로 지위를 겨루었다.

풀로는 보루 앞에서 치열한 전투가 벌어지자, "야, 보레누스, 꾸물대지 마라. 솜씨를 보일 절호의 기회다. 오늘은 승부를 결판내자" 하고 말했다. 그러면서 곧 보루 밖으로 나가 적이 밀집해 있는 곳으로 뛰어들었다. 보레누스도 모든 병사의 평판이 두려워 보루에 머물지 못하고 뒤를 따랐다. 얼마간의 거리를 두고 풀로는 창을 던져 적의 무리에서 뛰쳐나온 한 사람을 꿰뚫었다. 그 사람은 상처를 입고 죽었는데, 시신을 방패로 덮은 적은 모두 풀로에게 텔라를 던지며 전진을 가로막았다.

투창이 풀로의 방패를 꿰뚫고 요대에 박혔다. 그 때문에 칼집의 위치가 바뀌어[54] 오른손으로 칼을 뽑지 못하고 곤경에 처해 있던 풀로를 적이 포위했다. 바로 그때 호적수인 보레누스가 그곳으로 달려가 고전하던 풀로를 구했다.

풀로가 투창에 맞아 죽었다고 생각한 적은 방향을 바꾸어 보레누스에게 달려들었다. 보레누스는 칼로 싸워 잠깐 동안에 한 명을 죽이고, 다른 적들을 쫓았다. 그러나 너무 열심히 쫓은 나머지 움푹 패인 땅으로 굴러떨어졌다. 이렇게 보레누스가 포위되자, 이번에는 풀로가 그를 구해 냈다.

두 사람 모두 많은 적을 죽이고 큰 갈채를 받으며 상처 없이 보루로 돌아왔다. 이 경쟁, 이 승부에서는 이처럼 두 사람 모두에게 행운이 트여, 서로 도우면서 상대를 구해 냈다. 물론 어느 쪽의 무용이 더 뛰어났는지는 판가름나지 않았다.

45 포위 공격이 날로 더 강렬해짐에 따라, 더욱이 병사들 대부분이

---

54) 창 때문에 요대가 돌아가 칼집이 등 쪽으로 옮겨져 손이 닿지 못한 것이리라.

부상을 당함에 따라 소수의 병사로 적의 공격을 방어해야 했으므로 편지와 사자가 한층 빈번하게 카이사르에게 보내졌다. 그 중 어떤 사자는 체포당해 아군 병사들의 눈앞에서 학살당했다.

아군의 진지 안에는 네르비 족의 명문 출신으로 베르티코(Vertico)라는 이름을 가진 사람이 있었는데, 이 사람은 포위 공격 초기에 키케로에게로 탈주해 와 충성을 다하고 있었다. 베르티코는 해방에 대한 기대와 막대한 보수로 설득한 자신의 노예에게 편지를 들려 카이사르가 있는 곳으로 보내기로 했다. 이 노예는 그것을 투창에 묶어들고 갈리 인들 사이에 묻혀 아무 의심도 받지 않고 갈리아를 지나 카이사르가 있는 곳에 도착했다. 이로써 카이사르는 키케로와 그 군단의 위기를 알았다.

46 그날 11경[55]에 편지를 받아 든 카이사르는 벨로바키 족의 영지에 있는 동영지, 즉 카이사르가 있는 곳에서 25마일 떨어진 동영지에 사자를 보내 재무관 마르쿠스 크라수스로 하여금 한밤중에 군단을 출발시켜 신속히 카이사르가 있는 곳으로 오도록 했다. 크라수스는 사자와 함께 그곳을 출발했다.

부장 가이우스 파비우스에게도 다른 사자를 보내 카이사르 자신이 통과할 예정인 아트레바테스 족의 영지로 군단을 이끌고 오라고 명령했다. 라비에누스에게도 상황이 불리하지 않다면 군단을 이끌고 네르비 족의 영지로 오라고 편지를 써 보냈다. 다른 부대는 조금 멀리 떨어져 있어 기대하기 어렵다고 생각했으나 가까운 동영지에서 약 400명의 기병을 모을 수 있었다.

47 3경[56]에 먼저 달려온 정찰병을 통해 크라수스의 도착을 안 카이사르는 그날 20마일을 전진했다. 크라수스에게 사마로브리바를 감독

---

55) 즉 오후 5시가 지나서.
56) 즉 오전 9시가 지나서.

하게 하고 2군단을 맡겼다. 여기에는 부대의 군수품과 부족들이 보내온 인질과 공문서, 그리고 겨울을 지내기 위해 가져온 곡물 전체가 남아 있었다.

파비우스는 명을 좇아 꾸물거리지 않고 군단을 지휘하여 행군중에 합류했다. 사비누스의 전사와 코호르스의 전멸 소식을 들은 라비에누스는 트레베리 족의 모든 부대가 자신을 향해 왔기 때문에, 만약 동영지에서 도망치듯 출발하면 적의 공격을 막아낼 수 없으리라 생각했다. 특히 적이 최근의 승리로 우쭐대고 있는 것을 알았기 때문에 군단을 동영지에서 끌어내는 것은 위험하다고 카이사르에게 편지로 알렸다. 또한 에부로네스 족의 영지에서 일어난 사건[57]과 트레베리 족의 보병과 기병 부대가 진지에서 3마일 되는 곳에 대기하고 있는 사실도 보고했다.

48 라비에누스의 생각에 동의한 카이사르는 3개 군단을 모으겠다는 기대가 어긋나 2개로 감소했으므로 구원에 대한 희망을 오직 신속함에만 걸기로 했다.

그는 강행군하여 네르비 족의 영지에 도착했다. 카이사르는 이곳에서 포로를 통해 키케로의 진지에서 무슨 일이 벌어지고 있는지, 그리고 사태가 얼마나 위급한지를 알아냈다. 또한 카이사르는 막대한 보수를 주겠다고 설득하여 갈리 인 기병 한 명을 키케로에게 보내 편지를 전하게 했다. 편지를 도중에 빼앗기더라도 아군의 계획이 적에게 노출되지 않도록 그리스 문자로 써 보냈다. 만일 목적지에 이를 수 없는 경우에는 편지를 창의 가죽띠[58]에 묶어 진지의 보루 안으로 던지라고 명했다. 편지에는 카이사르가 군단을 이끌고 출발하여 곧 그곳에 도착할 것이며 과거의 무용을 잊지 말라고 씌어 있었다.

---

57) 사비누스와 코타의 전사를 가리킨다.
58) amentum — 창의 자루에 붙어 있는 것. 투척력을 높이기 위해서 이것을 달았을 것이다.

갈리 인 기병은 두려운 나머지 명령받은 대로 창을 던졌다. 그것은 공교롭게도 탑에 꽂혀 이틀 간이나 아군에게 발견되지 못했는데 3일째 되는 날 비로소 어느 병사에게 발견되어 키케로에게 전해졌다. 카이사르의 편지를 본 키케로는 병사들에게도 그것을 읽어 주며, 모두에게 큰 기쁨을 주었다. 그때 멀리서 연기가 보였다.[59] 이것은 그들을 구원하러 오던 군단의 도착에 대한 의구심을 일소했다.

49 갈리 인은 정찰을 통해 사정을 알게 되자 포위 공격을 풀고 전군을 몰아 카이사르 쪽으로 향했다. 무장 군사는 약 6만명[60]이었다. 이리하여 여유가 생긴 키케로는 앞서 말한 베르티코에게 청하여 카이사르에게 편지를 가지고 갈 갈리 인 남자 한 사람을 구하고, 그에게 신중하고 세심하게 가라고 주의를 주었다. 편지에는 적의 전군이 자신에게서 떠나 카이사르 쪽으로 갔다고 보고했다.

한밤중에 이 편지가 도착하자 카이사르는 부하들에게도 이 내용을 알려 전의를 다지게 했다. 다음날 새벽에 진지를 이용하여 약 4마일을 전진한 카이사르는 큰 계곡과 강 맞은편에서 적의 대군을 발견했다. 하지만 불리한 장소에서 얼마 안 되는 군대로 싸우는 것은 매우 위험했다. 더욱이 키케로가 포위 공격에서 벗어났기 때문에 속도를 늦춰도 지장이 없다고 생각하여 멈춘 뒤, 될 수 있는 한 유리한 곳을 잡아 진지를 구축하였다.

군수품도 없고 7천 명도 채 되지 않은 작은 세력이었지만 통로를 좁게 하고 진지도 작게 보이도록 하여 적으로 하여금 더욱 얕잡아보게 했다. 그러면서 카이사르는 각 방면으로 정찰병을 보내 계곡을 건널 수 있는 좋은 길을 찾도록 했다.

50 그날 강변에서 기병 간에 소규모의 전투가 벌어졌지만, 양군은

---

59) 집을 불태우면서 전진한 것이다.
60) 이 숫자는 과장된 것임이 분명하다.

위치를 바꾸지 않았다. 갈리 인은 아직 도착하지 않은 대군을 기다리고 있었고, 카이사르는 공포를 가장해 적을 아군 쪽으로 유인해 계곡 이쪽 진지 앞에서 싸울 요량이었다. 설사 그렇게는 못 하더라도 길을 찾아내 위험을 최소화하면서 계곡과 강을 건널 예정이었던 것이다.

새벽에 적의 기병이 진지로 다가와 아군의 기병과 싸웠다. 카이사르는 기병에게 짐짓 몰리는 척하여 진지로 돌아오라고 명했다. 동시에 진지 주위를 높은 보루로 방비하고, 문을 막고, 이러한 일을 하면서도 되도록 혼란스럽고 겁을 집어먹은 듯이 보이도록 배려했다.

51 이러한 일에 고무된 적의 부대는 강 이쪽으로 건너와 불리한 장소에 전투대형으로 전개했다. 아군이 보루에도 모습을 나타내지 않자, 적은 한층 더 가까이 다가와 사방에서 보루 속으로 텔라를 던지는 한편, 전령을 보내 "갈리 인이든 로마 인이든 3시 이전[61]에 나오는 자에게는 난폭하게 대하지 않을 것이지만 그 시간이 지나면 허용치 않겠다"고 전하기도 했다.

적은 로마 군을 아주 얕보고 있었는데, 겉으로는 한 겹의 잔디흙으로 가로막힌 듯이 보이는 진문을 돌파할 수 없다고 여겼는지 그들은 손으로 보루를 무너뜨리기도 하고 호를 메우기도 하였다. 그래서 카이사르는 병사들로 하여금 진문으로부터 돌격하게 하고, 기병을 보내 금세 적을 패주시켰다. 그리하여 싸우고자 한 사람이 한 사람도 없을 만큼 많은 적을 살해하고 무기도 빼앗았다.

52 카이사르는 그곳이 늪에 가로막혀 있었기 때문에 그리고 파괴할 것도 거의 없다고 생각했기 때문에 적들을 깊숙이 쫓지 못하도록 하면서 그날 키케로가 있는 곳에 안전하게 도착했다.

카이사르는 적이 만든 공성용 망루와 귀갑차 · 보루에 감탄하고,

---

61) 오전 9시 전.

갈리 인들을 구축
하는 로마 군

군단을 정렬시켜 살펴본 후 부상당하지 않은 병사는 열 명에 한 명
도 안 된다는 사실을 알았다. 이러한 사실로부터 카이사르는 얼마나
큰 위험에 직면했는지 또 얼마나 놀라운 용기를 발휘했는지를 깨달
았다.

　카이사르는 키케로와 2군단의 공훈을 칭찬했다. 그는 키케로의 증
언으로 뛰어난 무용을 알게 된 백부장과 천부장을 치하했다. 포로로
부터는 사비우스와 코타의 전사에 대해 한층 뚜렷한 정보를 얻었다.
그 이튿날 모임에서 카이사르는 그 사건을 설명하였다. 그는 병사들
을 위로하고 격려하면서, 그 패배는 부장의 과실과 무모함 때문에 생
겨난 것이므로 냉정히 참고 견뎌내야 하며, 불멸의 신의 은혜와 병사
들의 무용으로 그 손실이 보상되었고 적의 기쁨도 아군의 슬픔도 오
래 계속되지는 않았다고 깨우쳐 주었다.

　53 그 사이에 카이사르의 승리 소식은 레미 족을 통해 믿어지지 않
을 만큼 빠른 속도로 라비에누스에게 전해졌다. 카이사르가 그날 9경
이 지나서야[62] 도착한 그곳은 키케로의 동영지에서 60마일이나 떨어

---

62) 오후 3시가 지나서.

져 있었다. 한밤이 되기 전에 라비에누스의 진지 문 쪽에서 환성이 터져나왔으며, 그 환성이 승리를 가리킨다는 사실을 안 레미 족이 라비에누스에게 로마 군의 승리와 축복을 전했던 것이다.

이 소문이 트레베리 족에게 전해지자 라비에누스의 진지를 그 이튿날 습격하려고 마음먹었던 인두티오마루스도 밤 사이에 도망치고, 부대도 트레베리 족의 영지로 되돌렸다.

카이사르는 파비우스에게 군단을 지휘시켜 동영지로 돌아가게 하고, 자신은 3개 군단을 이끌고 사마로브리바 주위에 세 개의 동영지를 구축하고 그곳에서 겨울을 보내기로 했다. 갈리아에서 대소동이 벌어졌기 때문에 자신도 그 겨울을 부대가 있는 곳에서 머무를 생각이었던 것이다.

사비누스의 전사에 따른 재난이 전해지자 갈리아의 부족들은 모두 전쟁 계획을 의논하고, 이쪽저쪽으로 사절이나 사자를 보냈으며, 앞으로는 어떤 계책으로 나갈 것인가를 연구하고, 밤이 되면 호젓한 장소에서 회의를 열었다. 그 겨울 내내 카이사르는 골치를 썩이지 않은 적이 도무지 없을 만큼 갈리 인의 책동이나 폭동 소식에 시달려야 했다.

제13군단을 지휘하고 있던 재무관 루키우스 로스키우스로부터는, 아레모리카이(Aremoricae) 족이라 불리는 갈리 인의 대부대가 자신을 공격하려고 동영지로부터 8마일도 채 떨어지지 않은 곳에 집결해 있었는데 카이사르가 승리했다는 소식이 들리자 곧 떠났고, 그 떠나는 모습이 마치 패주하는 것 같았다는 보고가 있었다.

54 그렇지만 각 부족의 수령들을 자신이 있는 곳으로 불러모은 카이사르는 그들이 하고 있는 일을 잘 알고 있다고 위협하거나 혹은 회유하면서 갈리아의 대부분을 복종시켰다. 갈리 인 가운데 가장 유력하고 세력도 강했던 세노네스 족은 카이사르가 왕으로 결정한 카바

리누스(Cavarinus)를 모반하고 살해하려고까지 했다(카이사르가 갈리
아에 왔을 때에는 그의 형인 모리타스구스[Moritasgus]가 조상의 왕위에 올
라 있었다). 카바리누스가 모반을 눈치채고 도망치자 국경까지 쫓아
가 왕위를 빼앗고 나라에서 내쫓은 후 양해를 얻기 위해 사절을 카이
사르에게 보냈지만, 카이사르가 원로 전부에게 출두를 명하자 명령
에 따르지 않았다. 전쟁을 시작할 지휘자가 나타난 것이 야만인들에
게 큰 힘을 주었고 전체 의사도 변화시켰기 때문에 하이두이 족과 레
미 족(전자는 로마에 대한 오랜 세월 동안 변치 않는 충성에 대하여, 후자는
최근의 갈리아 전쟁에서의 봉사에 대하여 카이사르는 특별한 명예를 부여
하고 있었다)을 제외하고는 거의 모든 부족이 로마 군에게 의심을 받
고 있었다. 사실 그것은 그렇게 이상스런 일도 아니었다. 다른 여러
이유보다 모든 종족 가운데 특히 전쟁에 강한 것으로 알려졌던 부족
이 로마의 통치에 굴복해 명성을 완전히 잃어버린 것을 가장 유감스
럽게 여기고 있었을 것이기 때문이다.

55 트레베리 족과 인두티오마루스는 그해 겨울 내내 끊임없이 레
누스 강 맞은편에 사절을 보내 부족을 사주하고 돈을 주겠다고 약속
하면서, 로마 군 대부분이 살해되고 아주 소수만 살아 남았다고 퍼뜨
렸다. 그러나 게르마니 인의 어느 부족도 레누스 강을 건너자는 설득
에 넘어가지 않았다. 게르마니 인들은 "아리오비스투스의 전쟁과 텐
크테리 족의 도하로 이미 두 번이나 쓰디쓴 경험을 했다. 또다시 운명
을 시험하고 싶지는 않다"고 말했다.

인두티오마루스는 실망했지만 그럼에도 불구하고 부대를 집결해
훈련시키고, 가까운 부족으로부터 말을 사들이고, 전 갈리아의 낭인
이나 죄인들에게 막대한 보수를 주겠다고 유혹하면서 이들을 자기
곁에 모으고 있었다. 이리하여 인두티오마루스는 각지에서 사절이
몰려와 공적으로나 사적으로 자신의 친애와 우정을 구할 만큼 큰 세

력을 갈리아에서 가지게 되었다.

56 인두티오마루스는, 사람들이 자발적으로 모여들고 한편으로는 세노네스 족과 카르누테스 족이 모반의 죄를 각오하고 있고 다른 한편으로는 네르비 족과 아투아투키 족이 로마 군과의 전쟁을 준비하고 있었기 때문에, 자신이 영지를 나서더라도 의용군을 모을 수 있을 것이라는 생각에서 무장 병사들의 회의를 열었다. 갈리 인의 풍습에 따르면 이것은 전쟁의 시작이었다. 청년들은 모두 무장한 채 이곳으로 모여야 하는 것이 일반적인 법도였다. 마지막으로 온 자는 갖은 고문을 당한 끝에 모든 사람이 보는 앞에서 학살되었다. 앞서 말한 바와 같이 카이사르에게 복종하고 배반한 적이 없었던 킹게토릭스를 이 회의에서는 공적公敵으로 선언하고 재산을 몰수했다. 킹게토릭스는 인두티오마루스의 사위였지만 친로마파의 수령이었다.

회의에서 이것이 결정되자 인두티오마루스는 자신이 세노네스 족과 카르누테스 족 및 그 밖의 많은 갈리아 부족으로부터 환영받고 있으니, 레미 족의 영지를 거쳐 그곳으로 가면서 레미 족의 토지를 약탈하고, 그보다 먼저 라비에누스의 진지를 습격하자고 말했다. 그리고 필요한 사항을 지시했다.

57 라비에누스는 지형과 인공으로 단단히 구축된 진지를 지키고 있었기 때문에 자신과 군단에 대해서는 아무 걱정도 없었다. 다만 적에게 결정적인 타격을 줄 기회를 놓치지나 않을까 하는 것만이 걱정거리였다. 킹게토릭스와 그 친척한테서 인두티오마루스가 회의에서 행한 변론을 전해 들은 라비에누스는 가까운 부족에게로 사람을 보내고 집합 날짜를 정해 모든 진지로부터 기병을 모았다.

그 사이에 인두티오마루스는 모든 기병을 이끌고 거의 매일처럼 진지 밑을 왔다갔다하면서 진지의 상황을 살피거나 협의하거나 혹은 위협했다. 적의 기병들은 텔라를 보루로 던졌다. 라비에누스는 부하들로 하여금 보루 안에서 나가지 말 것과 잔뜩 겁에 질려 있는 듯 보이라고 명령했다.

58 인두티오마루스는 날짜가 지나감에 따라 경멸감을 키워가며 진지로 접근했다. 아군은 어느 날 밤 가까운 부족으로부터 소집한 기병을 안에 들이면서 전군을 진중에 머물도록 하고 수비대로 하여금 엄격히 감시하도록 했다. 그리고 이러한 실정이 절대로 트레베리 족에게 누설되거나 전해지지 않도록 조처했다.

그 사이에 인두티오마루스는 매일처럼 습관적으로 진지에 접근하였고, 그곳에서 낮시간 대부분을 보냈다. 적의 기병은 아군을 아주 경멸하면서 텔라를 던졌다. 아군으로부터 아무런 응전도 없자 적은 해질녘의 좋은 시점을 택해 뿔뿔이 흩어져 돌아갔다.

라비에누스는 불시에 두 개의 진문을 통해 모든 기병을 내보내 적이 겁을 먹고 패주하자 — 아마도 그렇게 될 것임을 추측하고 — 모두 인두티오마루스 한 사람만 쫓고, 인두티오마루스가 살해되는 것을 볼 때까지 다른 자를 해치지 말라고 명령했다. 다른 자에게 신경을 써서 인두티오마루스에게 도망칠 여유를 주어서는 안 되기 때문이었다. 그는 또한 인두티오마루스를 죽이는 자에게는 막대한 보수를 주겠다고 약속하고, 코호르스를 기병에게 보내 돕도록 했다.

이 계획은 행운을 만났다. 모든 병사들이 단 한 사람만을 쫓았기 때문에 인두티오마루스는 강의 여울에서 쉽사리 붙잡혀 죽고, 그 목은 진지로 회수되었다. 기병은 돌아오는 길에 될 수 있는 한 많은 적들을 쫓아가 죽였다. 모여 있던 에부로네스 족과 네르비 족의 부대에 이 사실이 알려지자 그들은 떠나가고, 카이사르는 이 사건 후 잠시 동안 조용한 갈리아를 차지하게 되었다.

제6권 (B.C. 53년)

1. 북쪽에 위치한 여러 부족의 토벌

1 여러 이유[1]에서 갈리아의 대동란을 예상한 카이사르는 부장 마르쿠스 실라누스(Marcus Silanus)와 가이우스 안티스티우스 레기누스 (Gaius Antistius Reginus), 티투스 섹스티우스(Titus Sextius)에게 징병하도록 명했다.[2] 동시에 국가의 통치권을 장악하고 수도 근처에 남아 있던 총독 그나에우스 폼페이우스[3]에게도 부탁해, 집정관이었을 때[4]

---

1) 브리타니아에서 돌아온 뒤 에부로네스 족·네르비 족·아투아투키 족·세노네스 족·트레베리 족이 반란을 일으켜 2명의 부장을 잃었고, 15개의 코호르스가 전멸했으므로 공기가 극히 험악했다. 또한 동방에서 크라수스가 전사했다는 보고도 있었다.
2) 이것은 제 14, 15군단이다.
3) 그에게 시집간 카이사르의 딸 율리아가 죽었던 기원전 54년 당시에, 그는 히스파니아 지방 (Tarraconensis, Baetia, Lusitania)의 총독이었다. 그러나 원로원의 특명으로 그는 도시 부근에 있었다. 전시 형태의 전권을 장악하고 있었기 때문에 도시 안으로는 들어올 수 없었던 것이다.
4) 폼페이우스는 기원전 55년에 북이탈리아(이때 이곳은 카이사르의 지배하에 있었다)의 징병권을 원로원으로부터 부여받았다. 그러나 당시 이들은 그 군대에 편입되지 않고 그대로 남아 있었으며, 그 중 1개 군단 정도의 사람들이 카이사르 곁으로 왔다. 내란 직전(기원전 50년)에 파르티아(Parthia)의 토벌이라는 명목으로 이들의 반환이 요구되고 있었다.

갈리아 키살피나(Gallia Cisalpina)에서 군무를 서약시켰던 사람들도 자기가 있던 곳으로 보내게 했다. 전쟁으로 손해를 입었지만 그것을 곧 회복할 수 있을 뿐만 아니라 더 큰 부대를 보충시킬 정도로 이탈리아의 힘이 크다는 것을 알면 갈리아의 여론에 미치는 영향이 적지 않으리라 생각했기 때문이다.

폼페이우스가 국가와 우정을 위해 이것을 승인하자 카이사르는 부하들을 통해 신속히 징병을 행하고, 겨울이 채 끝나기도 전에[5] 3개 군단의 편성을 완료하고, 퀸투스 티투리우스와 함께 잃은 코호르스의 수를 배가시켰다. 카이사르는 그 신속함과 부대의 수로 로마 군의 훈련과 실력을 보였다.

2 앞서 말한 대로 인두티오마루스의 죽음으로 트레베리 족의 지배권은 그 친척에게로 넘어갔다. 그들은 변함없이 이웃의 게르마니인을 사주하며 돈을 주겠다고 약속하였는데, 가까이 있는 부족들이 받아들이지 않아 어쩔 수 없이 멀리 떨어진 부족에게 호소했다. 몇몇 부족이 이에 응하자, 서로 맹세하고 금전의 보증으로서 인질을 건넸다. 이런 식으로 이들은 연합과 동맹을 결성하고, 암비오릭스를 동맹군으로 삼았다.

이러한 사정을 안 카이사르는 각지에서 전쟁이 준비되고 있는 것을 보았고, 네르비 족과 아투아투키 족 및 메나피 족은 레누스 강 바로 앞의 게르마니 인 전체를 자기 편으로 끌어들여 무장하고 있었으며, 세노네스 족은 명령에 따르지도 않고 오지도 않을 뿐만 아니라 카르누테스 족 및 인근 부족과 공모하고 있었으며 또 게르마니 인도 트레베리 족에게서 여러 번 파견되었던 사절로부터 사주받고 있기 때문에, 전쟁의 계략을 일찍 준비해 두지 않으면 안 되겠다고 생각했다.

---

5) 즉 기원전 53년 봄이 오기 전에.

3 그래서 아직 겨울이 끝나지 않은 때에 인근[6]의 4개 군단을 집결시켜 불시에 네르비 족의 영지로 행군하여 그들에게 모일 틈도, 도망칠 여유도 주지 않았다. 카이사르는 사로잡은 많은 가축과 인간을 병사들에게 전리품으로 나누어 주고 토지를 황폐화시켰으며, 항복을 받고 인질을 취했다. 카이사르는 이 일을 재빨리 결말짓고 군단을 다시 동영지로 되돌렸다.

언제나처럼 초봄에 갈리아 회의를 개최했으나, 세노네스 족과 카르누테스 족·트레베리 족이 오지 않자 불참자가 있는 것은 전쟁이나 모반의 시초라고 하면서 모든 일을 뒷전으로 미룬 뒤 회의 장소를 파리시(Parisii) 족[7]의 루테키아(Lutecia)[8]로 옮겼다. 파리시 족은 세노네스 족의 이웃 부족으로 선대先代에는 세노네스 족과 동족이었는데 이번 음모에는 참가하지 않은 것으로 생각되었다. 카이사르는 연단[9]에서 휴회를 선언하고는 그날로 군단을 거느리고 세노네스 족을 향해 강행군한 끝에 그곳에 도착했다.

4 음모의 중심이었던 아코(Acco)는 카이사르가 오는 것을 알고 모든 사람을 도시에 집결시켰다. 하지만 집결이 완료되기도 전에 로마 군이 왔다는 소식이 전해지자 그는 도리 없이 집결을 단념하고 카이사르에게 탄원 사절을 보내는 한편, 전부터 로마의 보호를 받고 있었던 하이두이 족에게 중재를 부탁했다.

카이사르는 하이두이 족의 중재도 있고 하여 기꺼이 이를 허락하고 그의 변명을 들었다. 그해 여름에는 전쟁이 임박했으므로 사소한 일 따위에 신경 써서는 안 된다고 생각했기 때문이다. 카이사르는

---

6) 카이사르가 있었던 사마로브리바 부근.
7) 오늘날의 파리를 중심으로 살고 있던 부족.
8) 오늘날의 파리.
9) suggestum. 진중陣中에 설치되어 있었던 것으로, 이 앞에서 일반 회의 등이 행해졌던 것 같다.

100명의 인질을 차출하게 하여 하이두이 족의 감독하에 두었다. 카르누테스 족도 루테키아에게 사절과 인질을 보내고 자신들을 보호하고 있던 레미 족의 중재로 같은 대답을 받았다. 회의를 끝내면서 카이사르는 여러 부족에게 기병을 차출하도록 명했다.

5 갈리아의 이 지역이 평정되자 카이사르는 전력을 다해 트레베리 족과 암비오릭스와의 전쟁에 달려들었다. 카바리누스가 세노네스 족의 기병을 거느리고 카이사르와 함께 전진하기로 했다. 모반자에 대한 카바리누스 자신의 분노도 컸고 복위한 카바리누스에 대한 부족인들의 증오도 컸으므로, 소요가 일어날까 우려되었기 때문이다. 이렇게 결정하고 난 뒤, 카이사르는 암비오릭스가 전쟁의 의사가 없음을 분명히 하여, 달리 무슨 특별한 의도가 있는 것이 아닌가 지켜보기로 했다.

에부로네스 족의 영지와 인접해 있던 메나피 족은 연이어 있는 늪과 숲으로 요새를 이루고 있었는데, 갈리아에서 카이사르에게 한 번도 강화 사절을 보내지 않은 유일한 부족이었다. 그들은 암비오릭스와 우정을 나누고 있는 것이 확실했다. 또한 암비오릭스가 트레베리 족을 통해 게르마니 인의 우정을 얻고 있는 것도 알았다. 그렇기에 암비오릭스가 위험한 경우에 메나피 족의 영지에 숨거나 레누스 강 맞은편의 게르마니 인에게 합류하는 일이 일어나지 않도록, 전쟁을 하기 전에 미리 암비오릭스와 다른 부족을 격리시켜야 된다고 카이사르는 생각했다.

그리하여 전군의 물자를 트레베리 족의 영지에 가 있는 라비에누스에게 보내기로 하고 2개 군단을 전진시킨 뒤, 카이사르 자신은 경무장한 5개 군단을 거느리고 메나피 족의 영지로 향했다. 메나피 족은 요새와 같은 자신의 영지에 의지해 군사를 모으지 않고 숲이나 늪으로 도망치고, 그곳에 모든 재산을 옮겨 놓았다.

6 카이사르는 부장 가이우스 파비우스와 재무관 마르쿠스 크라수스에게 부대를 나누어 주고, 재빨리 다리를 놓게 하여 세 방향에서 메나피 족의 영지로 진입하였다. 로마 군은 집과 마을에 불을 지르고 많은 사람과 가축을 사로잡았다. 메나피 족은 어쩔 수 없이 카이사르에게 강화 사절을 보냈다. 인질을 건네 받은 카이사르는 만약 암비오릭스나 그 사절을 영지에 들이면 적으로 취급하겠다고 위협했다. 이렇게 조치한 뒤 아트레바테스 족의 콤미우스에게 기병을 주어 메나피 족의 영지에 남아 이들을 감시하도록 하고, 카이사르 자신은 트레베리 족을 향해 떠났다.

7 카이사르가 이런 일을 하고 있는 사이에 트레베리 족은 보병과 기병 대군을 모으고, 트레베리 족의 영지에서 1개 군단을 거느리고 동영하던 라비에누스를 습격하고자 했다. 이제 목적지까지 2일간의 노정路程만을 남긴 그들은 그때 카이사르가 보낸 2개 군단이 도착했다는 사실을 알았다. 그래서 15마일의 거리를 둔 채 진을 치고 게르마니 인의 원군을 기다리기로 했다.

적의 생각을 눈치챈 라비에누스는 적의 무모한 마음을 북돋워 전쟁을 도발시키려고 코호르스 5개만 군수품의 수비를 위해 남긴 뒤 25개 코호르스와 기병 대부분을 거느리고 적을 향해 떠났다. 그는 적과 약 1마일의 거리를 두고 진지를 구축했다. 라비에누스와 적 사이에는 강이 하나 있었으나, 그 강변이 험해 쉽게 건널 수가 없었다. 라비에누스는 굳이 건너갈 계획도 없었고, 적이 건너올 것이라는 예상도 하지 않았다.

적의 원군이 올 가망성은 나날이 커져 갔다. 라비에누스는 회의에서, "공공연히 게르마니 인이 온다고 하니, 나도 군대도 위험한 궁지에 내몰리지 않도록 내일 새벽에 진지를 옮기자"고 말했다. 이것은 곧 적에게 전해졌다. 왜냐하면 갈리 인의 기병 대부대 가운데에는 갈리 인을 위해 힘쓰고자 하는 병사가 얼마쯤은 있게 마련이었기 때문이다.

라비에누스는 밤중에 천부장과 일급 백부장을 집합시켜 자신의 계획을 밝힌 뒤, 적에게 더욱 겁을 먹은 듯이 보이도록 평소의 습관보다 더 한층 소란스럽게 떠들어대며 진지를 이동했다. 출발하는 광경이 마치 도망치는 것처럼 보이도록 한 것이다. 진지가 가까웠기 때문에 이것은 새벽이 되기도 전에 정찰에 의해 적에게 알려졌다.

8 후미의 대오가 간신히 보루 밖으로 빠져 나왔을 때 갈리 인들은, "바라던 노획물을 놓치지 말자. 로마 군이 겁을 먹고 있는데 게르마니 인의 원군을 기다리는 것은 쓸데없는 짓이다. 도망치며 곤경을 겪고 있는 빈약한 부대를 대부대가 습격치 않는 것은 불명예스런 일이다" 하고 서로 격려하면서 재빨리 강을 건넜고, 불리한 장소에서의 싸움도 마다하지 않았다.

하지만 이러한 일을 이미 예상하고 있던 라비에누스는 적을 강 바로 앞에까지 끌어들이고자 행군하는 척하며 조용히 전진했다. 라비에누스는 군수품을 조금 앞으로 보내 둔덕 위에 놓고, "병사들이여, 너희들이 바라던 때가 왔다. 적이 불리한 장소에서 곤욕을 치르고 있으니 몇 번에 걸쳐 보인 바 있는 무용을 우리 지휘관에게도 보여 주라. 카이사르가 이곳에서 보고 있다고 생각하라"고 말했다. 동시에 방향을 바꿔 적을 향해 전투대형을 짜고, 기병 소부대에게 군수품을 지키게 한 다음 나머지 기병들은 양옆에 배치했다. 아군은 함성을 지르며 적을 향해 급히 창을 던졌다.

도망치고 있다고만 생각했던 무리가 뜻밖에 자신들을 공격해 오는 것을 본 적은 최초의 전투에서 공격을 막아내지 못하고 패주하여 가까운 숲속으로 들어갔다. 라비에누스는 기병으로 하여금 이들을 추격하게 하여 많은 자를 살해하고, 포로도 많이 잡았다. 그리고 며칠 뒤에 트레베리 족을 항복시켰다.

원군으로 왔던 게르마니 인은 트레베리 족의 패주 소식을 듣고 본국으로 돌아갔다. 모반의 중심 인물이었던 인두티오마루스의 친척들은 게르마니 인과 함께 트레베리 족의 영지에서 모습을 감추었다. 트레베리 족의 주권과 지휘권은 앞서 말한 바와 같이 성실하고 변치 않는 킹게토릭스에게 건네졌다.

9 메나피 족의 영지에서 트레베리 족의 영지로 들어온 카이사르는 두 가지 이유 때문에 레누스 강을 건너기로 결심했다. 즉 게르마니 인이 자신의 뜻을 거스르고 트레베리 족에게 원군을 보냈다는 것과 암비오릭스가 게르마니 인이 있는 곳으로 도망치지 못하게 하려는 배려가 그것이었다.

레누스 강의 도하를 결심한 카이사르는 이전의 도하 지점보다 약간 상류 쪽에 다리를 놓도록 했다. 다리의 건조 방식이 일정했고 또한 잘 알려져 있었기 때문에 그 공사는 병사들의 열의로 며칠 만에 완성되었다. 적의 교란이 일어나지 않도록 다리의 트레베리 족 편에 강력한 수비대를 두고 나머지 부대와 기병을 도하시켰다.

일찍이 인질을 보내고 항복한 적이 있었던 우비 족은 카이사르에게 변명 사절을 보냈다. 그들은 "우비 족은 트레베리 족에게 원군을 보낸 일이 없고 성의를 배반한 일도 없다. 부디 용서해 달라. 게르마니 인이 미움을 받고 있다 하더라도 죄 없는 자마저 죄 있는 자 때문에 벌을 받아서는 안 된다"고 호소하고, 만약 카이사르가 인질을 더 취하고자 한다면 차출해 보내겠다고 약속했다. 그 사정을 조사한 카이사르는 원군이 수에비 족으로부터 보내진 것을 알아내고 우비 족의 변명을 인정하면서 수에비 족으로 가는 길을 자세히 물었다.

10 며칠 뒤 카이사르는, 수에비 족이 전군을 한데 모으고 자신의 지배하에 있는 부족에게 보병과 기병의 원군을 보내라고 요구했다는

보고를 우비 족으로부터 받았다.

보고를 받은 카이사르는 공급할 곡물을 준비하고, 진지로 쓰기에 적당한 장소를 선정했다. 그리고 야만스럽고 무지한 자들이 식량이 부족할 경우 불리한 조건하에서도 전쟁을 하리라 예상되었으므로 우비 족의 가축과 재산을 토지에서 도시로 운반하게 하고, 수에비 족의 영지에 많은[10] 정찰병을 들여보내 무슨 일이 벌어지고 있는지 염탐하게 했다. 이들은 명령대로 움직여 며칠 만에 보고를 해 왔다.

로마 군에 대한 확실한 소식을 들은 수에비 족은 전군과 연합부족의 부대를 이끌고 먼 국경으로 퇴각했다. 그곳에는 바케니스(Bacenis)라는 숲[11]이 있다. 이 숲은 자연적인 방벽을 만들면서 안쪽으로 길게 뻗어 있어서 케루스키(Cherusci) 족[12]으로부터 수에비 족을, 또 수에비 족으로부터 케루스키 족을 각각 침입과 난폭한 행위를 당하지 않도록 보호하고 있다. 수에비 족은 그 숲 입구에서 로마 군을 기다리기로 결정했다는 것 등이 보고의 내용이었다.

2. 갈리아의 사정

■ 여기까지 왔으므로 갈리아와 게르마니아의 풍습에 대해 그리고 이들 종족의 서로 다른 점에 대해 서술하는 것이 좋을 듯하다.

갈리아에서는 모든 부족, 모든 바쿠스와 그 지역에 그치지 않고 가족에게까지 당파가 있었다. 가장 세력이 강하다고 인정된 사람이 중

---

10) 슈크브르크 및 본 등은 이 한 구절을 하이두이 족이 로마의 보호를 받고 있었다는 뜻으로 해석하고 있지만 여기에는 찬동할 수 없다. 이것을 '여러 번에 걸쳐' 라고 봐서 시간적인 의미로 해석하는 견해도 있다.
11) 오늘날의 튀링겐(Thuringen) 숲의 서쪽으로 보는 견해도 있지만 확실하지는 않다.
12) 오늘날의 베서(Beser), 엘베(Elbe) 두 강의 중간 지역에 살고 있었다고 생각되는 부족.

심 인물이 되었고, 모든 일의 계획과 집행은 그들의 중재와 판단으로 결정되었다.

예로부터 실력자 앞에서는 부락민 어느 누구도 다른 사람에게 원조받지 못하게끔 되어 있었다. 실력자는 자기 부하의 그 누구도 압박받거나 사기를 당하게 해서는 안 되었다. 그렇게 하지 않으면 부하에 대한 세력을 잃고 말기 때문이었다. 이와 같은 생각이 전 갈리아에 퍼져 있었다. 또한 그 어떤 부족도 두 당파로 나뉘어 있었다.

12 카이사르가 갈리아에 들어왔을 때, 그 한쪽 파의 중심은 하이두이 족이었고, 다른 한쪽 파의 중심은 세콰니 족이었다. 하이두이 족은 예로부터 가장 세력이 강하고 피호민의 수도 많았기 때문에 세콰니 족의 힘만으로는 대항할 수 없었다. 따라서 그들은 아리오비스투스 및 게르마니 인과 결탁하게 되었고, 막대한 비용을 대고 약속을 거듭해 가면서 자기편을 남겨 두고자 했다.

몇 번에 걸친 전투로 하이두이 족의 귀족들을 전멸시킨 세콰니 족은 하이두이 족을 훨씬 능가하는 세력이 되었다. 세콰니 족은 하이두이 족으로부터 많은 피호민披豪民을 떠맡고, 그 부족의 유력자의 자식들을 인질로 삼아 자신들에 대한 반항 계획을 세우지 못하도록 맹세시키고, 국경지대를 무력으로 빼앗아 전 갈리아의 중심이 되었다. 궁지에 몰린 디비키아쿠스는 로마 원로원에 도움을 청하기 위해 왔지만 성과 없이 돌아갔다.

하지만 카이사르가 온 뒤 사정이 바뀌어 인질은 하이두이 족에게 반환되고, 예로부터의 피호민도 되돌려받게 되었다. 또 하이두이 족과 우정을 맺고 있었던 자는 한층 좋은 조건에서 공평한 지배를 받는다고 생각되었기 때문에 카이사르 덕분에 새로운 자들까지 하이두이 족에게 가세하고 다른 점에서도 하이두이 족의 인기와 세력이 증대하자 세콰니 족은 그 반대로 지도력을 잃었다.

이후 레미 족이 세콰니 족을 대신하게 되었는데, 카이사르의 친애를 얻고 있다는 점으로 미루어 레미 족이 하이두이 족에 필적할 만하다는 생각에서, 과거의 적대감 때문에 하이두이 족과 손을 잡을 수 없는 자들은 레미 족의 피호민이 되었다. 레미 족은 이들을 충실히 보호하였고, 금세 거대한 세력을 형성하였다. 당시의 실정을 살펴보면 하이두이 족의 세력이 가장 컸으며, 레미 족이 그 다음으로 세력을 떨치고 있었다.

13 갈리아에서 존경받는 계급에는 두 종류가 있었다.

평민들은 거의 노예로 간주되어 자주적으로는 그 어떤 일도 할 수 없었고 또 아무것도 상의받지 못했다. 대부분의 평민들은 부채라든지 무거운 세금, 혹은 귀족들의 세력에 예속되어 있었다. 귀족들은 이들에 대해 노예에 대한 주인의 권리와 똑같은 권리를 가졌다.

존경받는 두 계급은 사제와 기사騎士였다. 사제는 신성한 일을 하였고 공적, 사적으로 희생 의례를 집행하였으며, 종교의 모든 일을 설명했다. 또 많은 청년들이 교육을 받으러 몰려와, 사제들은 이들에게 존경받고 있었던 것이다. 공사公私의 모든 논쟁을 판정하고, 범죄가 저질러지거나 살인이 행해지거나 상속이나 국경 문제로 분쟁이 일어날 때에도 마찬가지로 사제들이 판결을 내리고 배상금이나 벌금을 결정했다. 개인이든 부족이든 간에 그 판결에 따르지 않으면 희생 의례에 참여할 수 없었다. 이 벌이 가장 무거운 것이었다. 희생 의례에 참여치 못한 사람은 불경스런 자로 간주되어 모든 사람들이 따돌렸고 오염될까 우려하여 가까이하거나 말을 걸지도 않았을 뿐만 아니라 설사 그들이 원한다 해도 재판을 받을 수도 없었고 공직에 오를 수도 없었다. 가장 세력이 큰 사제가 모든 사제를 지배하고 있었다. 이 사람이 죽으면 세력이 뛰어난 자가 그 뒤를 잇는데, 대등한 자가 여러 명이면 사제들의 투표로 선정하였다. 때로는 무력에 호소해 수위首位

를 다투기도 하였다. 이들은 해마다 정해진 시기에 갈리아의 중심지로 생각되고 있는 카르누테스 족 영지의 신성한 장소에서 회합하였다. 분쟁거리가 있는 자들은 모두 이곳으로 모여 사제의 판결을 기다렸다. 이 관습은 브리타니아에서 생겨나 갈리아에 전해진 듯하다. 이 사항을 더욱 상세히 알고 싶어하는 자는 연구를 위해 브리타니아로 갔다.

🔳 사제는 전투에 참가하지 않는 것이 보통이었고, 다른 자들과 같이 세금을 내지도 않았다.[13] 즉 군무를 면제받았고 다른 일로부터도 제외되었던 것이다. 그 커다란 특전에 마음이 움직여 많은 사람이 교육을 받으러 몰려들었는데, 그 대부분은 양친이나 친척이 보낸 자들이었다. 거기에서는 수많은 시를 암기한다고 전해졌다. 어떤 자들은 그 교육에 20년 간이나 매달렸다. 그 가르침을 문자로 쓰는 것은 좋지 않다고 했지만 공사公私의 기록에서는 거의 모든 사항을 그리스 문자로 기록하였다.

그들이 그렇게 한 것에는 두 가지 이유가 있었을 것으로 생각된다. 그것은 가르침이 평민들 사이에 널리 퍼지는 것을 좋아하지 않았다는 것과, 배우는 자가 문자에 의지해 기억력 양성을 게을리 하는 일이 없도록 하려는 배려에서였다. 문자의 도움을 받으면 사람들은 확실히 숙달하려는 노력이나 기억력 훈련을 소홀히 하고 만다. 사제는 먼저 영혼은 불멸[14]하는 것이며 사후에는 이곳저곳으로 옮겨다니는 것이라고 가르치고자 했다. 이 가르침을 통해 죽음의 공포가 무시되고 용기가 크게 북돋워질 것으로 생각했기 때문이다. 그 밖에도 사제들

---

13) '다른 자들과 같이' (nequeuna)를 '같이는 지불하지 않았다' , 즉 더욱 적게 지불했다는 의미로 보는 견해도 있다.

14) 이 영혼불멸은, 드루이드 교(Druides : 갈리아, 브리타니아 등지에 살았던 고대 켈트 족이 믿었던 종교)가 마실리아(Massilia : 갈리아의 도시)의 그리스 인을 통해 피타고라스의 설에서 취한 것이라는 주장도 있다. 영혼이동설은 고대인에게는 일반적이었다.

갈리 인 전사들

은 성좌와 그 운행에 대해, 세계와 대지의 크기에 대해, 사물의 본성에 대해, 불멸의 신들의 힘과 권능에 대해 많은 것을 논하면서 청년들에게 그것을 가르쳤다.

☒ 다른 한 계급은 기사였다. 이들은 필요한 경우, 예컨대 전쟁이 일어나면(카이사르가 오기 전에는 거의 매년 일어났다) 공격을 하든지 아니면 수비를 하기 위해 모두 전쟁터로 나갔다. 이들은 각자의 신분과 재산이 허용하는 대로 주위에 많은 추종자와 피호민을 두고 있었다. 기사들의 인기와 세력에 대해서는 이 정도밖에 알지 못한다.

☒ 갈리아의 부족은 모두 종교에 깊이 젖어 있었고, 그 때문에 중병에 걸린 사람이나 전쟁 또는 위험에 직면한 사람들은 제물로 산 사람을 바치거나 바치기로 맹세하고, 그 사제가 이것을 집행했다. 생사가 걸린 일에는 사람의 생명을 바쳐야만 불멸의 신들이 소원을 들어준다고 믿었기 때문에 부족의 이익을 위해 희생물을 공공연히 정해 놓았다. 큰 상像을 만들고, 살아 있는 사람의 사지를 가는 가지로 묶은 후 불을 댕겨 그 불길에 휩싸인 채 죽게 했다. 도둑질이나 강탈, 그 밖의 다른 죄로 잡힌 자의 형벌을 불멸의 신들이 특히 기뻐한다고 생각하였다. 그러나 그런 범죄자가 없는 경우에는 죄 없는 자까지 희생물로 삼았다.

☒ 신들 가운데서는 메르쿠리우스(Mercurius)를 가장 숭배하여 그 상이 가장 많았다. 그 신은 여러 재주를 가졌다고 믿었으며, 여행자를 인도하고 부의 획득이나 장사에 큰 힘을 발휘한다고 믿었다. 그 다음으로는 아폴로[15]나 마르스, 이우피테르(Iuppiter), 미네르바 등이 있었다. 이들 신에 대해서는 다른 부족들과 똑같이 생각하고 있었다. 아폴로는 병을 고치고, 미네르바는 일이나 기술을 가르치고, 이우피테르

---

15) 어느 것이나 다 신에게 갖다 붙인 가명假名이다. 이들 신은 갈리 인의 것이라기보다 이전의 리구리아 인(Ligurians), 이베리아 인(Iberians)에게서 전해져 내려온 것인 듯하다.

희생 제물로 바쳐질 사람들
을 집어넣은 거대한 인형.
버들가지로 만들었다.

는 하늘을 지배하고, 마르스는 전쟁을 담당한다고 믿었다.

전쟁을 하고자 할 때에는 전쟁의 노획물을 마르스에게 바쳐야 했
다. 전쟁에서 이기면 사로잡은 동물을 희생물로 바쳤고, 다른 노획물
들은 한곳에 모았다. 부족들은 노획물을 쌓아 둔 곳을 신성한 장소로
간주하였다. 종교를 무시하거나 노획물을 자기만 아는 곳에 감추거
나 바친 제물을 빼돌리는 일은 거의 없었다. 그런 행위에는 고통스럽
고 무거운 형벌이 가해졌다.

⑱ 모든 갈리 인들은 디스(Dis)[16]가 자신의 선조라고 말하고 있는
데, 그것은 아마 사제에 의해 전해진 듯하다. 그 때문에 시간을 낮으

---

16) 이것은 게르마니아에서의 만누스(Mannus), 로마에서의 아에네아스(Aeneas), 그리스에
   서의 헬레나(Hellena)와 같은 것이다. 신 또는 영웅에게서 그 조상을 찾는 사상으로, 고대
   에서는 드물지 않은 현상이다. 이것도 로마의 신 이름(지옥의 신)을 갖다 붙인 것이다. 대
   지 밑바닥을 지배하는 신이기 때문일 것이다.

로 헤아리지 않고 밤으로 헤아렸다. 생일이나 초하루, 설날 등과 같은 날이 밤에 뒤이은 낮에 온다고 생각했던 것이다.[17]

또 일상 생활의 풍습도 다음과 같은 점에서 다른 부족들과 달랐다. 자식이 군무를 이겨낼 수 있을 때까지 성장하지 않으면 공개적으로 자신에게 가까이 오지 못하도록 했다. 소년이 공공연하게[18] 아버지의 면전에 서는 것은 불명예스러운 일로 간주되었다.

19 지참금 명목으로 남편이 아내에게 받은 것은 그것이 무엇이든지 간에 계산하여[19] 자기 재산과 합쳐 두었다. 이 계산은 한꺼번에 이루어지고, 그 이윤은 저축되었다. 부부 가운데 어느 쪽이 살아 남더라도 두 사람의 몫과 그때까지의 이윤이 주어졌다.

남편은 자식과 아내에 대해 생살여탈권生殺與奪權을 가졌다. 고귀한 계급에 속하는 가족의 아버지가 죽으면 친척이 모였고, 사망 이유가 수상하면 노예를 다루는 것과 같은 방법으로[20] 아내를 심문했다. 죄가 인정되는 경우에는 심한 고통을 가해 죽였다.

문화 수준에 비하면 갈리 인의 장례식은 훌륭하고 사치스러웠다. 죽은 자가 생전에 사랑했다고 생각되는 것은 동물까지도 모두 불에 집어넣었다. 얼마 전까지만 해도 장례식이 끝나면 소유했던 노예나 피호민마저 함께 불태웠다.

20 비교적 잘 다스려지고 있다고 생각되는 부족들에서는 자기 부족에 대한 이웃 부족의 평판이나 소문을 들으면 수령에게 그것을 보

---

17) 유태인과 같이 갈리 인이나 게르마니 인도 해질 때부터 다음 해질 때까지를 하루로 삼았다. 로마 인은 지금의 우리처럼 한밤에서부터 계산했다. 일반적으로는 새벽을 기준으로 했다.
18) in publico. '공공연히'는 '무장하고 정식으로 만날 경우에'라는 의미일 것이다.
19) 이것을 보면 금전만은 아니었던 것을 잘 알 수 있다. 토지, 가축, 금전 등 모든 것을 의미하고 있다.
20) 고통을 가하는 것이다.

고하고 다른 사람에게는 누설치 않도록 법률로 정해져 있었다. 무모하고 무지한 사람들이 종종 거짓 평판에 겁을 먹고 죄를 짓거나 중대한 일을 기도했기 때문이었다. 수령은 숨기는 쪽이 좋으면 숨기고, 유용하다 생각되는 것은 모두에게 전했다. 회의장 밖에서 국사를 논하는 것은 허용되지 않았다.

3. 게르마니아의 사정

21 게르마니 인의 풍습은 이것과 전혀 달랐다. 신성한 일을 하는 사제도 없었고, 희생에도 관심이 없었다. 도움을 받고 있다는 것을 눈으로 보고 알 수 있는 것, 요컨대 태양이나 불, 달만을 신으로 삼았다. 그 밖의 것에 대해서는 듣지 못했다.

그들의 생활은 수렵과 무예에 힘쓰는 데 바쳐졌다. 또한 어릴 때부터 노동과 힘든 일을 찾았으며, 제일 오래 동정을 지키는 자가 칭찬을 받았다. 동정을 지킴으로써 키도 크고 신경도 강해진다고 생각했던 것이다. 그렇기에 20세 전에 여자를 아는 것을 수치로 여겼다. 그들은 이러한 사실을 전혀 숨기지 않았다. 강에서 혼욕했으며, 짐승 가죽이나 짧은 망토를 입었기 때문에 거의 벌거벗은 채였다.

22 게르마니 인은 농경에 관심이 없었다. 그들은 주로 우유와 치즈 그리고 고기를 먹었다. 그들 어느 누구도 일정한 토지나 자기 영지 따위는 가지고 있지 않았다. 수령이나 유력자는 부족이나 함께 사는 가족들에게 해마다 적당한 토지를 나누어 주었다. 매년 이동하면서 살았기 때문이다. 여기에는 많은 이유가 있었다. 습관에 젖어 전쟁에 대한 열의를 농경에 쏟지 않도록, 넓은 영지에 열망을 가지지 않도록, 유력자가 비천한 사람들의 재산을 빼앗는 일이 없도록, 추위와 더위

를 극복할 수 있는 집을 짓는 데 신경 쓰지 않도록, 당쟁과 불화의 원인인 금전에의 욕망이 일어나지 않도록, 유력자와 평등하게 취급되는 것에 대해 평민 자신이 만족할 수 있도록 하기 위한 것 등이다.

23 몇몇 부족은 자신의 영지 주위를 될 수 있는 대로 넓게 비워두어 국경지대를 사람이 없는 곳으로 만들어 놓는 것을 최대의 명예로 여기고 있었다. 이웃이 토지에서 쫓겨나는 것, 그리고 자신들 주변에 살고 싶어하는 자가 없는 것을 무용의 표시로 삼았던 것이다. 동시에 이로써 불의의 침입에 대한 우려가 사라져 한층 안전하다고 생각했다.

부족이 전쟁을 하거나 도전을 받아 방어해야 할 경우에는, 전쟁의 지휘권과 생살권生殺權을 장악하는 수령이 선출되었다. 평화시에는 일반 수령이 없고, 지방이나 바쿠스의 유력자가 자신의 지역에서 각각 재판을 하고 논쟁을 가라앉혔다.

부족의 영지 바깥에서 일어나는 강탈은 불명예스러운 일이 아니었다. 그것은 청년을 훈련시키고 태만하지 않도록 하기 위해 행해졌다고 전한다. 회의에서 한 유력자가 "내가 지도자가 되겠다. 찬성하는 사람은 나와 달라"고 말하고 그 목적과 인물이 인정되면 모두들 일어나 조력을 약속했으며, 그 사람은 모두의 갈채를 받았다. 따르지 않는 자는 반역자나 배반자로 낙인찍히고, 그 이후부터는 어떤일에서도 신용하지 않았다.

또 그들은 손님을 난폭하게 대하는 일을 좋지 않게 생각하였다. 방문 목적이 무엇이든 간에 난폭한 짓은 삼가고 신성하게 대하였다. 손님에게는 모든 집을 개방하고 식사도 함께 하였다.

24 일찍이 갈리 인의 무용이 게르마니 인보다 뛰어났을 때, 인구는 많고 토지는 적었으므로 그들은 진군하여 싸움을 걸고 레누스 강 맞은편에 식민지를 둔 적도 있었다.

헤르키니아(Hercynia) 숲[21]은 에라토스테네스(Eratosthenes)[22]나 약

간의 그리스 인에게 소문으로 알려져 오르키니아(Orcynia) 숲으로 불리고 있었다. 그 숲 가장자리에 있는, 게르마니아에서 가장 비옥한 지방을 볼카이 테크토사게스(Volcae Tectosages) 족[23]이 점령하고, 그곳에 정착했다. 볼카이 테크토사게스 족은 오늘날까지 그곳에서 거주하며 공명정대하고 용감한 태도로 이름을 떨치고 있었다.

게르마니 인은 오늘날에도 옛날과 같이 곤궁과 결핍·인내의 생활을 계속하고 있었고, 먹는 것도 의복도 변함없었다. 갈리 인은 프로빈키아에서 가까웠으므로 외래품도 알았고 사치도 누렸으며, 편의도 보고 있었다. 전쟁에서 여러 번 패한 갈리 인은 점차 패배에 길들어 게르마니 인과 무용을 겨루지 않으려 했다.

25 [24] 앞서 서술한 바 있는 헤르키니아 숲의 폭은 경무장한 병사가 9일 정도를 걸을 만큼 넓었다. 달리 측량할 방법이 없고, 길을 측량할 방법도 알 수 없었다. 그 숲은 헬베티 족과 네메테스 족, 라우라키 족의 국경에서 시작되어 다누비우스(Danuvius) 강[25]을 따라 곧장 다키(Daci) 족과 아나르테스(Anartes) 족[26]의 국경에까지 이어졌다. 거기에서 왼쪽으로[27] 돌아 강의 흐름과는 다른 방향으로 뻗었고 워낙 넓었기 때문에 많은 부족의 국경과 접하였다. 게르마니 인의 어느 누구도, 심지어 어떤 자는 60일 간의 일정日程을 소비하였음에도 숲 끝까지 가보지 못했고, 숲이 어디서부터 시작되는지 들은 자도 없었다. 숲속

---

21) 오늘날의 독일 중남부의 산악 지대를 총칭한다.
22) 기원전 3세기에 알렉산드리아에서 살고 있었던 지리학자이자 시인.
23) 오늘날의 아그드(Agde), 로데브(Lodeve), 몽펠리에(Montpellier), 우제(Uzes), 님므(Nimes), 알레(Alais) 등의 지방에 살았던 부족.
24) 25~28은 후세의 삽입인 듯하다.
25) 오늘날의 다뉴브 강 상류. 하류는 이스테르(Ister)로 불렸다.
26) 오늘날의 타이스(Theiss) 북안北岸에 살고 있던 부족.
27) 즉, 북쪽이라는 뜻. 카르파티아(Carpathia) 산맥 서쪽, 야블룬카(Jablunka) 산맥 부근에서 다뉴브 강은 남쪽 평원을 지나 남하하게 된다. 이것을 말하는 것이리라.

엘크

에는 확실히 다른 곳에서는 볼 수 없는 종류의 많은 동물들이 서식하고 있었다. 그 중 다른 동물과 전혀 달라 기억해 둘 만한 것에는 다음과 같은 것이 있었다.

26 사슴 모습을 한 소가 있었다. 이 소는 양 귀 사이의 이마 중앙에 뿔 하나가 솟아 있었는데, 그것은 우리가 알고 있는 것보다 더 높이 그리고 더 곧추 돋아나 있었다. 그 정점으로부터 가지는 상당히 넓게 퍼져 있었다. 암컷과 수컷의 생김새가 똑같았고, 뿔의 모양과 크기도 같았다.

27 '엘크'라 불리는 동물도 있었다. 그 모습이나 가죽에 얼룩무늬가 있는 점 등은 산양과 같았으나, 그보다는 약간 컸고, 뿔은 빈약했으며, 발에는 혹도 관절도 없었다. 누워서 쉬지 않았고, 어쩌다 넘어지면 일어서지 못했다. 나무를 침대 삼아 기대어 잠깐씩 쉬었다. 사냥꾼은 발자국으로 그 동물이 다니는 통로를 알게 되면 그곳의 나무들을 모두 뿌리째 뽑거나 베어 낸 후 윗부분만 그대로 남겨 두었다. 그

러면 그 짐승이 늘 그랬던 것처럼 이곳에 기대면 무게를 지탱하지 못한 나무가 쓰러지면서 짐승도 함께 쓰러졌다.

28 세번째 종류로는 '우리'라 불리는 것이 있었다. 이것은 코끼리보다 약간 작았고, 생김새와 색깔은 황소와 비슷했다. 힘이 세고, 속도도 빨랐다. 그것들은 사람이든 짐승이든 모습을 보기만 하면 용서하지 않았다. 게르마니 인들은 함정을 이용하여 이것을 많이 잡아 죽였다. 청년은 이런 수렵을 통해 신체를 단련했다. 제일 많이 죽인 자는 그 증거로서 뿔을 사람들에게 보이고 칭송을 받았다. 어린 것을 사로잡아도 길들이거나 키울 수 없었다. 뿔의 크기와 생김새는 소의 그것과 아주 달랐다. 사람들은 열성적으로 이 뿔을 구하여 가장자리를 은으로 싼 후 성대한 연회에서 술잔으로 썼다.

4. 에부로네스 족의 반란

29 우비 족의 정찰병으로부터 수에비 족이 숲으로 퇴각한 것을 알게 된 카이사르는 앞서 말한 대로 게르마니 인은 농업에 별로 관심을 쏟지 않기 때문에 곡물이 부족해질지도 모른다고 우려하여 더 이상 전진하지 않도록 했다. 그러나 카이사르가 다시 올지 모른다는 두려움을 야만인들이 계속 가지고 있도록, 또 게르마니 인의 원조가 늦어지게끔, 군대를 철수시킨 뒤에 우비 족 영지의 강변에 접해 있는 다리 끝을 길이 200페스 정도 파괴하고, 그 다리 앞에 4층탑을 세우고 또 다리를 보호하기 위해 12개 코호르스를 수비대로 두고, 그곳에 큰 보루를 구축했다. 그리고 그 요새와 수비대를 젊은 가이우스 볼카키우스 툴루스(Gaius Vocacius Tullus)에게 부탁했다. 카이사르 자신은 곡물이 여물기 시작하자 암비오릭스와 싸우기 위해 강행군하여 아르두

엔나(Arduenna) 숲(갈리아에서 가장 큰 숲으로, 레누스 강변과 트레베리 족의 국경에서 네르비 족의 영지에 이르는, 길이 500마일 이상[28]의 숲이다)[29]을 지났다. 호기를 놓치지 않으려고 루키우스 미누키우스 바실루스(Lucius Minucius Basilus)[30]와 기병 전체를 선행先行시키고, 아군의 행동을 먼 곳으로부터 관측당하지 않기 위해 진지에 불을 피우지 못하도록 명했다. 카이사르는 자신도 곧 뒤따라가겠다고 말했다.

30 바실루스는 명령대로 실행했다. 그 누구도 예상치 못할 만큼 빠른 속도로 전진해 그것을 알아채지 못한 그 지역 사람들을 다수 사로잡았다. 바실루스는 그들의 말을 통해 암비오릭스가 얼마 안 되는 기병과 함께 있다는 사실을 알아내고, 그들이 있는 장소로 갔다.

다른 일에서와 마찬가지로 군사 문제에서도 운이 매우 중요한 역할을 한다. 경호도 준비도 없는 암비오릭스와 마주치고, 더군다나 그것이 소문도 통지도 없이 그렇게 된 것은 전혀 뜻밖의 행운이었지만, 암비오릭스가 무기를 모두 빼앗기고 수레와 말까지 압류당하면서도 목숨을 부지한 것도 큰 행운이었다.

사실은 이러했다. 숲으로 둘러싸여 있는 암비오릭스 집의(갈리 인의 주거지는 거의 모두가 그러했는데, 더위를 피하기 위해 숲이나 강 근처에 몰려 있었다) 좁은 장소에서 종자從者와 친구들이 로마 기병의 공격을 얼마간 막아내고 있었다. 이 사이에 부하 한 명이 암비오릭스를 말에 태워 숲으로 함께 도망친 것이다. 그러므로 위기와 마주친 것도, 위기를 모면한 것도 모두 행운이었다.

31 암비오릭스가 군사들을 모으지 않은 까닭이, 전쟁을 해서는 안 된다고 생각했기 때문인지, 아니면 시간적인 여유도 없이 아군 기병

---

28) 사실은 약 150마일이다.
29) 이 부분은 삽입구인 듯하다.
30) 후에 카이사르의 암살자들 가운데 한 사람이 되었다.

의 갑작스런 내습으로 방해를 받았으므로 다른 부대도 뒤따라오고 있다고 생각했기 때문인지 어쩐지는 전혀 알 길이 없다. 그러나 암비오릭스가 각지에 사자를 보내 자신을 도우라고 명령했던 것은 사실이다.

어떤 자는 아르두엔나 숲으로, 또 어떤 자는 끝없는 늪지대로 도망쳐 들어갔다. 대서양에서 가까운 곳에 있던 자들은 언제나 조류가 만들어 내는 섬들 속에 숨었다. 자신의 영지를 떠난 많은 자들이 이방인에게 몸과 재산을 의탁했다. 에부로네스 족의 한쪽 왕으로 암비오릭스와 함께 책략을 꾸몄던 카투볼쿠스는 이젠 늙어 전쟁하기도 도피하기도 어려워지자 음모의 중심이었던 암비오릭스를 온갖 말로 저주하다가 갈리아나 게르마니아에서 쉽게 구할 수 있는 주목朱木[31]의 독을 먹고 자살했다.

32 에부로네스 족과 트레베리 족의 영지 사이에 사는 게르마니 인과 동족인 세그니(Segni) 족[32]과 콘드루시 족은 카이사르에게 사절을 보내 자신들까지 적으로 보지 말아 달라, 레누스 강 옆의 모든 게르마니 인의 목적이 똑같다고는 생각지 말아 달라고 탄원했다. 사절들은 또 자신들은 전쟁 따위는 조금도 생각지 않았으며, 암비오릭스에게 원군을 보낸 적도 없다고 말했다.

포로들을 조사하여 이 사실을 확인한 카이사르는 만약 에부로네스 족 사람들이 도망쳐 오면 카이사르에게 보내라고 명하고, 명령대로만 하면 영지를 침해하지 않겠다고 말했다. 그러고 나서 부대를 셋으로 나누고 전 군단의 군수품을 아투아투카(Atuatuca)[33]에 모았다. 이

---

31) taxus — 과실은 유독하지 않으므로 아마 잎으로 만들었을 것이다.
32) 오늘날의 콩드로(Condroz) 부근의 도시 시네(Sinei), 즉 시그니(Signi)를 중심으로 살고 있던 부족.
33) 에부로네스 족의 영지에 있던 성채. 오늘날의 통게른(Tongern)라고 추측하고 있다.

것은 성채의 이름이었다. 에부로네스 족의 영지 거의 중앙에 있었던 것으로, 티투리우스와 아우룬쿨레이우스가 전에 동영하기 위해 주둔했던 곳이다.

여러 사정에 더하여 지난해의 보루도 그대로 남아 있었으므로 병사들의 노고를 줄이기 위해 이곳을 택했다. 그리고 최근 이탈리아에서 징발해 온 3개 군단 중 하나인 제14군단을 군수품의 수비대로 남겨 두었다. 카이사르는 그 군단과 진지를 퀸투스 투리우스 키케로에게 맡기고 기병 200명을 더 주었다.

33 부대를 셋으로 나누어 3개 군단과 티투스 라비에누스를 대양 방면, 즉 메나피 족의 영지에 인접한 지방으로 보내고, 똑같은 수의 군단과 가이우스 트레보니우스를 아투아투키 족의 영지와 인접한 지방으로 보내 약탈하게 하였으며, 카이사르 자신은 나머지 3개 군단을 이끌고 모사 강으로 흘러드는 스칼디스(Scaldis) 강[30]과 아르두엔나 숲의 가장 먼 곳으로 가기로 했다. 암비오릭스가 소수의 기병과 함께 그곳으로 도망쳤다는 보고가 있었기 때문이었다. 카이사르는 출발하면서 7일째 되는 날에 돌아오겠다는 말을 남겼다. 7일째 되는 날, 수비를 위해 남긴 군단에게 곡물을 할당해야 한다는 것을 알고 있었기 때문이었다. 라비에누스와 트레보니우스에게도 상황이 불리하지 않다면 그날까지 돌아오라고 지시했다. 적의 생각을 확인하고 나서 계략을 협의한 후 다시 전쟁을 하려는 생각에서였다.

34 앞서 말한 대로 적에게는 무력을 사용하여 자기 자신을 방어할 수 있는 정규 군대나 도시 수비대도 없었고, 또한 사람들은 각지에 분산되어 있었다. 그들은 은폐된 골짜기나 삼림지대, 보행이 곤란한 늪지에 또는 적어도 자신을 보호해 줄 수 있는 장소에 주거를 정했다. 그런 곳도 인근 사람들은 잘 알고 있었다.

아군은 부대의 주력을 보호하는 데보다도(적은 모두 겁을 집어먹고 분산되어 있었기 때문에 어떤 위험도 있을 수 없었다) 한 사람 한 사람의 병사를 보호하는 데 신경을 써야 했다. 그것은 부대의 안전과 얼마간 관계가 있었다. 왜냐하면 전리품 획득의 욕망은 상당히 많은 병사를 유혹하여 너무 멀리까지 움직이게 했지만, 은폐된 삼림지대의 길은 대부대의 전진을 허락지 않았기 때문이다. 적을 철저히 토벌하고 그 악랄한 자들을 전멸시키고자 한다면 아군은 더 많은 부대를 보내어 병사들을 모든 방향으로 분산시키지 않으면 안 된다. 로마 군의 방식이나 습관대로 마니풀루스를 부대기 밑에 집결시키면 야만인은 지형에 의해 보호받게 된다. 각기 은폐된 장소에 잠복한 야만인도 분산된 아군을 포위할 용기가 없는 것은 아니었다.

그런 어려움에 직면한 아군은 긴장하여 총력을 다해 적의 동태를 경계했다. 모두 복수심에 불타고 있었지만 아군 병사를 잃으면서까지 적을 상하게 할 수는 없었으므로 오히려 적을 손상시킬 기회를 간과해 버렸다. 카이사르는 인근 부족에게 사자를 보내어 전리품에 대한 희망을 부추겨 모두 에부로네스 족을 약탈토록 하여 숲속에서 군단병보다 오히려 갈리 인의 목숨을 위험에 노출시키고, 동시에 다수의 힘으로 에부로네스 족을 포위해 저 꺼림칙한 죄[35]의 대가로 그 부족의 사람과 이름을 없애 버리려 했다. 많은 사람들이 각지에서 금세 몰려들었다.

35 에부로네스 족의 영지에서 이런 일이 행해지고 있는 동안에, 카이사르가 군수품과 군단이 있는 곳으로 돌아가야 할 7일째가 다가왔다. 그리고 운이 전쟁에서 얼마나 크게 작용하는지 또 얼마나 큰 재난

---

34) 오늘날의 스헬데(Schelde) 강. 뫼즈 강으로 흘러 들어가는 것은 샹브르 강이며, 방향상으로도 그것은 아르두엔나 숲의 끝부분에 닿지 않기 때문에 이것을 사비스 강의 오류로 보는 주장도 있다. 하류가 변할 가능성도 있기는 하다.

35) 즉, 사비누스와 코타에 대한 반란.

을 만들어 내는지를 여기에서 볼 수 있었다.

앞서 말한 대로 적은 겁을 집어먹고 뿔뿔이 흩어져 있었으므로 두려워할 이유가 조금도 없었다. 에부로네스 족이 약탈되었고, 더욱이 다른 부족들도 에부로네스 족을 약탈하도록 권유받았다는 사실이 레누스 강 맞은편의 게르마니 인에게 소문으로 전해졌다. 패주한 텐크테리 족과 우시페테스 족을 맞아들인 수감브리 족은 레누스 강에서 가장 가까운 곳에 사는 부족이었다. 기병 2천명을 모은[36] 이들은 카이사르가 다리를 놓고 이를 지키도록 수비대를 남겨 둔 곳으로부터 30마일 떨어진 레누스 강 하류에서 배와 뗏목으로 도하했다. 이들은 에부로네스 족의 영지에 이르자 뿔뿔이 흩어져 도망치는 자들을 많이 사로잡았고, 또한 야만인들이 제일 욕심을 내는 가축도 수없이 획득했다.

전리품에 고무된 그들은 더욱 멀리 들어갔다. 전쟁과 강탈에 타고난 재주를 지닌 이들은 늪이나 숲에서도 어려움을 겪지 않았다. 이들은 또한 포로에게 물어 카이사르가 멀리 전진한 것을 알고 로마 군이 그곳에 있지 않은 것도 확인했다. 그러자 포로 한 명이 "당신들은 바야흐로 제일 복받은 사람들이 될 수도 있는데, 왜 이런 보잘것 없고 실속 없는 노획물을 쫓고 있는가? 3시간이면 아투아투카에 갈 수 있다. 로마 군은 그곳에 재산을 두고 있다. 그들은 수비병이 적어 방벽을 뒤덮을 수도 없고, 보루 밖으로 나오려 하지도 않는다"라고 말했다. 이 중언으로 인해 희망에 고무된 게르마니 인은 얻은 노획물을 감춰두고 이 일을 알려 준 자를 안내인으로 삼아 아투아투카로 급히 떠났다.

36 그때까지 카이사르의 명을 지켜 엄중히 경계하면서 병사들을 진중에 머물도록 하고 종군자조차 보루 밖으로 나가는 것을 허락지

---

36) 이 밖에도 보병이 많이 있었을 것이라 생각된다.

않았던 키케로는, 카이사르가 아주 멀리 진출했다는 말은 들었으나 그 귀환에 대해서는 들리는 풍문이 전혀 없이 7일째가 되자 약속이 지켜지기는 어려우리라 생각했다. 동시에 누구도 진지에서 나가는 것을 허락지 않아 철옹성 같다고 표현되었던 인내도 흔들렸다. 또한 9개 군단과 모든 기병이 무장하고 있었고 적도 뿔뿔이 흩어진 채 거의 전멸하다시피 했기 때문에 3마일 이내의 장소에서 공격당하게 되리라고는 생각할 수 없었다.

그러므로 키케로는 진지와의 사이에 단 하나의 언덕만이 있는 가까운 밭으로 5개 코호르스를 보내 곡물을 가져오게 했다. 군단의 많은 병사들은 진지에 그대로 남아 있었다. 그 병사들 가운데 요 며칠 사이에 치유된 약 300명 정도가 하나의 군기 휘하에 내보내졌다. 그밖에도 다수의 종군자와 진지에 있던 많은 수송용 말도 허가를 받고 그 뒤를 이었다.

37 바로 그때 게르마니 인의 기병이 나타나 올 때와 똑같은 속도로 진지의 뒷문을 통해 돌입하려 했다. 그런데 그 방면은 숲에 가로막혀 있었으므로 게르마니 인이 진지에 가까이 올 때까지 아군은 그것을 알아채지 못했다. 보루 밖에서 오두막을 짓고 지내던 상인들이 진지 안으로 도망쳐 들어올 시간조차 없었을 정도였다. 허를 찔린 아군은 갑작스런 사건에 크게 당황했고, 경계하고 있던 코호르스는 최초의 공격을 가까스로 막아냈다. 적은 입구를 발견하고자 다른 부분도 에워쌌다. 아군은 겨우 진문을 지켜냈다. 요새의 지형과 튼튼한 보루 덕분에 다른 곳으로부터도 적을 들이지 않았던 것이다.

진지 전체가 공포에 휩싸였다. 서로 대소동의 원인을 물었으며, 어디로 가야 할지, 어디에서 모여야 할지, 그 어떤 것도 결정할 수 없었다. 어떤 자는 진지를 벌써 빼앗겼다고 말했고, 어떤 자는 야만인이 로마 군과 지휘관을 격파하고 승리자로서 왔다고 말했다. 사람들은

진지 밖에서 곡물을 수확하는 로마 군 병사들

이 장소에 대한 묘한 미신을 믿고, 같은 성채에서 죽은 코타와 티투리
우스의 불행을 눈앞에 그렸다. 모든 사람들이 이렇게 겁을 집어먹고
있는 동안, 야만인은 포로에게서 들은 것처럼 진지 안에 수비대가 없
다는 사실을 확인했다. 그렇기에 이런 멋진 행운을 놓치지 말자고 서
로 격려하면서 돌파에 힘썼다.

38 카이사르 곁에서 백부장으로 복무하던 사람으로 이전 전쟁에
서도 명성이 자자했던[37] 푸블리우스 섹스티우스 바쿨루스가 병 때문
에 수비대 안에 남아 있었다. 그는 그때 이미 5일간이나 아무것도 먹
지 못했다. 그는 그 자신도 그리고 다른 사람들도 모두 틀렸다며 체념

---

37) 그는 기원전 57년에 네르비 족과의 전투에서 중상을 입으면서도 큰 공을 세웠고, 그에 이
어 겨울에도 갈바의 진중에서 공로를 세웠던 것이다.

했다. 그가 무장도 하지 않은 채 천막에서 나왔을 때, 적이 바싹 다가온 것을 보고 일이 중차대한 것을 알았다. 당장 가까운 곳에 있던 자로부터 무기를 빼앗아 든 그는 진문 앞에 섰다. 경비를 하고 있던 코호르스의 백부장도 뒤를 이었다. 그들은 잠시 함께 싸웠다. 섹스티우스는 중상을 입은 채 정신을 잃고 쓰러졌지만 곧바로 병사들의 손에서 손으로 옮겨져 간신히 구조되었다. 다른 자들도 여유가 생기자 사기를 되찾아 보루를 방비하였고, 방어태세도 갖출 수 있었다.

39 그 사이에 곡물을 거두어들이는 일을 끝낸 아군 병사들은 울부짖는 소리를 알아차렸다. 그리고 먼저 도착한 기병이 사태의 위급함을 알았다. 그러나 겁을 먹은 자들을 받아들일 보루가 없었다. 갓 징집되어 온 경험 없는 풋내기 병사들은 천부장이나 백부장을 쳐다보며 그 명령을 기다렸다. 이렇듯 새로운 사건에 당황하지 않을 만큼 용기가 있는 자는 없었다.

멀리서 부대기를 본 야만인은 공격을 중지했다. 그들은 포로로부터 멀리 갔다고 들은 군단이 돌아왔다고 생각했지만 곧 소수인 것을 확인하자 얕보고 사방에서 이들을 공격했다.

40 종군자들은 가까운 둔덕으로 갔다. 거기에서 곧 쫓겨난 그들은 마니풀루스의 부대기 속으로 우르르 들이닥쳤고, 그로 인해 겁을 먹은 병사들은 한층 더 놀랐다. 어떤 자는 진지가 가까우므로 쐐기꼴 진[楔形陣]을 짜 신속히 돌파하는 것이 좋다고 하면서, 그렇게 하면 일부가 죽더라도 다른 사람들은 살 수 있다고 말했다. 어떤 자는 언덕 위에 남아 모두 운명을 함께하자고도 말했다.

붉은 기 휘하에서 함께 나가려고 했다고 말한 고참병들은 이에 승복하지 않았다. 이들은 로마의 기사 가이우스 트레보니우스[38]의 지휘

---

38) 앞서 서술한 부장과는 동명이인이다.

아래 서로 격려하면서 적의 중앙을 돌파하여 모두 안전하게 진지에 도착했다. 기병과 종군자도 뒤이어 이들과 똑같이 돌격을 시도하였으며, 병사들의 무용으로 구출되었다.

언덕 위에 남아 있던, 군사 경험이 없는 병사들은 높은 곳에서 방어하겠다는 자신들의 생각을 일관되게 관철하지도 못하고, 그렇다고 해서 다른 사람들이 발휘하는 용기와 속도도 흉내내지 못한 채, 진지로 돌아가고자 불리한 장소로 내려왔다. 무용이 뛰어난 덕에 다른 군단의 낮은 계급에서 이 군단의 높은 계급으로 승진한 백부장도 그 속에 섞여 있었다. 백부장은 지금까지의 군사적 명성을 잃지 않으려고 용감히 싸우다 죽었다. 불행 중 다행히 그 무용이 적을 압도하여 아군 병사의 일부는 뜻밖에도 무사히 진지로 돌아올 수 있었지만, 다른 자들은 야만인에게 포위되어 죽었다.

41 로마 군이 보루 위에 올라가 있는 것을 본 게르마니 인은 진지 공격을 단념한 채, 숲속에 두었던 노획물을 가지고 레누스 강 맞은편으로 퇴각했다.

아군은 적이 물러간 후에도 공포에 시달리고 있었기 때문에, 기병과 함께 떠났다가 그날 밤 진지에 도착한 가이우스 볼루세누스마저 카이사르가 아무 손상 없이 군대를 이끌고 가까운 곳에 와 있다는 것을 믿게 할 수 없을 정도였다. 이들은 모두 겁에 질려 떨고 있었기 때문에 마치 실신한 것처럼 되어 심지어 자기들끼리 전군은 격파되었고 기병만이 도망쳐 돌아왔다고 말했으며, 군대가 무사했다면 게르마니 인이 진지를 습격했을 리 없다고까지 주장할 정도였다. 그래서 카이사르가 도착한 후에야 이러한 공포는 사라졌다.

42 돌아온 카이사르는 전쟁에서는 불상사가 일어난다는 것을 잘 알고 있었기 때문에 코호르스가 수비와 경계를 소홀히 하고 나간 것만을 비판하고, 또한 어떠한 작은 일에도 틈을 주어서는 안 된다고 지

적했다. 행운은 적의 신속한 공격에도 크게 작용했으며, 야만인을 진지의 보루와 문으로 물리친 것에는 한층 더 큰 행운이 작용했다고 믿었다.

아마도 이 사건 전체를 통해 가장 불가사의한 것은 암비오릭스의 영지를 약탈하고자 레누스 강을 건넌 게르마니 인이 때마침 로마 군의 진지로 이끌려 암비오릭스에게 가장 바람직한 행운을 베풀게 되었던 것이리라.

43 적을 괴롭히기 위해 다시 행군을 시작한 카이사르는 인근 부족으로부터 많은 원병을 모아 각 방면으로 파견했다. 카이사르는 눈에 띄는 족족 마을과 집을 불사르고, 가축은 죽였으며, 전리품을 도처에서 거두어들였다. 또한 곡물은 많은 수송용 말과 인간에 의해 소비되었을 뿐만 아니라 우기를 맞아 내리는 비 탓에 쓰러지고 있었다. 때문에 당분간은 숨을 쉴 수 있다 하더라도 군대가 철수한 뒤에는 모든 것이 부족해 결국 죽을 것이라 생각되었다.

카이사르는 많은 기병을 각 방면으로 내보냈는데, 그들이 잡아온 포로들은 암비오릭스가 도망치고 있다, 아직 시야에서 사라지지 않았다고 외쳤다. 그 결과 그를 따라잡을 수 있다는 희망이 생겨났으며, 또한 카이사르에게 최고의 친애親愛를 얻고자 하는 자들은 무한한 노력을 기울여 그 열의로 자연을 거의 극복했으나 늘 약간의 차이로 완전한 성공은 이루지 못했다.

암비오릭스는 숲이나 협곡의 안 보이는 곳으로 도망쳤고, 밤을 틈타 다른 지역, 다른 장소로 이동했으며, 4명의 기사 외에는 호위하는 병사가 달리 없었으므로 이들에게 목숨을 맡길 수밖에 없는 형편이었다.

44 이와 같은 방식으로 그 지역을 황폐화시켰으나 코호르스 2개를 잃은 카이사르는 레미 족의 두로코르토룸(Durocortorum)[39]으로 부대

를 이끌고 돌아왔다. 그는 그곳에서 갈리아 회의를 열어 세노네스 족과 카르누테스 족의 음모를 심문하기로 했다. 음모의 중심이었던 아코에게는 가장 무거운 선고를 내려 조상의 풍습에 따라 처형했다.[40] 재판을 두려워한 몇몇은 도망쳤고, 이들에게는 물과 불이 금지되었다.

카이사르는 2개 군단은 트레베리 족의 영지에, 다른 2개 군단은 링고네스 족의 영지에, 나머지 6개 군단은 세노네스 족의 영지 안에 있는 아게딘쿰(Agedincum)[41]에 동영하도록 배치하고, 군대의 곡물이 준비되자 늘 그랬던 것처럼 순회재판을 위해 이탈리아로 향했다.

---

39) 오늘날의 랭스(Reims).
40) 태형을 가해 죽인 뒤 참수하는 것이다.
41) 오늘날의 상스(Sens).

제7권 (B.C. 52년)

1. 갈리 인 전체와의 전쟁

1 갈리아가 평정되었으므로 카이사르는 예정했던 대로 순회재판을 열기 위해 이탈리아로 향했다. 거기에서 클로디우스(P. Clodius)[1]가 살해된 것을 알았다. 이탈리아의 젊은이[2]들은 누구나 다 군무를 서약해야만 한다는 원로원의 결의를 안 카이사르는 프로빈키아 전체에 걸쳐서 징병[3]을 결심했다. 이것은 곧 갈리아 트란살피나(Gallia Transalpina)에 전해졌다.

갈리 인은 그 소식에 그럴듯한 소문을 덧붙였다. 로마에 동란이 일

---

1) 키케로의 정적으로 오랫동안 밀로(Milo)와 대립하고 있던 무뢰한. 그들은 도당을 이끌고 거리에서 싸웠으며, 그 때문에 공무가 방해를 받고 선거가 중단될 정도였다. 기원전 53년 10월 7일 밀로와 충돌한 끝에 살해되었다. 폭민暴民은 그의 시체를 원로원에 메고 들어와 불태우고, 그 때문에 원로원 회당도 불에 타버리고 말았다. 이듬해 2월에 유일한 집정관으로 선출된 폼페이우스가 이 소동을 진압했다.

2) 17~46세의 사람들.

3) 여기에서는 갈리아 키살피나 전체라는 의미일 것이다. 그는 전해에도 폼페이우스로부터 군단을 양보받은 일이 있었으므로 비상시인 이때에 그것을 보충하는 일도 생각하고 있었을 것이다. 그러나 규모가 큰 일이 아니었던 것은 확실하다.

어나 카이사르는 발목을 붙잡혔고, 그 중대한 분쟁 때문에 부대가 있는 곳으로 올 수 없다는 것이었다. 로마의 지배하에 놓이게 된 것을 전부터 못마땅하게 여기고 있었던 자들은 이 기회를 틈타 보다 공개적이고 대담하게 전쟁을 계획하기 시작했다.

갈리아의 유력자들은 숲이나 가까운 시골에 모여 동족의 죽음을 애도하고, 이러한 운명이 자신들에게도 돌아오리라 우려하면서 갈리아의 불행한 운명을 한탄했다. 갈리아의 자유를 쟁취하기 위해 목숨을 걸고 전쟁할 사람에게는 답례로서 많은 것을 약속했다.

비밀 계획이 누설되기 전에 카이사르를 부대로부터 떼어놓아야 했으므로 각별한 주의를 기울여야 했다. 그것은 쉬운 일이었다. 지휘자가 부재중인 군단이 동영지에서 나올 리 없고, 경비 없이는 지휘자도 군단이 있는 곳으로 오지 못할 것이기 때문이다. 요컨대, 옛 전쟁에서 얻은 명예와 조상으로부터 물려받은 자유를 되찾지 못할 바에야 차라리 전쟁터에서 죽는 편이 나았다.

2 이러한 것들이 논의되고 있는 사이에 카르누테스 족은 "모두의 행복을 위한 일이라면 어떤 위험도 무릅쓰겠다"고 선언하면서 "우리들은 무엇보다도 먼저 전쟁을 시작하겠노라"고 약속했다. 일이 누설되지 않도록 인질을 서로 교환하는 일은 지금으로선 할 수 없지만 갈리 인의 풍습 가운데 가장 신성한 의식인 군기 집결 방법을 취해 설사 자신들이 전쟁을 개시하더라도 동료들로부터 버림받는 일이 없도록 맹세하기를 요구했다. 카르누테스 족은 칭송을 받았고, 그곳에 있었던 자는 서로 맹세했으며, 계획을 실행에 옮길 날짜를 결정한 후 회의를 마쳤다.

3 계획을 실행에 옮길 날짜가 다가오자 카르누테스 족은 흉한凶漢 구트루아투스(Gutruatus)와 콘콘네토둠누스(Conconnetodumnus)의 지휘하에 신호와 함께 케나붐(Cenabum)⁴⁾에 모여 장사 때문에⁵⁾ 그곳

베르킹게토릭스의 모습이 새겨진 주화

베르킹게토릭스

에 있던 로마 인을 죽이고 재산을 빼앗았다. 그 가운데에는 카이사르의 명령으로 곡물 공급의 임무를 맡고 있었던 명예로운 로마의 기사 가이우스 푸피우스 키타(Gaius Fufius Cita)도 있었다.

소문은 곧 갈리아의 부족 전체에 전해졌다. 특별한 대사건이 일어나면 사람들은 그들의 영지에서 외쳐대는 소리로 알린다. 이것을 받은 자는 다시 인근 사람에게 전한다. 이때도 그리했다. 해가 뜰 무렵에 일어난 일이 1경이 지나기 전에 아르베르니 족의 영지에 전해졌다. 거리는 약 160마일이었다.

 4 아르베르니 족의 베르킹게토릭스(Vercingetorix)는 켈틸루스(Celtilus)의 자식으로서 가장 큰 세력을 가진 젊은이였다. 그의 아버지는 전 갈리아의 제일인자였는데, 왕위를 노렸다 하여 부족 사람들

4) 오늘날의 오를레앙.
5) 금화, 수세收稅 청부請負, 노예 및 곡물의 매매 등을 지칭하는 듯하다.

에게 살해되었다.

이 베르킹게토릭스도 피호민을 모았으며, 이들을 충동질했다. 책 모를 안 부족 사람들도 무기를 들었다. 이런 일에 운명을 걸어서는 안 된다고 생각한 숙부 고반니티오(Gobannitio)와 다른 유력자들은 베르킹게토릭스를 게르고비아(Gergovia) 도시에서 추방했다. 그래도 베르킹게토릭스는 단념하지 않고 궁핍하고 몰락한 자들을 토지에서 모았다. 이렇듯 반란군을 모으는 한편, 부족 사람들에도 접근하여 감정에 호소하면서 모두의 자유를 위해 무기를 들자고 권유해 대군을 형성했다. 그는 얼마 전에 자신을 추방했던 반대파들을 부족에서 쫓아냈으며, 부하들로부터는 왕으로 불렸다.

베르킹게토릭스는 각지에 사절을 보내 지지해 줄 것을 요청했다. 금세 세노네스 족, 파리시 족, 픽토네스 족, 카두르키(Cadurci) 족,[6] 툴로니 족, 아우레르키 족, 레모비케스(Lemovices) 족,[7] 안디(Andi) 족,[8] 그 밖에도 대서양에 면한 부족을 모두 자기편으로 삼았고, 모두의 동의로 지휘도 맡게 되었다. 지휘를 맡은 베르킹게토릭스는 모든 부족에게 인질을 요구하고, 일정한 수의 병사를 곧 자기에게 보내라고 명령하면서, 각 부족이 본국에서 얼마만큼의 무기를 언제까지 제조해야 하는지에 대하여 결정했으며, 특히 기병에 신경을 썼다.

베르킹게토릭스는 경계를 엄중히 함과 아울러 지휘도 엄격히 하여 태도가 애매한 자에게는 엄벌을 가했다. 중죄인은 불고문과 그 외 모든 고통을 가하여 죽였고, 경죄인은 귀를 자르거나 한쪽 눈을 도려낸 뒤 본국으로 돌려보냈다. 즉 무거운 형을 내려 일벌백계一罰百戒로 다스려서 사람들을 위협했던 것이다.

---

6) 오늘날의 카오르(Cahors)를 중심으로 살고 있던 부족.
7) 오늘날의 리모주(Limoges)를 중심으로 살고 있던 부족.
8) 안데스 족과 동일.

5 이러한 형벌로 쉽게 부대를 모은 베르킹게토릭스는 카두르키 족의 용감한 루크테리우스(Lucterius)에게 부대 일부를 주어 루테니 족의 영지로 보내고, 자신은 비투리게스 족의 영지로 향했다.

비투리게스 족은 베르킹게토릭스가 오자 보호를 받고 있던 하이두이 족에게 사절을 보내어 도움을 청하고, 그 힘으로 적의 부대를 막으려 했다. 하이두이 족은 카이사르가 부대와 함께 잔류시킨 부장의 권유로 보병과 기병 부대를 비투리게스 족에게 보내 원조하도록 했다.

비투리게스 족과 하이두이 족의 영지 사이에 있는 리게르 강에 이른 이들은 거기서 며칠간 머무르면서 강도 건너지 않은 채 본국으로 돌아왔다. 이들은 로마의 부장에게, "비투리게스 족의 계략이 두려워 돌아왔다. 만일 강을 건너면 한편으로는 비투리게스 족이, 다른 한편으로는 아르베르니 족이 포위하기로 했다는 적의 계략을 알아냈다"고 보고했다. 로마의 부장은 과연 그것이 그에게 보고한 위와 같은 이유에서인지, 그렇지 않으면 계략에 의한 것인지가 분명하지 않았기 때문에 단정을 내려서는 안 된다고 생각했다. 하지만 하이두이 족의 병사들이 떠나자 비투리게스 족은 곧 아르베르니 족과 합류했다.

6 이 일이 이탈리아의 카이사르에게 보고된 바로 그때, 로마의 사정도 폼페이우스의 힘으로 잘 평정되었으므로 카이사르는 갈리아 트란살피나로 향했다.

그곳에 도착한 카이사르는 부대가 있는 곳으로 갈 방법을 둘러싸고 큰 곤경에 빠졌다. 군단을 프로빈키아로 불러모으면 군단은 카이사르 없이 행군중에 싸우게 될 것이며, 카이사르 자신이 부대가 있는 곳으로 가게 될 경우에는 잠잠하던 부족들에게조차 몸의 안전을 맡길 수 없다고 생각했던 것이다.

7 베르킹게토릭스에 의해 루테니 족에게 파견된 카두르키 족의 루크테리우스는 루테니 족을 아르베르니 족의 우군으로 삼았다. 나

아가 니티오브로게스(Nitiobroges) 족[9]과 가발리(Gabali) 족[10]의 영지로도 들어가 두 부족으로부터 인질을 취하고 대부대를 모으자, 프로빈키아의 나르보 지방을 침입하고자 했다.

이것을 안 카이사르는 무엇보다도 먼저 나르보로 가지 않으면 안 된다고 생각했다. 그곳에 도착한 카이사르는 겁에 질린 자들을 격려하고, 프로빈키아에 속하는 루테니 족, 볼카이 아레코미키(Volcae Arecomici) 족,[11] 톨로사테스 족과 나르보의 주위, 즉 적과 인접한 지방에 수비대를 두었다. 또 아르베르니 족의 영지에 접한 헬비(Helvi) 족[12]의 영지 가운데에 프로빈키아의 부대 일부와 이탈리아에서 이끌고 온 보충병을 집결시켰다.

8 일이 이렇게 준비되었고, 한편으로는 루크테리우스도 로마 군의 수비대 속에까지 들어오는 것은 위험하다고 생각한 듯 진격을 억제하고 퇴각하자 카이사르는 헬비 족에게로 향했다.

아르베르니 족과 헬비 족의 영지 사이에 있는 케벤나(Cebenna) 산[13]은 혹한기에 접어들어 깊이 쌓인 눈이 행군을 방해했지만, 로마 군은 깊이 6페스의 눈을 좌우로 밀어내고 길을 만드는 등 큰 노력으로 아르베르니 족의 영지에 이르렀다. 이 시기에 이렇듯 그 길로는 아무도 지나갈 수 없었기 때문에 사람들은 방벽 같은 케벤나 산에 의해 보호받고 있다고 생각했다.

허를 찔린 그들은 크게 놀랐다. 카이사르는 기병에게 될 수 있는 대로 넓게 진용을 갖추어 적을 위협하라고 명했다. 이것이 소문과 사자

---

9) 오늘날의 아쟁(Agen) 지방에 살고 있던 부족.

10) 오늘날의 생플뤼(St. Flour) 지방의 일부에서 살고 있던 부족.

11) 오늘날의 아즈드(Agde), 로데브(Lodeve), 몽펠리에(Montpellier), 우제(Uzes), 님므(Nimes), 알레(Alais)를 포함한 지방에 살고 있던 부족.

12) 오늘날의 비비에(Viviers) 지방에 살고 있던 부족.

13) 오늘날의 세벤느(Cevénnes).

에 의해 금세 베르킹게토릭스에게 전해졌다. 아르베르니 족은 모두 겁에 질린 채 베르킹게토릭스를 에워싸고 자신들의 재산을 지켜 달라, 전쟁이 마침내 자신들 쪽으로[14] 돌아왔지만 적에게 아무것도 빼앗기지 않게 해 달라고 부탁했다. 그 부탁에 마음이 움직여 베르킹게토릭스는 진지를 비투리게스 족의 영지에서 아르베르니 족의 영지로 옮겼다.

9 베르킹게토릭스가 그렇게 할 것이라 예측한 카이사르는 이곳에서 2일간 머문 후 보충병과 기병을 모으라 이르고 부대를 떠났다. 그는 젊은 브루투스에게 부대를 지휘하도록 했다. 카이사르는 기병으로 하여금 될 수 있는 한 모든 방향으로 넓게 진용을 짜도록 지시하고, 자신은 그 진지를 3일 이상 비우지 않도록 하겠다고 말했다.

이렇게 결정한 카이사르는 부하의 예상을 완전히 뒤엎고 가능한 한 먼 곳까지 행군하여 비엔나에 도착했다. 며칠 전에 그곳으로 먼저 보낸 신예 기병과 만난 카이사르는 밤낮을 가리지 않고 계속 행군하여 하이두이 족의 영지를 거쳐 2개 군단이 동영하고 있는 링고네스 족의 영지로 향했다. 설사 하이두이 족이 카이사르의 안정에 영향을 미치는 어떠한 짓을 하려 해도 빠른 속도로 극복하리라 마음먹었다.

그곳에 도착한 카이사르는 다른 군단에게도 사람을 보내어 자신의 도착이 아르베르니 족에게 전해지기 전에 모든 군대를 한곳에 모았다. 이러한 사정을 알아낸 베르킹게토릭스는 다시 부대를 이끌고 비투리게스 족의 영지로 돌아간 뒤 보이 족의 도시 고르고비나(Gorgobina)로 진격했다. 카이사르는 헬베티 족과의 전쟁에서 패배한 보이 족을 그곳에 놔 둔 채 하이두이 족 아래에 소속시켰다.

10 다음과 같은 사정이 카이사르가 계책을 세우는 데 방해가 되었

---

14) 이것을 모든 지휘권이 베르킹게토릭스에게 맡겨졌다는 뜻으로 보는 견해도 있다.

다. 지금부터 겨울이 끝날 때까지 군단을 한 곳에 집결시켜 두면 하이두이 족에게 소속되어 있는 자들은 정복당하게 될 것이고, 우방에 대한 카이사르의 보호가 아무 쓸모도 없다고 생각해 그 때문에 전 갈리아가 모반하게 될지도 모른다고 두려워했다. 그러나 동영지에서 일찍 부대를 내면 수송의 어려움 때문에 곡물 공급에 어려움을 겪을지도 몰랐다.

하지만 카이사르는 이러한 모멸을 감수하여 모든 동맹 부족의 호의를 잃기보다 어떤 어려움이든 견뎌 내는 것이 옳다고 생각했다. 그래서 하이두이 족에게는 식량 공급을 맡기고, 보이 족에게는 사람을 보내어 카이사르의 도착을 알리도록 하면서 진정한 용기를 가지고 적의 공격을 막아내라고 격려했다. 카이사르는 2개 군단과 전군의 물자를 아게딘쿰에 남겨 놓고 보이 족의 영지를 향해 떠났다.

11 다음날 카이사르는 세노네스 족의 도시 벨라우노두눔(Vellau-nodunum)[15]에 도착했는데, 식량 공급을 원활하게 하려면 아군의 뒤쪽에 적을 두지 않아야 한다고 생각하고, 이를 위해 이곳을 공격하기로 결정했다. 이틀 동안 이곳을 보루로 둘러싼 후 3일째 되는 날 도시에서 항복 사절이 나오니, 카이사르는 무기를 모으고 수송용 말을 거두면서 600명의 인질을 내라고 명령했다.

이 일을 수행시키기 위해 부장 가이우스 트레보니우스를 이곳에 남기고 카이사르 자신은 될 수 있으면 빨리 행군을 끝내고자 카르누테스 족의 케나붐으로 향했다. 이때 비로소 벨라우노두눔이 습격당했다는 소식을 들은 사람들은 그 습격이 오래 계속될 것으로 생각하고 케나붐을 보호하기 위해 수비대를 준비하고 있었다. 카이사르는 이틀 만에 케나붐에 도착했다.

---

15) 몽타르지오(Montargio)나 스코(Sceaux) 부근이라고 상상되고 있지만 그 어느 것도 추측에 지나지 않는다.

도시 앞에 진지를 구축했는데, 그날은 시간이 없어 카이사르는 습격을 다음날로 미루고, 습격에 필요한 준비를 하도록 병사들에게 명했다. 케나붐에 도착한 카이사르는 리게르 강에 놓여 있는 다리를 이용하여 사람들이 밤중에 도시에서 빠져 나가지 못하도록 무장한 2개 군단을 시켜 그곳을 지키게 했다.

케나붐 사람들은 한밤중에 도시에서 살짝 빠져나와 강을 건너기 시작했다. 정찰을 통해 이것을 안 카이사르는 도시 문에 불을 지르고, 경무장한 군단을 안으로 보내 도시를 빼앗았다. 극히 소수의 적만이 살아서 도망쳤다. 다리도 길도 좁아 많은 사람이 한꺼번에 도망칠 수 없었기 때문이었다. 도시를 약탈하고 불태운 뒤 카이사르는 노획물을 병사들에게 나누어 주었다. 그러고 나서 부대를 이끌고 리게르 강을 건너 비투리게스 족의 영지로 들어갔다.

12 카이사르가 도착한 것을 안 베르킹게토릭스는 습격을 멈추고, 카이사르를 만나기 위해 행군을 시작했다. 카이사르는 도중에 비투리게스 족의 도시 노비오두눔(Noviodunum)[16]을 습격했다. 이 도시에서 사절이 와서 부디 자신들을 용서해 달라, 자신들의 생명을 보호해 달라고 애원했다. 카이사르는 많은 일을 빠른 속도로 해냈던 것처럼 다른 일도 해내리라 마음먹고, 무기를 모을 것과 말과 인질을 보낼 것 등을 명령했다.

인질의 일부가 인도되고 다른 일도 실행되자 백부장과 약간의 병사를 무기와 말의 징발을 위해 도시 안으로 보냈다. 도시 안에 들어간 그들 눈에는 베르킹게토릭스의 대오에 앞장선 적의 기병 모습이 멀리서 보였다. 도시 사람들은 이것을 보고 구원의 희망에 부풀어 일시에 환성을 올리며, 무기를 들고 문을 닫고 방벽에 오르기 시작했다.

---

16) 오늘날의 수아송(Soissons) 부근에 있었던 도시. 보빌레(Vauville)의 발굴에 의해 수아송에서 서북쪽으로 4킬로미터 떨어진 폼미에(Pommiers) 고지에 있었다고 추정된다.

도시 안의 백부장 등도 갈리 인의 신호로부터 갈리 인 사이에 새로운 기도가 있음을 간파하고 나서 칼을 빼어 들고 도시의 문을 빼앗은 후 모두 무사히 돌아왔다.

13 카이사르는 진지에서 기병을 내어 싸움을 벌였다. 전쟁이 시작되면서부터 곁에 두었던 게르마니 인 기병 약 400명을 고전하고 있던 아군에게 보내 원조하게 했다. 마침내 갈리 인은 그 공격을 이겨내지 못하고 패주하여 많은 자를 잃은 채 자신들의 진영으로 돌아왔다. 이 패배로 도시 사람들은 다시 겁을 집어먹고 민중의 모반을 선동했다고 생각되는 자들을 사로잡아 카이사르에게 건네주면서 항복했다.

이 일이 완료되자, 카이사르는 비투리게스 족의 영지에 있는 가장 크고 가장 비옥한 요새 도시 아바리쿰(Avaricum)[17]으로 전진했다. 이 도시를 취하면 비투리게스 족은 카이사르에게 복종하리라 생각했던 것이다.

14 벨라우노두눔 · 케나붐 · 노비오두눔 등에서 잇달아 패배를 당한 베르킹게토릭스는 동료들을 불러 함께 협의했다.

"과거의 방식과는 전혀 다른 방식으로 싸우지 않으면 안 된다. 로마 군의 식량과 마초馬草 공급선을 차단하는 데 모든 방법을 다해 노력하자. 많은 기병을 가지고 있고 시기적으로도 적합하므로 이러한 일이 우리에게는 결코 어려운 것이 아니다. 식량과 마초의 수확이 불가능하므로 적은 반드시 흩어져서 집 안을 뒤질 것이므로 기병으로 이들을 매일같이 쳐부수자. 모두의 안전을 위해 사유 재산은 무시해야 된다. 적이 식량과 마초를 찾아 헤맬 것으로 생각되는 도로에서 가까운 범위 내의 마을과 집은 불태워 버릴 필요가 있다. 갈리 인은 전쟁이 벌어질 영지 내에 있는 비축 식량에 의존하기 때문에 공급이 원

---

17) 오늘날의 부르주(Bourges).

아바리쿰 공방전 상상도

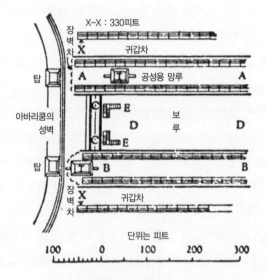

아바리쿰 전투에서의 로마군의 보루(7장 17절)

A에서 A까지, B에서 B까지, 보루는 벌판 안쪽으로 기울어진 형태로 만들어졌다. 파성퇴가 장비된 공성용 망루(T)들이 보루 위에서 아바리쿰의 성벽을 향하여 밀어졌다. C에서 C까지는 방벽의 높이와 같거나 혹은 거의 같도록 만들어진 단壁이었다. 이 단에서 불을 사용한 적의 공격으로부터 귀갑차를 사용하여 엄호함으로서 작전을 지원하였다. D에서 D사이의 지역에는 아무 것도 짓지 않고 그대로 놔두었다. 이 D에서 D까지의 부분에서 병사들은 계단(E)을 사용하여 C로 올라갔다.

활하다. 그러나 로마 군은 식량 부족을 견디지 못해 큰 위험을 무릅쓰고 진지에서 멀리 떨어진 곳까지 나가게 될 것이다. 그렇게 되면 이들을 죽이고, 군수품도 마음대로 취할 수 있을 것이다. 군수품을 빼앗으면 적은 전쟁을 할 수 없게 된다. 보루도 없고 지형도 나빠 공략될 위험이 큰 도시는 불태워 버려야 한다. 아군에게는 군무軍務를 줄일 수 있게 해주고, 로마 군에게는 식량 공급과 약탈이 어려워지기 때문이다. 이것이 힘겹고 잔혹한 일로 보일지 모르지만, 처자식이 노예로 끌려가고 자신이 살해되는 것보다는 훨씬 덜 괴로운 일이다. 패하면 반드시 그렇게 될 것이다"라고 그는 회의에서 말했다.

■15 이 의견은 모두의 찬성을 얻었고, 20개가 넘는 비투리게스 족의 도시가 단 하루 만에 불탔다. 같은 일이 다른 부족에게도 행해져 각지에서 방화가 있었다. 모두들 이 일로 큰 고통을 느꼈으나 용케 견디어냈다. 승리가 거의 확실하다고 믿고 잃었던 것을 곧 되찾을 수 있으리라 자위하고 있었던 것이다.

하지만 전체 회의에서는 아바리쿰을 불태울 것인가, 아니면 지킬 것인가에 대한 논의가 거듭되었다. 전 갈리아에서 가장 아름다운 도시이며 자신들의 긍지이기도 한 이 도시를 자신들의 손으로 불태우고 싶지는 않다고 비투리게스 족은 갈리 인들의 발 밑에 엎드려 애원하면서, "사방이 강과 늪으로 둘러싸이고 입구가 좁은 것 하나밖에 없다는 지형을 이용하면 어렵지 않게 지킬 수 있다"고 말했다. 처음에는 반대하던 베르킹게토릭스도 나중에는 그 애원과 병사들에 대한 동정심 때문에 마음이 움직여 그것을 들어주게끔 되었다. 아바리쿰에서는 그에 적합한 방위군이 선발되었다.

■16 베르킹게토릭스는 약간의 거리를 두고 카이사르의 뒤를 쫓아 아바리쿰에서 15마일 떨어진, 많은 늪과 숲으로 둘러싸여 방비하기에 좋은 장소를 진지로 선정했다. 베르킹게토릭스는 또한 믿을 만한

정찰병을 통해 낮에는 매시간 아바리쿰에서 행해지고 있는 일을 조사하고, 실행해 주어야 할 것들을 명령했다.

로마 군의 식량과 마초의 징발을 모조리 조사한 베르킹게토릭스는 어쩔 수 없이 멀리 나간 로마 군을 공격해 왔다. 로마 군도 정해지지 않은 시간에 길을 바꾸어 나가는 등의 방법으로 최대한 예방을 했지만 그래도 막대한 손해를 입었다.

17 카이사르는 강과 늪으로 둘러싸인 아바리쿰의 한쪽에 진지를 구축했는데, 그곳에는 아주 좁은 입구가 있었다. 여기에서 카이사르는 보루를 준비하고, 귀갑차를 만들고, 두 개의 탑도 건설했다. 지형상 보루로 둘러쌀 수 없는 지역이었기 때문이다.

카이사르는 보이 족과 하이두이 족에게 곡물을 공급하라고 거듭 독촉했지만, 하이두이 족은 열의가 없어 큰 원조를 하지 않았고, 작고 무력한 부족인 보이 족은 비축분마저 없었다. 보이 족의 빈곤과 하이두이 족의 태만, 그리고 집들의 방화로 병사들은 며칠씩이나 곡물을 구경하지 못하고 먼 마을에서 가져온 가축으로 극도의 기아를 간신히 견뎌 내고 있었다.

그러나 로마 군의 곤란한 곡물 공급 사정에도 불구하고, 로마 군의 권위와 이때까지의 승리에 걸맞지 않은 말은 들리지 않았다. 게다가 카이사르가 공사중인 각 군단에게 식량 부족으로 고통스러우면 포위 공격을 중단하라고 권하자 모든 병사들은, "그렇게 할 수 없다. 여러 해 동안 굴욕을 모른 채 카이사르의 지휘에 따라 무슨 일이든 이루어 냈다. 이미 시작한 포위 공격을 중도에 그만두는 것은 불명예스런 일이라 생각한다. 케나붐에서 갈리 인의 배신으로 죽은 로마 인의 복수를 하지 않는 것보다 어떤 고통이라도 견뎌내며 복수하는 쪽이 낫다"고 말했다. 병사들은 이것을 카이사르에게 전해 달라고 백부장과 천부장에게 부탁했다.

18 탑이 방벽에 가까워졌을 때, 카이사르는 포로로부터 베르킹게 토릭스가 식량과 마초를 다 써 버리고 아바리쿰 근처로 진지를 옮겼으며, 기병과 더불어 이들과 교대하여 싸울 경무장 병력을 이끌고 로마 군이 다음날 식량과 마초를 징발하러 가리라 예상되는 장소로 매복하러 갔다는 것을 알아냈다.

이 사실을 안 카이사르는 한밤중에 조용히 출발하여 아침에는 적 진지에 도착했다. 적은 정찰로 곧 카이사르의 도착 사실을 알아내고, 숲이 우거진 곳에는 수레와 군수품을 숨겼으며, 높고 활짝 트인 장소에는 부대를 포진했다. 이러한 사정을 전해 들은 카이사르는 곧 군수품을 모으고 무기를 준비시켰다.

19 그곳에는 기슭에서부터 완만한 기울기로 높아져 가는 언덕이 있었다.[18] 폭은 50페스도 안 되지만 위험하고 건너기 어려운 늪이 그곳을 에워싸고 있었다. 갈리 인은 다리를 파괴하고, 그 지형에 힘입어 언덕을 점령했으며, 늪의 모든 여울과 길은 믿을 만한 수비병을 부족 단위로 두어 방어하면서, 늪을 건너기 시작한 로마 군이 꾸물대고 있는 틈을 이용하여 위에서 습격하기로 했다. 양군 사이의 가까운 거리를 본 사람들은 누구나 거의 같은 조건에서 싸우게 될 것으로 생각할는지 모르지만, 그 지형의 불리함을 간파한 자는 적이 헛되이 용기를 보이고자 한 데 불과하다는 것을 알아차릴 것이다.

이렇게 가까운 거리에서 적이 보이자 흥분하여 전투 신호를 졸라대는 병사들에게 카이사르는, "승리하자면 용사들의 죽음과 커다란 손실을 각오하지 않으면 안 되기 때문에, 내 명예를 위해 위험을 돌아보지 않으려는 모두의 마음은 잘 알고 있지만 나를 위해 사람들의 생명을 경시하면 옳지 않다고 비난받을 것이다"라고 말했다. 이렇게 병

---

18) 이 지점을 아바리쿰 북동쪽으로 추정하는 견해도 있다.

아바리쿰에 대한 포위공격

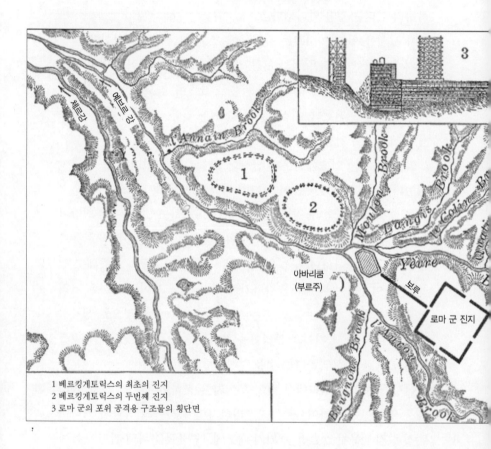

1 베르킹게토릭스의 최초의 진지
2 베르킹게토릭스의 두번째 진지
3 로마 군의 포위 공격용 구조물의 횡단면

사들을 달랜 후 같은 날 그들을 진지로 이끌고 돌아온 카이사르는 아바리쿰의 포위 공격에 필요한 다른 것들의 준비에 열중했다.

20 동료들이 있는 곳으로 돌아온 베르킹게토릭스는 배반자라는 비난을 들었다. 그 이유는 다음과 같았다. 베르킹게토릭스가 진지를 로마 군 가까이로 옮겼을 뿐만 아니라 대부대를 지휘관도 없이 버려 둔 채 기병을 모두 이끌고 나갔으며, 또한 그가 나가자마자 여러 번에 걸쳐 로마 군이 쳐들어왔으나 다행히 아무런 도발 행위도 하지 않은 채 돌아갔다. 전적으로 우연에 의해 이런 일이 일어났을 리 없다. 또한 갈리아의 왕권을 갈리 인의 호의보다 카이사르의 인가에 의해 얻으려고 했다는 비난도 했다. 이러한 비난을 받자 베르킹게토릭스는 다음과 같이 답했다.

"진지를 옮긴 것은 식량 및 마초의 부족과 사람들의 권유에 의해 한 일이다. 로마 군에게서 가까운 곳으로 온 것은 지형상의 이점을 이용하고 싶었기 때문이다. 기병의 행동이 늪지에서는 필요하지 않지만 내가 출진했던 곳에서는 매우 유효하다. 출발할 때 의도적으로 누구에게도 지휘를 맡기지 않은 것은 그 사람이 모두의 열망에 따라 전쟁을 하게 되는 위험한 경우를 피하도록 하기 위해서였다. 모두들 힘이 부족하여 더 이상 고통을 참을 수 없었으므로 전쟁을 벌이고 싶어 한다는 것도 알았다."

또 그는 "로마 군이 그 사이에 우연히 왔다면 우리는 그 행운에 감사해야 되고 혹 누군가가 내통하여 불러들인 것이라면 불러들인 그 사람에게 감사해야 할 것이다. 왜냐하면 모두들 적의 수가 얼마 안 되는 것을 고지에서 확실히 봤고, 또 적이 싸우지도 않고 비참하게 진지로 돌아간 용렬함을 경멸할 수 있었기 때문이다. 나와 갈리아 전체에 보증된 승리에 의해 지배권을 얻을 수 있으므로 배반에 의한 카이사르로부터의 지배권 보증은 원하지 않는다. 나 자신에게서 안전을 얻기보다는 오히려 명예를 구하는 사람이 있다면 그것을 되돌려주겠다. 내가 말하는 것이 진실인지 아닌지는 로마 병사에게 들어 보라"고 말했다.

베르킹게토릭스는 며칠 전에 식량과 마초 징발 때에 사로잡혀 그후 굶주림과 억류로 고통을 겪고 있던 노예를 끌어냈다. 이 노예들은 질문을 받으면 어떻게 대답하라고 전부터 주입을 받고 있었기 때문에, "우리들은 군단병인데 굶주림과 식량 부족으로 고초를 겪고 있었으므로 곡물이나 가축을 찾고자 진지에서 몰래 나왔다. 모든 부대가 똑같이 식량 부족에 시달리고 있으며, 누구나 체력이 떨어져 공사의 노동을 견뎌내는 자는 한 사람도 없다. 로마의 지휘관은 도시의 포위 공격에 진척이 전혀 없으면 3일 뒤에 부대를 철수시킬 예정이다"라고 말했다.

뒤이어 베르킹게토릭스는 "너희들은 배반자라고 비난받은 나에게서 이런 친절을 받은 것이다. 계속 승리를 구가하던 군대가 너희들 자신의 피 때문이 아니라 나의 공작에 의한 굶주림 때문에 무너지려 하고 있다. 어떤 부족도 패주하는 군단을 영지에 들여놓아서는 안 된다고 결의하자"고 말했다.

21 모든 사람들은 환성을 지르면서 늘 해 오던 습관대로 무기를 맞부딪혀 그의 말에 찬성을 표했다. 아울러 그들은 "베르킹게토릭스가 최고의 지휘관이다. 그 성실함에는 의심할 여지가 없다. 그 이상의 방법으로 전쟁을 할 수는 없다"고 말했다.

그들은 마침내 전군에서 1만 명을 뽑아 아바리쿰으로 보내기로 했으나 자신의 안전을 비투리게스 족에게만 맡겨서는 안 된다고 생각했다. 아바리쿰을 지키면 최후의 승리는 갈리 인의 것이 되리라고 생각했기 때문이었다.

22 로마 군사들의 뛰어난 무용에 맞서기 위해 갈리 인은 온갖 대책

을 강구했다. 갈리 인에게는 다른 부족의 것을 교묘히 모방해 만들어 낼 수 있는 재주가 있었다. 갈리 인은 파벽破壁 갈고리[19]를 올가미로 제거했다. 파벽 갈고리를 올가미로 단단히 건 후 투석기를 이용하여 안쪽으로 끌어당겼던 것이다. 그리고 보루는 지하도를 파 뒤짚어엎었다. 그 지방에는 큰 철광산이 여럿 있어서 지하도를 만드는 작업에 익숙했으므로 그 솜씨도 뛰어났다. 게다가 방벽 도처에 탑을 세우고 그곳에 가죽을 입혔다.[20]

갈리인은 밤낮을 가리지 않고 돌격을 감행해 보루에 불을 지르거나, 공사에 열중하는 아군 병사들을 습격하거나, 아군의 탑 높이가 성벽의 그것만큼 날마다 높아지면 자신들의 탑의 기둥도 이것과 연결해 대등한 높이로 만들었다. 갈리 인은 지하도를 파헤치고, 끝을 구부리거나 뾰족하게 만든 몽둥이, 끓는 역청歷靑 또는 무거운 돌 등으로 방해하여 아군이 방벽 가까이에 접근하지 못하게 했다.

23 갈리 인의 방벽은 대체로 다음과 같다. 목재를 세로로 연결하여 각각 2페스씩 일정한 간격으로 지면에 세운다. 이것을 안쪽으로 연결하고, 많은 흙을 덧씌운다. 이미 말한 바 있는 간격의 표면은 큰 돌로 메운다. 이것을 서로 연결하여 고정시키고, 다른 열도 같은 방식으로 쌓은 후 그 목재가 서로 부딪치지 않도록 같은 간격으로 그 하나하나에 돌을 끼워 단단히 고정시킨다. 이렇게 하여 방벽의 높이가 충분하도록 공사를 하나씩 진행시켜 갔다. 이 공사는 직선으로 나란히 교차하는 목재와 돌로 만들었기 때문에 보기가 좋았다. 게다가 유용하기 때문에 도시를 보호하는 데 아주 적합했다. 돌은 화재를, 목재는 파성추破城鎚를 막아냈기 때문이다. 그것은 일반적으로 40페스의 목재를

---

19) falxv muralis ─ 방벽을 구성하는 돌이나 목재를 무너뜨리는 것. 그 하나가 1862년에 베손티오(Vesontio)에서 발견되었다.
20) 불에 대한 대비책이었을 것이다.

로마군의 포위공격

사용하여 안쪽에서 빈틈없이 연결시켰기 때문에 부서지지도 무너지
지도 않았다.

24 포위 공격이 이렇듯 불리한 여건에 의해 방해를 받고, 병사들은
늘 진흙과 추위와 끊임없는 비로 인하여 지장을 받았지만, 쉬지 않고
노력하여 나쁜 여건들을 모두 이겨내고 25일 만에 폭 330페스, 높이
80페스의 보루를 축조했다. 그러나 그것이 적의 방벽에 거의 닿을 듯
했으므로, 늘 해 왔던 것처럼 카이사르는 공사를 감독하며 공사가 늦
어지지 않도록 병사들을 격려하고 있었다. 카이사르는 이때 곧 3경
조금 못 미쳐 보루의 한쪽에서 연기가 나는 것을 발견하였다. 적이 지
하도를 통해 불을 질렀던 것이다. 동시에 방벽에서 함성 소리가 크게
나고 적이 탑 양쪽에 나 있는 문을 통해 돌격해 왔다. 어떤 자들은 방
벽에서 횃불과 마른 나무를 던졌고, 다른 사람들도 불을 지르기 위해
역청 및 그 밖의 것들을 들어부었기 때문에 먼저 어느 곳부터 방어해
야 할지, 어느 곳을 도와야 할지 판단하기도 어려웠다.

그러나 카이사르의 명령대로 언제나 2군단이 진지 앞을 경계했고,

많은 병사가 서로 교대하며 공사를 하고 있었기 때문에 곧 일부 병사들은 돌격해 오는 적들을 향했고, 어떤 병사들은 탑을 후퇴시키고 보루를 무너뜨렸으며, 그 밖의 많은 병사들도 진지에서 나와 불을 끄기 위해 부지런히 움직였다.

25 그날 밤을 새워 가면서 도처에서 전투를 벌였으나 승리의 가능성은 점차 적에게로 기울고 있었다. 탑의 흉장胸墻[21]이 불에 타는 것을 보았으나 엄폐물이 없어 도우러 가기도 어려웠다. 적은 끊임없이 새로운 병사들로 하여금 지친 병사들을 대신하게 했다. 그들에게 있어 갈리아의 구원은 오직 이 순간에 달려 있는 것처럼 생각되었다. 그때 우리가 보고 있는 앞에서 기억해야 할 만한 사건이 일어났으므로 이에 대해 언급해 두겠다.

아바리쿰 도시의 문 앞에서 갈리 인 한 명이 탑을 태우려고 건네 받은 역청을 불 속으로 던져넣다가 화살에 신체의 오른쪽을 꿰뚫려 죽었다. 근처에 있던 다른 병사가 죽은 자를 타고 넘어가 같은 역할을 했다. 두번째 사람이 똑같이 화살에 맞아 죽자 세번째 사람이 그리고 네번째 사람이 그들의 뒤를 이었다. 보루의 불이 진화되고 도처에서 적이 쫓겨났으나, 전투가 끝날 때까지 방어에 전념한 적은 이 장소를 비우지 않았다.

26 갈리 인은 온갖 전술을 다 써 보았지만 어느 것도 성공하지 못하자 베르킹게토릭스의 권고와 명령에 따라 다음날 도시에서 나가기로 했다. 밤의 고요함을 틈타 그 일을 행하면 많은 희생 없이도 도망쳐 나갈 수 있으리라 생각했던 것이다. 특히 베르킹게토릭스의 진지가 도시에서 그렇게 멀리 떨어져 있지 않고, 늪지도 그 사이에 길게 연이어 있었기 때문에 로마 군의 추격을 늦출 수 있을 듯했다.

---

21) pluteus— 활동하는 병사들의 보호를 위해 설치된 것.

하지만 실행에 필요한 준비를 하고 있을 때, 뜻밖에도 여자들이 집 밖으로 달려나와 남편의 발 밑에 몸을 던진 채 울면서, 선천적으로 체력이 약해 도망칠 수 없는 여자와 아이들을 적의 형벌 아래 놓아 두지 말아 달라고 온갖 말로 애원했다. 그러나 최후의 위기가 다가오자 몹시 겁에 질린 나머지 연민의 정도 사라져 버린 남편들은 자신들의 결정을 그대로 밀고 나가기로 했다.

이 사실을 안 여인들의 울부짖는 소리가 도주 사실을 로마 군에게 알려 주는 계기가 되었다. 갈리 인은 통로가 로마 군의 기병에 의해 가로막혔을지도 모른다는 두려움 때문에 그 계획을 단념했다.

27 카이사르는 이튿날, 공성용 망루가 전진하고 조립 공사도 완료되었으며 소나기 때문에 방벽에 배치된 감시병이 약간 방심하고 있는 것을 보고, 이때야말로 일을 도모하는 데 더없는 기회라 생각하여, 부하들에게는 몹시 피곤해질 정도로 공사를 강행하게 한 뒤 자신이 원하는 바를 명확히 지시했다.

병사들이 귀갑차 속에서 은밀히 경무장을 하자, 지금이야말로 큰 노력의 결과로 승리를 쟁취할 때라 격려하고 최초로 방벽에 오르는 자에게는 포상하겠다고 약속한 다음 병사들에게 신호를 하자, 아군은 불시에 여러 곳에서 뛰쳐나와 금세 적의 방벽에 올랐다.

28 갑작스런 사태에 크게 놀란 적은 방벽과 탑에서 내쫓겨 시장과 광장에서 설형진楔形陣을 폈다. 그것은 어느 쪽의 공격도 맞받아 싸울 수 있는 진형이었다. 그러나 로마 군은 아무도 평지로 내려갈 기색을 보이지 않았고 또한 주위의 방벽도 모두 점령된 것을 본 적은, 퇴로가 차단될 것을 우려하여 무기를 버리고 도시의 맞은편을 향해 우르르 달려갔다. 일부는 출구의 좁은 통로에서 서로 밀치다가 로마 병사들에게 살해되었고, 출구를 빠져 나간 자들도 기병에게 살해되었다. 약탈을 원하는 아군은 없었다. 케나붐의 학살과 공격에 분개하고 있었

던 아군은 늙은이도, 여자도, 아이도 용서치 않았다. 결국 약 4만에 가깝던 적의 인구 가운데 800명에도 미치지 못하는 사람들만 울부짖는 소리를 일찍 듣고 도시에서 뛰어나와 베르킹게토릭스가 있는 곳에 무사히 도착했다.

베르킹게토릭스는 패주자들을 밤이 이슥해진 뒤에 조용히 맞아들였다. 이들이 온 사실과 민중의 동정으로 진지에 소요가 일어날까봐 우려한 베르킹게토릭스는 자기 친구나 부족의 유력자들을 노상으로 내보내 패주자들을 분산시켜 자기들이 있는 곳으로 데려가게 했다. 그곳은 진지의 한 부분으로, 처음부터 각 부족에서 할당된 곳이었다.

29 베르킹게토릭스는 이튿날 회의를 열고 병사들이 사기가 떨어지거나 불안을 느끼지 않도록 다음과 같은 말로 위로하고 격려했다.

"로마 군은 무용과 전투대형에 의하지 않고 갈리 인이 전혀 모르는 포위 공격 기술과 지식으로 이겼다. 전쟁에서 모든 일이 잘되리라고 기대하는 것은 잘못이다. 모두 잘 알고 있듯이 아바리쿰을 지키자는 의견에 나는 찬성하지 않았다. 패배한 것은 비투리게스 족의 경솔함과 다른 사람들의 안이한 생각 탓이다. 그렇지만 나는 한층 큰 승리로 곧 보상하겠다. 지금까지 우리에게 협조하지 않았던 부족도 내 노력으로 참가시켜 전 세계도 대항할 수 없는 갈리아 전체의 결속을 만들어 내겠다. 이제 그것은 거의 실현되고 있다. 진지를 굳혀 적의 기습을 쉽게 막아내는 일은 모두가 살기 위해 당연히 해야 할 일이다."

30 이 말이 갈리 인에게 불쾌하게 들리지는 않았다. 베르킹게토릭스 자신이 큰 패배를 당하고서도 기가 꺾이지 않았고, 은밀히 몸을 숨기거나 모두의 눈을 피하지도 않았으며, 먼저 아바리쿰을 불태워 버려야 한다고 처음부터 말했고 나중에도 이곳을 포기하지 않으면 안 된다고 주장했던 사실로부터 사태를 잘 꿰뚫어보고 예측하는 사람이라는 생각이 들었기 때문이었다. 다른 지휘자라면 패배로 권위를 잃

었을 것이지만 베르킹게토릭스의 성망聲望은 오히려 이 패배로 나날이 높아 갔다. 동시에 사람들은 베르킹게토릭스의 단언으로 다른 부족이 합류하리라는 희망을 가지기 시작했다. 이때 처음으로 갈리 인은 진지를 굳히고 방비를 단단히 했다. 힘든 일에 익숙지 않은 사람들도 기가 죽어 그 어떤 명령이라도 실행에 옮기지 않으면 안 된다고 생각했던 듯싶다.

31 베르킹게토릭스도 다른 부족을 합류시키기 위해 약속에 못지 않은 노력을 기울였고, 그 노력의 일환으로 유력자들을 선물과 약속으로 회유했다. 베르킹게토릭스는 그 일에 적당한 사람들을 밀사로 파견했으며, 그들은 각기 훌륭한 변설과 우정으로 유력자들을 어렵지 않게 자기편으로 끌어들였다.

함락된 아바리쿰에서 도망쳐 나온 자들에게 무기와 의복을 주면서 동시에 감소된 부대를 보충하기 위해 각 부족에게 일정한 병력수를 할당하고, 그들을 진지로 보낼 날짜도 지시했으며, 갈리아에 있던 많은 궁병들을 모두 모집하여 자신에게 보내도록 명령했다. 아바리쿰에서 잃은 만큼의 수는 이것으로 곧 보충되었다.

그 사이에 올로비코(Ollovico)의 아들로 니티오브로게스 족의 왕인 테우토마투스(Teutomatus)도 많은 기병과 아퀴타니아에서 고용한 자들을 거느리고 왔다. 테우토마투스의 아버지는 로마 원로원으로부터 친구라고 불렸던 사람이었다.

32 카이사르는 아바리쿰에 며칠간 머물면서 곡물과 다른 식량을 많이 획득하여, 부대를 피곤과 궁핍에서 회복시켰다. 또한 겨울도 거의 끝나 좋은 계절이 되었으므로 전쟁을 벌이기로 마음먹고 적을 향해 행군하기 시작했다. 카이사르는 적을 늪과 숲에서 끌어내든지 아니면 포위해 공격하기로 했다.

이때 하이두이 족의 유력자가 사절로 찾아와, 자신의 부족이 최대의 위기에 직면해 있으니 구해 달라고 간청했다. "우리는 최대의 위기에 몰렸다. 예로부터 단지 한 사람만이 수령으로 선출되어 1년씩 왕권을 쥐었는데, 지금은 두 사람이 지배권을 장악하고 두 사람 모두 '법에 의해 선출되었다'고 주장하고 있다. 그 가운데 한 사람은 젊지만 세력이 크고 명성이 높은 콘빅톨리타비스(Convictol-itavis)고, 다른 한 사람은 명문가 출신으로 세력도 크고 친척도 많은 코투스(Cotus)다. 코투스의 형인 발레티아쿠스(Valetiacus)는 지난해 지배권을 장악하고 있었다. 모든 부족이 무장한 채 일어서고, 원로도 나뉘고 평민도 나뉘어 각기 자신의 피호민을 지배하면서 대립하고 있다. 만약 다툼이 오래 계속되면 한 부족으로부터 다른 부족들에게까지 갈등이 확대될 것이다. 그런 일이 일어나지 않도록 카이사르의 노력과 권위를 보여 달라"고 말했던 것이다.

33 카이사르는 전쟁과 적으로부터 이탈하는 것은 불리하다고 생각했지만 커다란 재난은 언제나 내분에서 일어난다는 것을 잘 알고 있었기 때문에, 대부족, 즉 로마와 밀접한 관계를 가지고 있을 뿐만 아니라 자신이 늘 원조하고 명예도 주어 온 대부족이 폭력과 무기의 힘을 빌려 사태를 해결하거나 자신을 신뢰하지 않는 부족이 베르킹게토릭스에게 도움을 청하지 못하게 하려면 기선을 제압해야만 한다고 생각했다.

하이두이 족의 법률로는, 최고 지배권을 쥔 자는 영지를 나설 수 없도록 되어 있으므로 그들의 규칙과 법을 위반하지 않기 위해 카이사르 자신이 하이두이 족의 영지로 가기로 결정하면서 그 부족의 원로 전부와 서로 다투고 있는 두 사람을 데케티아(Decetia)[22]로 불러 자신과 만나도록 했다. 거의 모든 부족 사람들이 그곳에 모였다.

---

22) 오늘날의 니에브로(Niévre) 현의 데시즈(Décise). 당시 하이두이 족의 영지였던 루아르 강에 있던 섬의 이름이다.

그곳에서 카이사르는 다음과 같은 사실을 알아냈다. 많지 않은 사람들이 기묘한 시간에 기묘한 장소에서 사사로이 모여 동생이 형으로부터 당선을 선언받았다. 그러나 그 부족의 관습에 따르면 한 가족 중에서 수령을 맡았던 사람이 살아 있는 동안에는 그 가족의 다른 사람이 수령에 선출될 수 없었을 뿐만 아니라 원로가 되는 길도 가로막혀 있었던 것이다. 따라서 카이사르는 코투스로 하여금 사퇴하도록 하고 지배권이 중단되었을 때에 행해졌던 부족의 관례에 따라 사제들이 선출한 콘빅톨리타비스에게 지배권을 부여했다.

34 이 명령으로 하이두이 족 내부의 갈등을 해소시킨 카이사르는 이 부족에게, 분쟁과 분열을 잊고 무엇보다도 전쟁에 진력盡力하여 갈리아가 평정된 뒤에 자기로부터 받게 될 포상을 기대하라고 격려하면서, 곡물 공급을 호위할 수비대로 기병 전체와 1만 명의 보병을 곧 보내라고 명하여 부대를 둘로 나누었다.

4개 군단을 라비에누스에게 주어 세노네스 족과 파리시 족의 영지로 들어가게 하고, 카이사르 자신은 6개 군단을 거느리고 엘라베르 (Elaver) 강[23]에 면한 아르베르니 족의 도시 게르고비아로 향했다. 또한 기병 일부를 라비에누스에게 보내고, 나머지는 자신을 따르게 했다. 베르킹게토릭스에게 이러한 사정이 알려지자, 그는 강에 놓여 있던 다리를 파괴하고, 강 맞은편으로 행군하기 시작했다.

35 양쪽 부대가 서로 바라볼 수 있는 위치에 있었고, 카이사르의 진지 거의 반대편에 베르킹게토릭스도 진지를 구축했으며, 로마 군이 다리를 놓아 부대를 도하시키지 못하도록 적이 정찰병을 배치했기 때문에, 카이사르가 여름철에 강을 건너기란 거의 불가능할 것으로 보였다. 엘라베르 강은 가을이 되기 전에는 걸어서 건널 수가 없었다.

---

23) 오늘날의 알리에(Allier) 강.

그러나 그러한 일에 꺾일 카이사르가 아니었다. 그는 베르킹게토릭스가 파괴한 다리 가운데 하나의 반대편 숲속에 진지를 구축했고, 그 다음날 2개 군단과 비밀리에 합류했으며, 약간의 코호르스를 편성한 후 다른 부대와 군단의 수가 그대로 보이도록, 언제나 그래왔던 것처럼 나머지 부대에게 군수품을 나르도록 했다. 될 수 있는 대로 먼 곳까지 가도록 명령하면서 카이사르는 진지에 도착했으리라 생각되는 시간에 로마 군을 시켜 다리의 기둥이 완전히 남아 있는 곳에 다리를 놓기 시작했다. 그 공사는 금세 완성되었다. 카이사르는 군단을 도하시키고, 진지로 적당한 장소를 선정하면서 다른 부대도 불러 왔다. 이 소식을 들은 베르킹게토릭스는 자신의 의사에 반하는 전투에 말려들지 않으려고 강행군하여 카이사르보다 먼저 전진했다.

36 카이사르는 그곳에서 5회에 걸친 행군으로 게르고비아에 도착했는데, 그날엔 가벼운 기병전이 있었다. 같은 날 그는 높은 산 위에 건설되어 접근하기조차 매우 어려운 도시의 상태[24]를 시찰한 뒤 강습强襲을 단념하고, 곡물 공급을 위한 준비가 완료될 때까지 포위 공격을 하지 않기로 했다.

베르킹게토릭스는 도시에서 가까운 산에 진지를 구축하고, 약간의 간격을 두면서 각 부족의 부대를 배치한 뒤 눈길이 닿는 산등성이를 모두 점령하여 위용 있는 군세軍勢를 드러내고 있었다. 베르킹게토릭

---

24) 게르고비아의 고지는 클레르몽 페랑(Clermont Ferrand) 남방으로 약 4.5마일 되는 지점에 있다. 길이 약 1.5마일, 높이 2,400피트, 그 동북쪽은 낭떠러지, 서남쪽에선 기복이 심한 현무암 대지臺地가 계속되고 있다. 동쪽은 서쪽보다 높고 그 중간에는 완만하게 우묵 팬 곳이 있었다. 약점은 서쪽의 대지에 있고, 따라서 이곳에 방벽을 쌓아 방비했다. 고지에 샘이 없었으므로 물은 산기슭의 아우존(Auzon) 강에 의존했다. 베르킹게토릭스의 진지는 도시와 이 강 중간에 위치했으며, 그 최전선은 오늘날의 라 로시 블랑시(La Roche Blanche)였던 것으로 생각된다. 대진지의 위치를 카이사르가 명확히 밝히지는 않았지만 그곳은 스토펠 대령(Colonel Stoffel)에 의해 발굴되었다. 그곳은 아우론 북쪽 강가의 낮은 대지로 게르고비아의 동쪽 약 3,000야드 되는 곳에 있었다.

스는 계책을 세우기 위해 선발된 부족의 유력자들을 연락과 지시의 필요성 때문에 매일 새벽 자신의 거처로 집결시켰다. 또 궁병도 포함시킨 기병 전투를 벌여 자신의 병사들이 어느 정도의 사기와 무용을 가지고 있는지를 시험하지 않는 날이 하루도 없었다.

도시에서 마주 보이는 산기슭에 사방이 아주 단단하고 험한 낭떠러지로 되어 있는 언덕[25]이 있었다. 만약 아군이 이곳을 탈취한다면 적은 물의 공급과 식량과 마초의 자유로운 반입에 어려움이 클 것이라 생각되었다. 게다가 적은 그리 강하지 않은 수비대로 그곳을 지키고 있었다. 카이사르는 밤의 정적을 틈타 진지에서 나온 뒤 도시로부터 원군이 오지 않는 사이에 수비대를 쫓아내고 이곳을 탈취하였다. 그는 이곳에 2개 군단을 배치하고, 대진지에서 소진지에 걸쳐 12페스의 호[26]를 두 개 구축하여 적에게 기습을 당하더라도 사람들이 안전하게 왕래할 수 있도록 했다.

37 이런 일이 게르고비아에서 행해지고 있을 때, 카이사르로부터 주권을 부여받은 하이두이 족의 콘빅톨리타비스가 아르베르니 족에게 매수당해 일단의 청년들과 협의를 했다. 이 청년들의 우두머리는 리타비쿠스(Litavicus)와 그의 동생으로, 명문 태생의 청년들이었다.

그는 이들에게 뇌물을 나누어 주면서, "우리들이 자유의 몸으로서, 지배자로서 태어난 것을 상기하자. 갈리아의 확실한 승리를 방해하고 있는 것은 하이두이 족뿐이다. 다른 자들은 하이두이 족의 세력에 짓눌려 있다. 하이두이 족이 양보하면 갈리아에는 로마 군의 거점이 없어진다. 나는 카이사르의 은혜를 조금 입었으나 모든 사람의 자유에 더 큰 비중을 두겠다. 왜 하이두이 족은 자신들의 규범이나 법을 정하기 위해 카이사르에게 가야 하며, 로마 인은 하이두이 족에게로

---

25) 이곳은 오늘날의 라 로시 블랑시(La-Roche-Blanche)일 것이다.
26) 이곳은 스토펠 대령에 의해 발굴되었다. 실제는 폭 6피트, 깊이 4피트였던 것 같다.

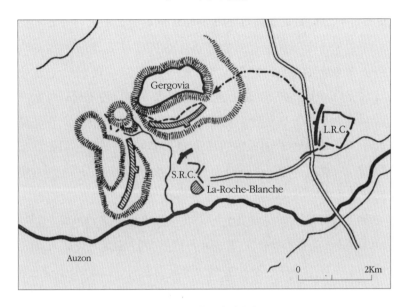

L. R. C. 로마 군의 대진지

S. R. C. 로마 군의 소진지

◀·--- 갈리 인 기병의 진로

오는 일이 없는가?" 하고 말했다.

청년들은 곧 수령의 변설과 보수에 마음이 움직여 스스로 음모의 주동자가 되겠다고 선언하고, 그것을 실행할 수 있는 방법에 대해 숙고했다. 하이두이 족이 무모하게 전쟁을 할 리는 없다고 생각했기 때문이다. 리타비쿠스는 전쟁을 위해 카이사르에게 보낼 1만 명을 지휘하여 유도하기로 하고, 형제들은 카이사르 곁으로 먼저 가기로 했다. 그들은 그 밖에 어떤 방법을 취할 것인가에 대해서도 결정하였다.

38 부대의 지휘권을 인수받은 리타비쿠스는 게르고비아에서 약 30마일 떨어진 곳에서 불시에 병사들을 집합시키고 눈물을 흘리면서, "병사들이여, 우리는 어디로 가고 있는가? 우리의 기병, 우리의

귀족은 모두 죽었다. 부족의 유력자 에포레도릭스(Eporedorix)[27]와 비리도마루스(Viridomarus)가 배반자라고 비난받았으며 재판도 없이 로마 인에게 살해되었다. 죽음을 피해 온 사람들의 말을 들어 보라. 나는 형제와 친척을 모두 잃었기 때문에 너무 슬퍼 더 이상 말할 수가 없구나" 하고 부르짖었다. 해야 할 말을 지시받은 사람들이 앞으로 나와 리타비쿠스가 말한 것과 같은 이야기를 사람들에게 들려 주었다. 하이두이 족의 기병은 아르베르니 족과 협의했다는 이유로 모두 살해되었고, 자신들은 병사들 속에 숨어 그 살해 장소에서 간신히 도망쳐 왔다는 것이었다.

하이두이 족은 함께 부르짖으며 자신들의 안전을 생각해 달라고 리타비쿠스에게 간청했다. 리타비쿠스는, "게르고비아로 가서 아르베르니 족과 합류하는 것이 한 방법일지 모르지만 그것이 꼭 필요한 일은 아니다. 아주 난폭한 짓을 한 로마 인이 우리를 죽이러 올지도 모른다. 우리에게 힘이 있다면 비참하게 살해된 사람들을 위해 복수하고, 이 도적들을 죽여야 하지 않겠는가?"라고 말하고, 자기 곁에 보호되고 있던 로마 인을 가리켰다. 사람들은 곧 로마 인들에게서 다량의 곡물과 식량을 탈취하고, 그들을 잔혹하게 학살했다. 이어서 하이두이 족의 모든 부족에게 사자를 보내 하이두이 족의 기병과 유력자들이 학살되었다는 헛소문을 그대로 믿도록 유도하면서 모두들 같은 방식으로 그 난폭한 행위에 복수하자고 선동했다.

39 하이두이 족의 명문가에서 태어난 에포레도릭스는 본국에서 가장 세력이 큰 청년인데, 그와 연령이나 인기가 같으면서도 태생이 비천한 비리도마루스와 함께 카이사르에게 지명 호출되어 기병 속에 들어 있었다. 비리도마루스는 디비키아쿠스의 추천을 받은, 카이사

---

27) 비명碑銘에는 Eporedirix라 되어 있다.

르가 비천한 신분에서 가장 권위 있는 지위로까지 끌어올린 인물이었다. 두 사람은 서로 수위를 다투었으며, 수령 자리를 놓고 벌였던 분쟁에서도 한 사람은 콘빅톨리타비스를 위해, 다른 한 사람은 코투스를 위해 전력을 다해 싸웠다.

리타비쿠스의 음모를 안 에포레도릭스는 한밤중에 이 사실을 카이사르에게 전하고, 사악한 청년의 음모 때문에 하이두이 족이 로마의 우정을 잃는 일이 생기지 않도록 해달라고 간청했다. 그 대군이 적과 합류하게 되면 친척들도 그들의 구원 문제를 무시할 수 없게 되고 부족도 이를 경시할 수 없으리라 예측했던 것이다.

40 카이사르는 특히 하이두이 족에게 항상 관대했던만큼 이 소식에 큰 불안을 느끼고, 망설임 없이 경무장한 4개 군단과 기병 전체를 진지에서 내보내면서, 모든 일을 빨리 처리하지 않으면 안 된다고 생각해 진지를 축소시킬 시간마저 아낀 채 부장 파비우스와 2개 군단을 진지 수비대로 남겼다.

카이사르는 리타비쿠스 형제의 체포를 명령했으나 조금 전에 적이 있는 곳으로 도망친 사실을 알게 되었다. 카이사르는 병사들에게, "이처럼 긴급한 시기에는 강행군도 마다하지 말라"고 격려하면서 그들을 이끌고 열심히 행군하여 15마일 정도 나아가자 하이두이 족의 대오가 보였다. 카이사르는 기병을 보내어 그들의 진군을 방해하고 지체시키면서 모든 병사들에게 그 누구도 살해하지 말라고 금지령을 내렸다. 카이사르는 또한 사람들이 살해된 것으로 믿고 있었던 에포레도릭스와 비리도마루스를 기병들 사이로 돌아다니도록 하면서 동료들에게 호소하게끔 했다. 그 모습을 보고 리타비쿠스의 말이 헛소문임이 밝혀지자, 하이두이 족은 손을 내뻗어 항복을 표시하고,[28] 무

---

28) 이것은 아마도 삽입구일 것이다.

기를 버리고 목숨을 애걸했다.

리타비쿠스는 자신의 피호민을 거느리고 게르고비아로 도망쳤다. 갈리 인의 풍습에 따르면, 피호민은 최후까지 주인을 배반해서는 안되었다.

41 카이사르는 하이두이 족에게 사자를 보내어, 전쟁의 규칙에 따라 죽일 수도 있지만 호의 때문에 유보해 둔다고 전하게 했다. 그런 다음 휴식을 위해 군대에게 밤에 3시간의 여유를 준 후 행군의 방향을 게르고비아로 되돌렸다. 행군 도중에 파비우스로부터 파견된 기병이, 사태가 아주 위급하다고 알려 왔다.

"진지가 대부대의 습격을 받았다. 적은 여러 번에 걸쳐 피로한 병사들을 새로운 병사들과 교체하면서 아군을 끊임없이 괴롭혔으므로 우리는 그만 지쳐 버렸다. 진지가 큰 탓에 아군은 끊임없이 보루에서 지키지 않으면 안 되었다. 많은 병사가 엄청난 화살과 무수한 텔라 때문에 부상을 입었지만 노포弩砲가 적을 막아내는 데 큰 역할을 했다. 적이 물러가자, 파비우스는 두 개를 뺀 나머지 진문陣門은 모두 봉쇄하고 보루에 흉장胸墻도 가설하여 이튿날 같은 공격이 행해질 경우를 대비했다"고 보고했다.

이것을 안 카이사르는 병사들의 큰 열의에 힘입어 해가 뜨기 전에 진지에 도착했다.

42 게르고비아에서 이런 일이 벌어지고 있던 동안, 하이두이 족은 리타비쿠스로부터 최초의 통지를 받았으나 그것의 진위眞僞를 확인할 만한 여유가 없었다. 어떤 자는 탐욕에, 어떤 자는 분노와 무모함에(이러한 성향이 이 종족에게는 선천적이었다) 이끌려 하찮은 헛소문을 확실한 것으로 믿었다. 그들은 로마 인의 재산을 약탈하고 그들을 죽였으며 노예로 데려가기도 했다.

더욱이 콘빅톨리타비스는 사태를 한층 악화시키고 못된 짓을 거듭해, 민중들이 제정신을 차리지 못할 만큼 광분했다. 심지어 군단으로 돌아가던 천부장 아리스티우스(M. Arisstius)에게 신변의 안전을 보장하고 카빌로눔(Cavillonum)[29]이라는 도시에서 데리고 나온 뒤, 콘빅톨리타비스는 그곳에 있던 사람들과 같이 장사를 하면서 거주하도록 했다. 그러나 곧바로 이들을 노상에서 습격하여 짐을 모두 빼앗았으며, 저항하는 자들에게는 밤낮을 가리지 않고 포위 공격을 했다. 양쪽에서 사상자가 많이 나왔고, 많은 자들이 무기를 들게 되었다.

43 그 사이에, 즉 하이두이 족의 병사가 모두 카이사르의 지배하에 있다는 소식이 전해졌을 때, 그들은 아리스티우스가 있는 곳으로 몰려왔다. 그들은, 하이두이 족이 스스로 기도한 것은 아무것도 없다고 언명하면서, 약탈된 재산에 대한 조사를 명함과 동시에 리타비쿠스와 그 형제의 재산을 몰수하고, 자기편에서 해명 사절을 카이사르에게 보내 이렇게 말하게 했다.

"우리 부족은 동료들을 되찾고 싶어 그렇게 한 것이다. 많은 자들이 나쁜 짓을 거듭하고 약탈한 재산의 이득에 눈이 멀었지만 그래도 로마 군의 처벌이 두려워 비밀리에 사절을 보내 다른 부족을 사주했다."

카이사르는 이것을 알고 있었지만 사절에게는 될 수 있는 대로 정중하게, "민중의 무지와 경거망동이 있었다고 해서 부족 전체를 나쁘게 생각지는 않는다. 하이두이 족에 대한 나의 호의도 엷어지지 않았다"고 말했다.

갈리아의 대폭동을 예기한 카이사르는 모든 부족에게 포위당하지 않기 위해 그러면서도 그 모반의 두려움에서 시도하는 출발이 도망으로 보이지 않도록 어떻게 하면 게르고비아에서 떠나 다시 전군을 집결시킬 수 있을까 곰곰이 심사숙고했다.

---

29) 오늘날의 샬롱 쉬르 손느(Chalons-sur-Saone).

44 이러한 것을 생각하고 있는데 일을 성공적으로 해낼 수 있을 듯한 기회가 찾아왔다. 공사를 시찰하기 위해 소진지로 간 카이사르는 그 전날까지 적들로 가득 찼던 언덕에서 사람 그림자도 전혀 볼 수 없었다. 깜짝 놀란 카이사르는 매일처럼 몰려오는 적의 탈주자에게 그 원인을 물었다. 그리하여 다음과 같은 사실(카이사르 자신도 이미 정찰병을 통해 알고 있었다)이 그들에 의해 확인되었다.

"그 산등성이의 뒤편은 평탄하지만 좁은 숲으로서 도시의 맞은편에 접하고 있다. 우리는 로마 군이 점령하고 있던 언덕의 하나인 이 장소에 대해 심각하게 우려했다. 만약 이곳을 잃으면 거의 포위당하게 되고, 모든 출구와 식량과 마초의 반입이 차단되리라 생각했던 것이다. 이 때문에 베르킹게토릭스는 이곳의 튼튼한 방비를 위해 병사를 소집했던 것이다."

45 이것을 안 카이사르는 한밤중에 많은 기병을 그곳으로 보내 약간 소란을 피우면서 진지 주위로 흩어지라고 명령했다. 새벽에는 많은 말과 당나귀를 진지에서 투구를 씌워 기병으로 위장시킨 뒤 언덕을 에워싸도록 명했다. 여기에 소수의 기병을 덧붙여 그것이 그럴싸하게 보일 수 있도록 멀리까지 이동시켰다. 그렇게 해서 모두 멀리 우회한 뒤 같은 장소로 향하도록 했다. 게르고비아에서는 진지가 내려다보였으나, 갈리 인들에게서는 너무 멀리 떨어져 있었으므로 아군의 책략이 무엇인지 전혀 알 수가 없었다.

카이사르는 1개 군단을 그 산등성이로 내보냈으며, 약간 전진한 후 저지低地에 멈추어 숲속에 잠복하게 했다. 갈리 인의 의심은 점점 고조되었고, 그곳을 방비하기 위해 모든 부대가 옮겨 갔다. 카이사르는 적의 진지가 빈 것을 보고 부하들의 복장을 가리고 군기를 숨긴 뒤, 도시에서 보이지 않도록 병사들을 대진지에서 소진지로 조금씩 이동시켰다. 그리고 각 군단을 지휘하고 있는 부장들에게 자신이 원하는 바를 이르면서 특히 병사들이 전투에 열중하거나 약탈할 수 있는 가능성에 이끌려 깊이 쳐들어가지 못하게 하라고 명했다. 지형이 전투에 어떻게 불리하게 되어 있는지 설명하고, "빠른 속도만이 이를 극복할 수 있다. 승리는 불의의 습격으로 가능한 것이지 전투로 가능한 것은 아니다"라고 말했다. 이렇게 말한 뒤 출발 신호를 내림과 동시에 오른쪽의 다른 고갯길로 하이두이 족을 내보냈다.

46 도시의 방벽은 평원이나 고갯길 아래에서 곧장 굴곡 없이 1천 200페스의 거리에 있었다. 경사를 완화하기 위해 우회하면 그만큼 도정道程이 늘어난다. 갈리 인은 로마 군의 공격을 늦추기 위해 언덕 중간쯤에 돌을 이용해 높이 6페스의 보루를 산의 지형이 허락하는 만큼 넓게 쌓고, 그 아래 지역은 완전히 비웠으며, 언덕 위에는 도시의 방벽까지 진지로 가득 채웠다.

병사들은 신호가 떨어지자 금세 그 보루까지 간 뒤 그것을 타고 넘어가 세 개의 진지를 빼앗았다. 워낙 빨리 진지를 빼앗았으므로 니티오브로게스 족의 왕 테우토마투스는 천막에서 상반신을 벗은 채 낮잠을 자다 불시에 습격을 받아 상처를 입은 말을 타고는 약탈하는 병사들의 손을 가까스로 피했다.

47 카이사르는 마음에 그리고 있던 것을 성취했으므로 후퇴 나팔을 울렸고, 제10군단의 병사들은 그 신호에 따라 곧 멈춰 섰다. 그러나 다른 군단 병사들은 매우 큰 계곡의 건너편에 있었으므로 나팔 소리를 듣지 못했지만 그래도 부장과 천부장은 카이사르에게 명령받은 대로 병사들을 자제시키려 했다. 그렇지만 빠른 승리에의 가망성과 적의 패배와 그때까지의 승전에 흥분한 사람들은 무용으로 얻지 못할 것이 없다고 생각하고 도시의 방벽과 문에 육박할 때까지 추격을 멈추지 않았다.

그런데 도시의 이쪽저쪽에서 울부짖는 소리가 들리자, 뜻밖의 소란에 놀란 먼 곳의 사람들은 로마 군이 성문 안으로 들어왔다는 생각에서 도시로부터 뛰쳐나오기도 했다. 부녀자들은 방벽에서 의류와 은을 던지고 풀어헤친 가슴을 내밀고 로마 군에게 구원을 요청하듯 양손을 내뻗으면서, 아바리쿰에서 했던 것처럼 여자와 어린애들은 희생자의 수에 넣지 말아달라고 간청했다. 몇 명은 손으로 방벽을 타고 내려와 병사들에게 항복했다.

그날 제8군단의 백부장 파비우스는 동료들을 향해, "나는 아바리쿰의 약탈 때문에 흥분했다. 그 누구에게도 나보다 먼저 방벽에 오르는 것을 허락할 수 없다"고 말했다. 그는 마이폴루스에서 부하 세 명을 차출하여 그들의 도움을 받아 방벽에 오른 후 부하들을 한 사람씩 끌어올렸다.

48 앞서 말한 바와 같이 도시 맞은편 쪽을 방비하러 나갔던 적은, 처음에는 울부짖는 소리를 들었고 이어서 도시가 로마 군의 수중에 들어갔다는 빈번한 소식에 자극받아 기병을 그 진지로 먼저 보내고 나머지 병사들도 급히 보냈다. 방벽 밑에 도착한 적은 그곳에 멈추었고 싸울 수 있는 병사의 수를 증가시켜 나갔다.

많은 병사가 모이자 조금 전까지 방벽에서 로마 군에게 손을 내뻗고 있던 부녀자들은 남편들을 소리질러 부르고, 갈리 인의 풍습에 따라 머리를 풀어헤친 뒤 아이들이 잘 보이도록 위로 치켜들었다.

그 전투는 장소에서도, 사람 수에서도 로마 군에게 불리했다. 게다가 아군은 구보와 오랜 전투에 지쳐 있었으므로 힘 있고 활기 넘친 적의 군대를 막아내기가 어려웠다.

49 카이사르는 불리한 지점에서 전투가 행해지고 적의 병력 또한 증강되어 가는 것을 보자, 부하들이 걱정되어 소진지의 방어를 위해 남겨두었던 부장 티투스 섹스티우스를 시켜 진지에서 곧 코호르스를 내보내 적의 오른쪽에 해당하는 언덕 기슭에 배치하도록 했다. 그리

고 로마 군이 저쪽에서 쫓겨오는 것을 보면 적이 추격하지 못하게 방해하라고 명했다. 카이사르 자신은 군단을 이끌고 서 있던 장소에서 약간 전진한 뒤 전투 결과를 기다렸다.

50 지형의 이점과 인원수에 의존한 적과 무용에 의지한 아군이 격렬한 전투를 벌이고 있는 동안, 적의 부대를 견제하기 위해 오른쪽의 다른 고갯길로 카이사르가 보낸 하이두이 족이 갑자기 아군의 우측에서 모습을 나타냈다. 이들의 무장한 모습이 적과 흡사해서 아군은 크게 놀랐다. 하이두이 족 사람들은 항복의 표시로 우측 어깨를 노출시키고 있었음에도 불구하고 아군은 적이 자신들을 속이기 위해 한 짓이라 생각했다. 동시에 백부장 루키우스 파비우스와 함께 방벽에 올랐던 자들은 포위된 채 살해되어 방벽에서 떨어졌다.

같은 군단의 백부장 마르쿠스 페트로니우스(Marcus Petronius)는 문을 돌파하려 했지만 수에서 압도되어 많은 상처를 입고 구원이 불가능해지자 자신의 생명을 단념하고는, 뒤따르는 마니풀루스를 향해 "나와 그대들이 함께 구원될 수는 없다. 명예를 바라고 위험한 지경에 빠졌지만 그대들은 기회를 틈타 자신의 생명만이라도 구하라"고 말했다. 동시에 페트로니우스는 적 한가운데로 뛰어들어가 두 명을 죽이고, 다른 적을 문에서 조금 쫓아냈다. 그때 부하들이 도우려 하자 그는 "내 생명을 구하려 해도 소용없다. 이젠 피도 체력도 없다. 기회가 있을 때 돌아가라. 군단으로 돌아가라" 하고 말했다. 그리고 싸우다가 잠시 후에 쓰러졌으나 그 부하들이 구해 냈다.

51 아군은 사방에서 압박을 받은 끝에 46명의 백부장을 잃고[30] 쫓겨 내려왔다. 그렇지만 원군으로서 약간 평탄한 곳에 있던 제10군단이 열심히 추격해 오는 갈리 인을 저지했다. 부장 티투스 섹스티우스

---

30) 1개 군단에 모두 30명이므로, 이것은 큰 손실이다.

와 함께 소진지에서 나와 언덕을 점령하고 있던 제13군단의 코호르스도 이를 도왔다. 각 군단은 평지에 이르자 곧 멈추고 다시 적을 향했다. 베르킹게토릭스는 언덕 기슭에서 보루 속으로 부대를 끌고 돌아갔다. 그날 아군은 약 700명의 병사를 잃었다.

52 다음날 카이사르는 집회를 갖고 병사들의 무모함과 열광을 질책했다. 어디로 진격할 것인가, 무엇을 할 것인가 하는 것을 쉽게 판단하고 퇴각 신호를 해도 멈추지 않았으며, 부장과 천부장에 의해서도 자제되지 않았기 때문이다. 그리고 카이사르는 불리한 지형이 어떤 영향을 미치며 전에 자신이 아바리쿰에서 지휘자도 기병도 없는 적을 습격하면서 지형의 불리함 때문에 극히 소수의 희생자도 내지 않으려고 확실한 승리마저 단념했던 일을 설명했다.

진지의 보루도, 산의 높이도, 도시의 방벽도 문제삼지 않았던 병사들의 왕성한 사기는 극구 칭찬했지만, 승리와 사태의 진전 결과에 대해 지휘관보다 더 잘 알고 있는 듯이 생각한 방종과 오만에 대해서는 혹독하게 질책하고, 병사들에게 무용과 왕성한 사기에 못지않은 복종과 자제를 요구했다.

53 이렇게 말한 카이사르는 이야기 끝에 "이러한 일로 사기가 떨어지지 않도록 하라. 지형의 불리함으로 인한 일을 적의 무용 탓으로 돌려서는 안 된다"고 병사들을 격려하면서 전에 결정했던 대로 출발하려는 생각에서 군단을 진지에서 내보내 적당한 장소에서 전투대형으로 전개했다.

그러나 베르킹게토릭스가 부대를 보루 속에 주둔시킨 채 평지로 내려오지 않자, 카이사르는 가벼운 기병 전투를 유리하게 이끈 것에 만족하고 군대를 진지로 되돌렸다. 그 이튿날에도 똑같은 일을 하여 갈리 인의 자부심을 억누르고 아군의 사기를 고무하는 데 충분했다고 생각하면서 하이두이 족 쪽으로 진지를 옮겼다. 그때에도 적은 추격해 오지 않았다. 카이사르는 3일째 되는 날 엘라베르 강으로 올라와 다리를 고치고 부대를 도하시켰다.

54 그곳에서 하이두이 족의 비리오마루스 및 에포레도릭스와 회견한 카이사르는 리타비쿠스가 기병 전부를 이끌고 하이두이 족을 부추기기 위해 떠났다는 것을 알고, 하이두이 족을 확보하려면 먼저 가야만 한다고 말했다. 카이사르는 이미 여러 정황을 통해 하이두이 족의 배반을 알고 있었고, 두 사람의 출발로 부족의 모반이 앞당겨질지도 모른다고 생각했지만 모욕을 주고 싶지도 않았고 겁을 먹고 있다는 의심도 들게 하고 싶지 않아 두 사람을 만류하지 않았다. 그래도 두 사람이 출발할 때에는 하이두이 족에게 자신이 해 준 것을 간단히 설명했다. 모두 토지를 빼앗기고, 도시에서 축출당했으며, 연합부족도 모두 잃고, 세금이 부과되고, 인질을 보내는 등 모멸당하고 있던 비참한 상태의 그들을 받아들였기 때문에, 하이두이 족이 이전의 상태로 되돌아왔을 뿐만 아니라 그 옛날 어느 때보다도 더 큰 권위와 번영을 얻은 사실을 말했다. 이렇게 훈계한 후에 두 사람을 떠나보냈다.

55 노비오두눔은 리게르 강가의 유리한 장소에 있었던 하이두이 족의 도시다. 카이사르는 이곳에 갈리아의 모든 인질과 곡물과 공금金과 자신 및 군대의 모든 물자를 모아 놓았으며, 이 전쟁에 대비하여 이탈리아와 히스파니아에서 사온 많은 말도 이곳에 보내놓고 있었다.

이곳에 도착한 에포레도릭스와 비리도마루스는 리타비쿠스가 비브락테(부족 가운데서 가장 세력이 큰 도시)에서 하이두이 족의 환영을 받았으며, 수령 콘빅톨리타비스와 원로 대부분도 리타비쿠스가 있는 곳에 모였고, 또한 평화와 우정을 맺을 사절을 공공연히 베르킨게토릭스에게 보냈다는 부족의 정세를 알고, 두 사람도 이런 절호의 기회를 놓쳐서는 안 된다고 생각했다.

그리하여 노비오두눔의 감시병과 장사나 여행을 위해 온 사람들을 죽였고, 금전과 말을 서로 나누면서 여러 부족에게서 온 인질을 비브락테에 있는 수령에게 데리고 가게 했다. 또한 자신들로서는 도저히 방비할 수 없다고 생각되던 이 도시가 로마 군에게 이용되지 못하도록 불태워 버렸으며, 가지고 갈 수 있는 곡물은 가능한 한 많이 배에 실은 후 나머지는 강물에 던져 넣거나 불로 태워 버렸다.

두 사람은 인근 지역에서 부대를 모아 리게르 강가에 수비대와 감시병을 배치하고, 위협하기 위해 기병을 도처에 파견했다. 그렇게 함으로써 로마 군의 곡물 공급을 차단하거나 혹은 이들을 빈곤 상태로 몰아넣어 프로빈키아에서 쫓아내려고 한 것이다. 이러한 전망에 또 다른 좋은 사정이 덧붙여졌다. 즉 눈이 녹으면서 리게르 강의 물이 불어 도보로 건널 수 없을 듯해진 것이다.

56 이것을 안 카이사르는 다리를 놓는 일에는 위험 부담이 많이 따르리라 짐작했으므로 대부대가 모이지 않은 틈에 처리하기로 했다.

전략을 바꾸어 프로빈키아로 진로를 바꾸는 것을 아무도 필요한 일이라 생각지 않았다. 그렇게 하는 것은 굴욕적이고 불명예스러운 일이었다. 뿐만 아니라 케벤나 산이 가로막고 있었고, 도로 사정도 나쁘다는 것 등이 그러한 행동을 하지 못하게 했던 것이다. 특히 분견分遣된 라비에누스와 군단에 대한 우려도 크게 작용했다.

카이사르는 밤낮없이 강행군을 거듭하여 모두의 예상을 뒤엎고 멀리 떨어진 리게르 강에까지 이르렀다. 긴급한 경우임에도 불구하고 무기의 지탱을 위해 어깨와 팔을 내놓고 건너기에 적절한 여울을 기병이 발견했다. 카이사르는 기병을 여울 주위에 분산시켜 배치하고, 적을 혼란에 빠뜨리면서 부대를 무사히 도하시켰다. 그 토지에서 풍부한 곡물과 가축을 얻은 카이사르는 그것으로 부대를 회복시키고, 세노네스 족의 영지를 향해 떠나기로 했다.

57 카이사르 주변에서 이런 일이 벌어지고 있는 동안에 라비에누스는 이탈리아에서 갓 온 보충병을 군수품의 수비대로서 아게딘쿰에 남긴 후 4개 군단을 이끌고 루테키아로 향했다. 이곳은 세콰니 강의 섬에 있는 파리시 족의 도시다.

라비에누스의 도착이 적에게 알려지자 인근 부족으로부터 대군이 몰려왔다. 그 총지휘권은 아울레르키 족의 카물로게누스(Camulogenus)에게 건네졌다. 이 사람은 이미 노쇠한 늙은이였지만 군사에 뛰어난 지식을 가지고 있다는 이유로 그 명예로운 지위에 오르게 된 것이다. 카물로게누스는 세콰나 강으로 흘러 들어가고 게다가 그 지방 전체를 요새화하고 있는 커다란 늪지대가 있다는 사실에 주목하여, 그곳에 진지를 구축하고 로마 군의 통과를 저지하려 했다.

58 라비에누스는 처음에 귀갑차를 만들고 나뭇가지와 흙덩이로 늪을 메워 통로를 다지기로 했다. 그러나 그것이 매우 어려운 일이라는 것을 알고 3경에 조용히 진지를 나와, 올 때와 같은 길로 메티오세둠(Metiosedum)에 도착했다. 이곳은 조금 전에 루테키아에 대해 말한 것과 같이, 세콰나 강의 섬에 있는, 세노네스 족의 도시다.

라비에누스는 약 50척의 배를 빼앗고, 재빨리 이것들을 연결한 뒤 병사들을 태우고 이 도시로 갔다. 주민 대부분이 전쟁에 나간 탓에 얼마 되지 않은 도시의 사람들을 겁에 질리도록 만들어 전쟁도 하지 않고 도시를 빼앗았다. 또한 전에 적이 파괴한 다리를 고쳐 부대를 도하시키고, 강을 따라 루테키아로 진격하기 시작했다.

메티오세둠에서 도망쳐 온 사람들에게서 이 소식을 들은 적은 늪지에서 나와 라비에누스의 진지 반대편인 세콰나 강변에서 루테키아를 바라보고 위치를 잡았다.

59 카이사르가 이미 게르고비아를 떠난 사실이 전해지고, 하이두이 족의 모반과 갈리아 동란의 성공에 대해서도 소문이 날아들었으

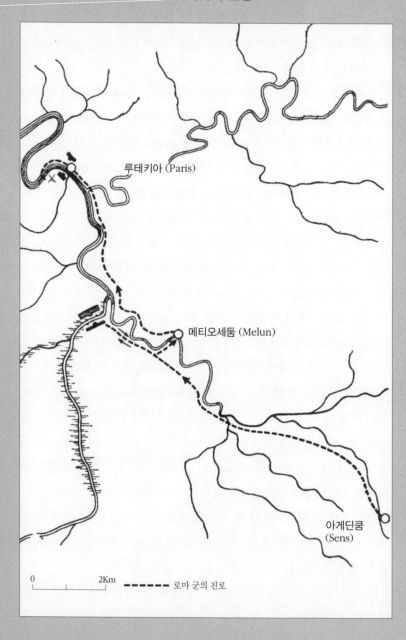

루테키아 (Paris)

메티오세둠 (Melun)

아게딘쿰
(Sens)

0　　　　2Km　　━ ━ ━ ━ ━ 로마 군의 진로

며, 카이사르가 길이 막히고 리게르 강의 도하에도 성공하지 못한 채 곡물이 떨어져 프로빈키아로 갔다는 갈리 인의 전언도 있었다. 전에도 로마에 충실치 않았던 벨로바키 족은 하이두이 족의 모반 사실을 알게 되자 부대를 모으면서 공공연히 전쟁을 준비하기 시작했다.

라비에누스는 사태의 큰 변화 때문에 전에 생각하고 있던 것과는 전혀 다른 새로운 대책을 세우지 않으면 안 된다고 느꼈다. 즉 이제는 무엇을 빼앗거나 적과 전쟁을 하는 일이 아니라, 오히려 부대를 무사히 아게딘쿰으로 이끌고 돌아가는 것이 중요하다고 생각했던 것이다. 갈리아에서 가장 높은 무명武名을 지닌 벨로바키 족이 한쪽[31]에서 다가오고 있는 데다 카물로게누스가 잘 훈련되고 준비를 갖춘 부대로 다른 쪽[32]을 지키고 있었기 때문이다. 큰 강[33]이 군수품과 수비대로부터 군단을 격리시키고 있었다. 뜻밖에도 이러한 곤경에 직면한 라비에누스는 정신력으로 활로를 찾지 않으면 안 된다고 생각했다.

60 라비에누스는 해질녘에 열린 회의에서 병사들에게 명령을 충실히 실행하라 격려하고, 메티오세둠에서 가져온 배를 로마 기사[34]들에게 각각 할당하면서 1경이 끝날 무렵부터 하류를 향해 조용히 4마일 정도 나아간 뒤 그곳에서 자신을 기다리라고 명했다. 전투에 가장 약하다고 생각되는 5개의 코호르스는 진지의 수비대로 남겨 두고 같은 군단의 나머지 5개 코호르스로 하여금 한밤중에 군수품을 모두 싣고 상류 쪽으로 대소동을 일으키면서 가도록 했다. 또한 작은 배도 똑같은 방식으로 노 젓는 소리를 크게 내면서 상류 쪽으로 가게 했다. 라비에누스 자신도 얼마 있다가 3개 군단을 이끌고 조용히 출발해

---

31) 즉 북쪽.
32) 즉 남쪽.
33) 즉 세콰나(Sequana) 강.
34) 로마 군단에 기병대를 제공할 의무를 지녔던 유력한 자산가 혹은 상인.

배를 보낸 하류 쪽으로 향했다.

61 그곳에 도착했을 때 강의 곳곳에 배치된 적의 정찰병들은 갑자기 일어난 폭풍으로 방심하고 있었던 까닭에 졸지에 로마 군의 기습을 받았다. 아군 부대와 기병은 라비에누스가 위임한 로마 기사들의 지도에 의해 강을 쉽게 건넜다. 이것과 거의 동시에 곧 새벽이 되기 전에 로마 군의 진지에서 평시와 다른 소란이 있었다는 것, 큰 대오가 강의 상류를 향해 나아갔고 노 젓는 소리도 들을 수 있었다는 것, 약간 하류에서는 병사들이 배로 도하했다는 것 등이 적에게 전해졌다.

이 소식을 들은 적은 로마 군단이 각기 다른 세 지점으로 도하하여 하이두이 족의 모반에 겁먹고 도망치기 시작했다고 생각해 자신들도 부대를 셋으로 나누었다. 즉 진지의 반대편에 수비대를 남기고, 배로 올라갈 수 있는 데까지 가도록 소부대를 메티오세둠 쪽으로 가도록 명령하면서 나머지 부대는 라비에누스 쪽으로 향하게 했다.

62 새벽녘까지 아군은 모두 도하했으며, 적의 진영도 보였다. 라비에누스는 병사들에게 "이때까지의 무용과 혁혁한 전투를 상기하라. 모두 그 지휘하에서 여러 번에 걸쳐 적을 압도한 바가 있는 카이사르 자신이 보고 있다고 생각하라"고 격려하면서 전투 개시 신호를 내렸다.

최초의 전투에서 제7군단이 배치되어 있던 우익의 적이 무너져 패주하고, 제12군단이 있었던 좌익에서도 적의 제1제대가 아군의 창에 꿰뚫려 죽었지만 그 나머지 적들은 격렬히 저항하면서 어느 누구도 도망칠 기색을 보이지 않았다. 적의 지휘관인 카물로게누스 자신도 그곳에 함께 있으면서 동료들을 격려하고 있었다. 아직 승리의 향방이 불확실할 때 좌익의 사정이 제7군단의 천부장에게 전해지자 아군은 군단을 적의 배후로 전환시켜 공격하기 시작했다.[35] 적은 그때까지 누구 한 사람 그곳에서 후퇴하지 않았으므로 결국 모두 포위당하여 살해되었다. 카물로게누스도 같은 운명에 빠졌다.

　그런데 그때 라비에누스의 진지 맞은편에 수비대로 남아 있던 적은 전투가 시작되었다는 말을 듣고 동료들을 구하러 왔으나 언덕에 이르렀을 뿐 승리로 자신만만한 아군 병사들의 공격을 막아낼 수는 없었다. 숲이나 산도 이들의 피난처가 되지 못했으므로 결국 패주자 무리에 섞여 아군 기병에게 살해되었다.

　대승을 거둔 라비에누스는 전군의 군수품을 남겨 두었던 아게딘쿰으로 돌아갔고, 그곳에서 다시 전군을 거느리고 카이사르에게로 왔다.

　63 하이두이 족의 모반이 널리 알려지자 전화戰禍가 증대되었다. 베르킹게토릭스는 사절을 사방으로 보내 자신의 친애와 권위와 금전이 허락하는 한 많은 부족을 사주했다. 하이두이 족에게 맡겨 놓았던 인질들을 되찾은 카이사르는 인질들을 처벌하겠다고 말하며 머뭇거리는 부족을 위협했다.

　하이두이 족은 베르킹게토릭스에게 자기들이 있는 곳으로 와서 전쟁계획을 세우자고 청했다. 그것이 받아들여지자 그들은 총지휘권을 자신들에게 양보하라고 주장하였다. 그 문제를 둘러싸고 논쟁이 벌

---

35) 이것을 그림으로 나타내면 아래와 같이 된다.

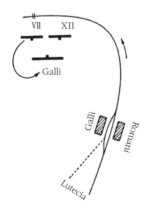

어지자 전 갈리아 회의가 비브락테에서 열리게 되었다. 많은 사람들이 각지에서 이곳으로 모여들었다. 결국 투표로 결정하게 되었고, 모든 사람의 찬성을 얻은 베르킹게토릭스가 지휘자로 인정되었다.

레미 족과 링고네스 족 및 트레베리 족은 이 회의에 불참했다. 앞의 두 부족은 로마의 우정을 구했기 때문이다. 또한 트레베리 족은 멀리 떨어져 있는 데다 게르마니 인으로부터 압박을 받고 있었기 때문에 이 전쟁에 모습을 보이지 않았고 또 어느 쪽에도 원군을 보내지 못했다.

하이두이 족은 수위首位를 빼앗긴 사실에 몹시 분개했고 운명의 변화를 탄식했으며, 카이사르의 친절을 놓친 것에 대해 몹시 후회했지만 전쟁을 시작한 이상 다시 등을 돌릴 수는 없었다. 유망한 청년인 에포레도릭스와 비리도마루스는 마지못해 베르킹게토릭스를 따랐다.

64 베르킹게토릭스는 다른 여러 부족에게 인질을 부과하고 그 날짜를 정한 뒤, 1만 5천 명에 이르는 기병 전체에게 신속히 이곳에 모이라고 명령했다. 베르킹게토릭스는 "내가 전부터 가지고 있던 보병으로 만족한다. 운명을 거스르는 일도, 일반적인 전투대형으로 싸우는 일도 없을 것이다. 우리들은 많은 기병을 가졌기 때문에 로마 군의 곡물 및 식량, 마초의 반입을 방해하기가 쉽다. 우리 자신이 냉정히 곡물을 포기하고, 집을 불태우고, 재산을 파괴하는 방법으로 영원한 지배와 자유를 얻자"고 말했다.

이렇게 결정한 뒤 프로빈키아와 접하고 있는 하이두이 족과 세구시아비 족에게 1만명의 보병을 부과하고 여기에 800명의 기병을 덧붙였다. 베르킹게토릭스는 이들을 에포레도릭스의 동생에게 맡겨 알로브로게스 족에게 도전하게 했다. 다른 한편으로는 아르베르니 족 남부의 파구스와 가발리 족은 헬비 족의 영지로, 루테니 족과 카두르키 족은 볼카이 아레코미키 족의 영지로 보내 약탈하게 했다. 또한 비밀리에 전언傳言과 사절을 알로브로게스 족에게 보내 그들을 사주했다.

베르킹게토릭스는 알로브로게스 족의 태도가 지금까지의 전쟁으로는 결정되지 않았으리라 생각했다. 그래서 알로브로게스 족의 유력자에게는 금전을, 부족에게는 전 프로빈키아의 지배권을 주겠다고 약속했다.

65 이러한 모든 경우에 대비해 로마측에서는 25개의 수비대를 준비하였다. 그 부대는 부장 루키우스 카이사르(Lucius Caesar)[36]에 의해 전 프로빈키아에서 징집되어 각 방면의 진지에 배치하였다.

헬비 족은 진군하여 인근 제부족과 싸웠으나 패배하였고, 카부루스의 아들로서 부족의 수령이었던 가이우스 발레리우스 돔노타우루스(Gaius Valerius Domnotaurus)를 포함한 많은 사람이 살해되었으며, 도시와 방벽 속으로 쫓겨 들어가고 말았다. 로다누스 강에 얼마간의 수비대를 두고 있던 알로브로게스 족은 비상한 주의와 노력으로 영지를 지켰다.

카이사르는 적이 기병에서 우세한 것을 알았고 또한 모든 도로가 봉쇄되어 프로빈키아와 이탈리아에서 아무런 원조도 받을 수 없었으므로, 전년에[37] 평정한 레누스 강 너머의 게르마니아 부족들에게 사람을 보내어 그 부족들로부터 기병 및 그와 교대하여 싸울 경무장 보병을 소집했다. 그러나 도착한 이들 군사들이 너무 변변찮은 말을 타고 있었으므로 천부장 및 기타 로마의 기사나 예비대로부터 말을 거두어들여 게르마니 인에게 할당했다.

66 이런 일이 행해지고 있는 사이에 아르베르니 족으로부터 온 적

---

36) 저자인 카이사르의 먼 친척. 기원전 64년에 집정관이 되었다.
37) 기원전 55년 및 기원전 53년.

의 부대와 전 갈리아에 부과된 기병이 모이고 있었다.

프로빈키아를 쉽게 원조할 수 있도록 하기 위해 카이사르가 링고네스 족의 변경을 거쳐 세콰니 족의 영지로 행군해 갈 때 베르킹게토릭스는 로마 군에게서 약 10마일 떨어진 곳에 3개의 진지를 구축하고 기병대장들을 불러, "승리의 순간이 왔다. 로마 군은 프로빈키아로 도망치기 위해 갈리아를 떠나고 있다. 잠시 동안의 자유를 얻는 데에는 이것으로도 충분하지만 장래의 평온 무사를 위해서는 아직 아무것도 하지 않은 것과 같다. 로마 군은 대부대를 모아 다시 올 것이다. 전쟁은 끝나지 않았다. 그러므로 로마 군의 물자를 나르는 대오를 습격하자. 로마 보병이 기병을 돕고 그 때문에 꾸물거리게 되면 행군을 할 수 없을 것이다. 만약 로마 군이 — 아마도 그리 되리라 생각된다 — 그 군수품을 포기한 채 신변의 안전만을 꾀하게 되면 그것으로 로마 군은 필요한 물자도 권위도 잃게 될 것이다. 로마 기병은 어느 누구도 대오를 떠나 나서지 않을 것이다. 그것은 의심할 여지가 없다. 사기 왕성하게 싸울 수 있도록 진지 앞에 부대를 전부 정렬시켜 로마 군을 위협하자"고 말했다.

적 기병은 동시에 환성을 지르면서, "로마 군의 대오를 앞지르지 못하면 집에 들어가지 않고, 아이와 양친과 아내 곁으로도 돌아가지 않겠다"는 말로 서로 맹세했다.

67 베르킹게토릭스의 제의는 공인되었으며, 모든 사람이 그것에 맹세도 했다. 이튿날 적은 기병을 셋으로 나누었는데, 그 둘은 아군의 양옆에서 전투대형을 전개했고, 나머지 하나는 아군 전위前衛의 전진을 방해하기 시작했다. 이러한 사정이 알려지자 카이사르도 아군 기병을 셋으로 나누어 적에 대항하게 했다.

도처에서 동시에 전투가 벌어졌다. 대오는 멈추었고, 군수품은 군단 사이에 놓여졌다. 아군이 고전하거나 몹시 압박받고 있는 것처럼 보이는 곳이 있으면 카이사르가 그곳으로 가 전투대형을 갖추어 공격하도록 했다. 이것은 적의 추격을 억제하고, 아군에게 원조를 받을 수 있다는 희망을 가져다 주었다. 마침내 산등성이의 우익을 통해 정상을 차지한 게르마니 인 기병대는 그곳에서 적을 쫓아내고, 베르킹게토릭스가 보병 부대와 함께 머물던 강변까지 쫓아가 많은 적을 죽였다. 이것을 본 나머지 적들은 포위되지 않도록 도망쳤으나 도처에서 살해되었다.

하이두이 족의 귀족 세 사람이 사로잡혀 카이사르가 있는 곳으로 끌려왔다. 이번 집회에서 콘빅톨리타비스와 서로 다투었던 기병대장 코투스, 리타비쿠스가 모반했을 때 보병 부대를 지휘했던 카바리누스, 카이사르가 오기 전 세콰니 족과의 싸움에서 하이두이 족을 지휘했던 에포레도릭스[38] 등이 그들이었다.

68 기병 전부가 패배하자 베르킹게토릭스는 진지 앞에 배치해두었던 부대를 이끌고 만두비(Manduvii) 족[39]의 도시 알레시아[40]로 향하면서 진지로부터 끌어낸 군수품도 뒤따르게 했다.

군수품을 인근 언덕으로 옮긴 카이사르는 그것을 수비하도록 2개 군단을 남긴 뒤 그날 시간이 허락하는 한 추격을 감행해 적의 후위 약 300명을 살해하고, 다음날엔 알레시아 근처에 진지를 구축했다.

도시의 위치를 시찰한 카이사르는 기병의 패주로 적이 겁을 먹고 있다는 사실을 알았으므로 병사들에게 분투하라고 격려하면서 알레시아의 포위 공격에 임했다.

69 알레시아는 언덕 위의 매우 높은 곳에 자리잡고 있었으므로 포위 공격이 아니고는 함락될 것 같지 않았다. 그 언덕 양쪽[41] 기슭에는

---

38) 앞에 나온 에포레도릭스와는 동명이인이다.
39) 오늘날의 몽톡수아를 중심으로 살고 있던 부족.
40) 오늘날의 몽톡수아(Mont Auxois).
41) 즉 남북.

두 줄기의 강이 흐르고 있었다. 도시 앞에는 길이 약 3마일의 평원[42]
이 펼쳐져 있었고, 그 밖의 면에서는 각각 얼마간의 거리를 두고 같은
높이의 언덕이 도시를 에워싸고 있었다. 언덕 동쪽의 방벽 아래에는
갈리 인 부대가 그 장소를 모두 가득 채운 채, 호와 높이 6페스의 보
루를 앞에 구축해 놓고 있었다.

로마 군에 의해 구축되기 시작한 보루의 둘레는 10마일에 달했다.
진지는 유리한 지점에 보루로 서로 연결된 8개[43]가 설치되고, 23개의
성채[44]도 구축하였다. 카이사르는 불시에 공격당하지 않도록 성채에
낮에는 경계병을 두고, 밤에는 보초와 강력한 수비대를 두었다.

70 공사는 시작되었고, 언덕 사이로 3마일에 걸쳐 펼쳐져 있던 평
원에서는 기병 전투가 벌어졌다. 적이나 아군 모두 격렬하게 싸웠다.
아군이 고전하면 카이사르는 게르마니 인 기병대를 보내 원조하게
하고, 그들이 적의 보병으로부터 불시에 공격을 당하지 않도록 군단
을 진지 앞에 정렬시켜 놓았다. 군단에 의해 엄호되고 있다는 생각에
서 아군의 사기는 증대되었다.

패주하는 적의 수가 많은 것이 오히려 적에게는 방해가 되었으며,
많은 병사가 열려 있는 좁은 문으로 우르르 몰려들었다. 게르마니 인
기병대는 보루가 있는 곳까지 격렬히 추격하여 많은 적을 죽였다. 어
떤 자는 말을 타고 호를 건너 보루를 넘으려고까지 했다.

카이사르는 보루 앞에 정렬시켜 놓은 군단을 약간 전진시켰다. 보
루 속에 있던 적들도 똑같이 당황해 어찌할 바를 몰랐다. 곧 자신들까
지 공격당하리라 생각한 갈리 인은 "무기를 들라"고 외쳤고, 어떤 자

---

42) 서쪽의 Plaine des Laumes이다.
43) 1862-65년에 나폴레옹 3세의 명령으로 발굴이 행해져 큰 성공을 거두었다. 스토펠 대령
   에 의해 발굴되었다.
44) 이것들 가운데 스토펠 대령이 발굴한 것은 5개다.

알레시아의 전쟁

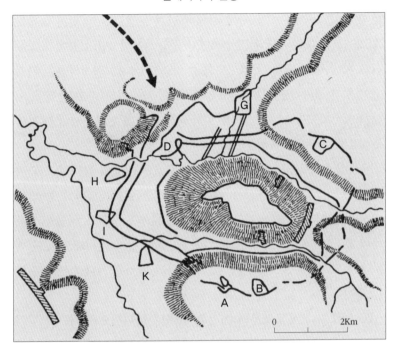

A, B, C   로마군 보병진지
D   레기누스 및 카니니우스의 진지
G, H, I, K   로마군 기병진지
◀ - - - - 베르카시벨라우누스의 진로

는 두려워 도시로 도망쳐 들어갔다.

베르킹게토릭스는 진지가 비지 않도록 문을 닫았다. 게르마니 인
기병대는 많은 적을 살해하고 많은 말을 빼앗은 후 돌아왔다.

71 베르킹게토릭스는 로마 군의 보루가 완성되기 전에 밤을 틈타
수하의 기병 전체를 내보낼 계획을 세웠다. 베르킹게토릭스는 그들
을 출발시키면서, "각자 자기 부족으로 돌아가 무기를 들 수 있는 연
령의 사람을 모두 전쟁에 내보내라"고 지시했다. 베르킹게토릭스는

이들에게 자신의 공적을 말하고, "나를 구출해 달라. 모든 이의 자유를 위해 큰 공적을 세운 나를 적에게 넘겨 모진 고초를 당하지 않도록 해 달라"고 부탁했다. 또한 "만약 꾸물거리면 8만의 정예가 모두 나와 함께 죽게 된다. 계산으로는 30일분도 채 안 되는 곡물을 가지고 있지만 절약하면 좀더 오래 견딜 수 있을 것이다"라고 말했다. 이렇게 지시하고 나서, 그 기병을 로마 군의 공사가 완결되지 못한 곳을 통해 2경 무렵에 조용히 밖으로 내보냈다.

베르킹게토릭스는 사람들에게 곡물을 모두 자신이 있는 곳으로 가져오도록 명령했으며, 따르지 않는 자는 중죄로 다스렸다. 그는 만두비 족이 많이 가지고 온 가축을 각자에게 나누어 주었고, 곡물을 절약하여 조금씩 배급하도록 했다. 그는 또 도시 앞에 배치해 두었던 전 부대를 도시 안으로 끌어들였다. 갈리아의 원조를 기다려 싸우려 했던 것이다.

72 탈주자나 포로로부터 이것을 알아낸 카이사르는 다음과 같이 보루를 구축하기 시작했다. 우선 양면이 수직으로 20페스, 또한 밑바닥도 호의 상단과 같은 간격으로 벌어져 있는 호를 만들었다. 모든 보루는 그 호에서 400파수스[45] 되는 곳에 구축했다.

이것은 다음과 같은 생각에서였다. 즉 보루는 필연적으로 극히 넓은 범위에 걸쳐 구축해야만 하는데, 이런 대공사를 빙 둘러선 수비대로 감당하기는 쉽지 않기 때문에 적의 대군이 불시에 혹은 밤을 틈타 보루로 습격해 오거나 또는 낮 동안에라도 공사에 전념하고 있는 아군에게 텔라를 던지지 못하도록 하기 위해서였다.

이만한 거리를 두고 폭도 깊이도 15페스인 호를 두 개 팠다. 낮고

---

45) 사본은 어느 곳에나 pes로 표시되어 있지만 스토펠의 발굴에 의해 passus라는 것이 증명되었다. 이것은 700영국야드에 해당된다.

평평한 곳에 판 안쪽 것⁴⁶⁾에 강으로부터 끌어들인 물을 채웠다. 그 뒤에는 높이 12페스의 보루를 구축했다. 이곳에 흉벽胸壁과 흉장胸牆을 덧붙였다. 흉장胸牆⁴⁷⁾과 보루의 이음매에는 적이 올라오는 것을 방지하기 위한 커다란 뿔⁴⁸⁾이 돌출되어 있었다. 탑은 각각 80파수스의 간격으로 전 공사장을 둘러싸고 있었다.

73 목재의 조달과 곡물의 공급 그리고 대보루를 구축하는 일이 동시에 필요했으므로 아군 부대는 진지에서 멀리 나갔고, 그 때문에 아군의 수는 감소되었다. 갈리 인은 그 공사장을 습격하고 도시의 몇몇 문에서 대거 돌격해 왔다. 그래서 카이사르는 보루가 소수의 병사에 의해 지켜질 수 있도록 이곳에 공사를 더 해야 한다고 생각했다.

나무 줄기나 단단한 나뭇가지를 잘라내 그 끝의 껍질을 벗겨내고 뾰족하게 깎은 뒤 연이어 판 깊이 5페스의 호에 이 말뚝을 꽂았다. 말뚝이 뽑히지 않도록 바닥에 고정시켰고, 가지는 돌출시켜 놓았다. 또한 그러한 말뚝의 5열을 각각 서로 연결시키고 교차시켰다. 누구든 이곳에 들어가면 날카로운 말뚝에 찔리도록 만들었다. 병사들은 이것을 '무덤'이라 불렀다.

비스듬히 오목형五目形으로 배치된 이것 앞에 깊이 3페스의 도랑을 파고, 그 사면이 바닥으로 내려가면서 점차 좁아지게 만들었다. 그런 다음 끝을 뾰족하게 깎고 불로 달군, 사람 허벅지 굵기만한 통나무를 지상으로 4인치 이상 나오지 않도록 넣었고, 단단히 고정시키기 위해 밑바닥에서 1페스 정도는 흙으로 채우고 밟아서 다졌다. 도랑의 나머지 부분에는 그 함정을 은폐하기 위해 가는 나뭇가지나 잡목 가지를 넣었다. 이러한 것을 8열이나 만들었으며, 그것들은 서로 3페스의 거

---

46) 즉 알레시아에 가까이 있는 것.
47) 전술前述한 흉벽, 흉장의 총칭.
48) 사슴뿔처럼 생긴 나뭇가지.

리를 두고 있었다. 이것은 백합꽃과 비슷했으므로 백합白合[49]이라 불렀다.

이것 앞에 쇠갈고리를 단 길이 1페스의 막대기를 땅속에 묻었으며, 이것들은 얼마간의 간격을 두고 지면 전체에 퍼져 있었다. 이것은 가시[50]라고 불렀다.

74 이것들이 완성되자, 이런 공작을 한 곳의 반대편에 있던 바깥의 적에 대항하기 위해서도 될 수 있는 한 유리한 지형을 골라 14마일에 걸쳐 똑같은 보루를 구축했다. 기병이 출동한 뒤에 보루의 수비대가 대군에 포위되는 일이 일어나지 않도록 하기 위해서였다. 또한 아군이 위험을 무릅쓰고 진지에서 나가는 일이 일어나지 않도록 모두 30일간의 식량과 마차 및 곡물을 준비해 두도록 명령했다.

75 이러한 일이 알레시아에서 행해지고 있을 때, 갈리 인은 유력자 회의를 열고 ― 베르킹게토릭스가 생각한 대로 ― 무기를 들 수 있는 모든 사람을 소집하는 것이 아니라 각 부족에게 일정한 수를 부과하자고 결의했다. 그것은 대군이 밀집하여 부하들을 통제할 수도 없고, 구별할 수도 없게 되거나, 곡물 공급 방법도 강구할 수 없게 되는 일이 일어나지 않도록 하기 위해서였다.

하이두이 족과 그 피호민인 세구시아비 족, 암비바레티(Ambivareti) 족[51], 아울레르키 브란노비케스(Aulerci Brannovices) 족, 블란노비(Blannovii) 족으로부터는 3만 5천명, 아르베르니 족의 지배하에 있는

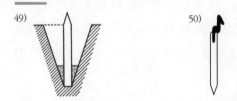

49)   50)

51) 그 거주지는 하이두이 족의 영지에 접하고 있었다고 생각되나, 어느 곳인지는 추정할 수 없다.

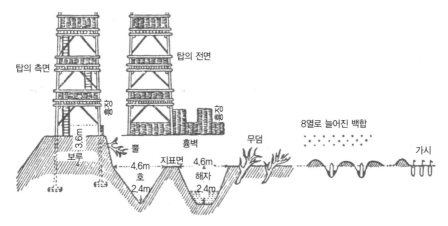

탑의 측면　　　　　　탑의 전면

8열로 늘어진 백합

3.6m

보루　　　　뿔　　　　흉벽　　무덤　　　　　　　　　　　　가시

4.6m　　지표면　4.6m
호　　　　　　해자
2.4m　　　　　2.4m

스토펠 대령의 발굴결과 밝혀진 알레시아 전투에서의 로마군 진지

엘레우테티(Eleuteti) 족, 카두르키 족, 가발리 족, 벨라비(Vellavii) 족[52]
을 포함하여 아르베르니 족으로부터도 3만 5천명, 세콰니 족, 세노네
스 족, 비투리게스 족, 산토니 족, 루테니 족, 카르누테스 족으로부터
는 각각 1만 2천명, 벨로바키 족으로부터는 1만명, 레모비케스 족으
로부터도 1만명, 픽토네스 족, 툴로니 족, 파리시 족, 헬베티 족으로부
터는 각각 8천명, 수에시오네스 족, 암비아니 족, 메디오마트리키 족,
페트로코리(Petrocorii) 족,[53] 네르비 족, 모리니 족, 니티오브로게스 족
으로부터는 각각 5천명, 아울레르키 케노마니(Aulerci Cenomani) 족,[54]
아울레르키 에부로비케스 족으로부터는 각각 3천명, 라우라키 족, 보
이 족으로부터는 각각 2천명, 코리오솔리테스 족, 레도네스 족, 암비
바리(Ambibarii) 족,[55] 칼레테스(Caletes) 족,[56] 오시스미족, 베네티 족, 렉
소비 족, 베넬리 족이 포함된 그 지역 방언으로는 '아레모리카이 족'이

52) 오늘날의 루아르 강 상류 지역, 페(Pai) 지방을 중심으로 살고 있던 부족.
53) 오늘날의 페리괴(Perigueux), 사를라(Sarlat) 지방에 살고 있던 부족.
54) 오늘날의 르 망(Le Mans) 지방에 살고 있던 부족.
55) 오늘날의 아브랑셰(Averanches)를 중심으로 살고 있던 부족.
56) 칼레티 족과 동일.

라 불리는 부족, 즉 대양에 면한 제부족에게는 3만명을 부과했다.

이 중에서 벨로바키 족은 군사를 모으지 않았다. 벨로바키 족은 스스로 마음먹은 대로 로마 군에 대항해 싸울 수 있기 때문에 누구의 지휘도 받고 싶지 않다고 말하고 있었던 것이다. 하지만 콤미우스에게서 요구를 받자 그 우정으로 2천명을 보냈다.

76 앞서 말한 대로, 카이사르는 전년에 브리타니아에서 콤미우스의 충실함 덕택에 큰 도움을 받은 적이 있었다.[57] 카이사르는 콤미우스의 공적에 따라 그 부족을 면세시키고, 그 규칙과 법도 부활시켰으며, 이 부족에 모리니 족을 소속시켰다. 그런데 자유를 회복하고, 옛날의 무명武名을 되찾기로 한 갈리아 전체의 일치된 마음이 대단히 컸기 때문에 어떤 혜택이나 우정의 상기로도 그 사람들을 움직일 수 없었다. 즉 그들 모두는 그 전쟁에 정력과 혼을 집중하였던 것이다.

8천명의 기병과 약 25만명의 보병을 모은 후, 하이두이 족의 영지에서 이들을 검열하고 수를 헤아리고 나서 대장隊長을 지명하였다. 총지휘권은 아트레바테스 족의 콤미우스, 하이두이 족의 비리도마루스와 에포레도릭스, 아르베르니 족의 베르킹게토릭스의 사촌 동생 베르카시벨라우누스(Vercassivellaunus)에게 위임되었다. 제부족으로부터 선발되어 온 자가 이에 부가되었고, 그 권고에 따라 전쟁을 하게 되었다. 일동은 의기에 불타고, 자신감으로 충만된 채 알레시아로 향했다.

이런 대군의 광경을 보고서 저항할 수 있을 것으로 생각한 사람은 한 사람도 없었다. 특히 이 전쟁은 도시에서 돌격이 시도되는 데다 바깥에서도 보병과 기병 대군이 싸움을 벌이는 양면 전투였다.

77 그러나 알레시아에서 포위당하고 있었던 자들은 동료들로부터

---

57) 이것은 제4권의 21, 27, 35장 및 5권 22장, 6권 6장에 나온 것이다.

원군을 기대했던 날짜도 지났고 곡물도 모두 떨어진 데다 하이두이 족에게서 행해지고 있었던 일을 몰랐기 때문에 회의를 열고 자신들의 위기 상황에 대해 협의했다. 항복을 하자 또는 체력이 닿는 한 돌격을 하자는 등 여러 의견들이 나왔는데, 특히 크리토그나투스(Critognatus)의 주장은 지나치고, 증오하리만큼 잔학하다는 점을 간과할 수가 없었다. 아르베르니 족의 명문 출신으로 큰 세력을 가진 이 남자는 이렇게 말했다.

"비참한 예속을 항복이라는 이름으로 부르는 사람의 의견에 대해서는 아무 말도 하지 않겠다. 이런 사람은 시민의 자격을 가져서는 안 된다. 회의에 참석해서도 안 된다고 생각한다. 나는 돌격을 감행하자는 사람의 의견에 찬성한다. 모두 같은 의견이겠지만 그 계략이야말로 저 옛날의 무용의 자취가 있는 것 같다. 짧은 기간의 결핍을 참지 못하는 자는 비겁하고 용기가 없는 자다. 기꺼이 죽으려는 사람이 조용히 고통을 감내하려는 사람보다 많다. 우리가 생명을 내던지는 길밖에 달리 방법이 없다면 이 의견— 그 권위를 나는 존중한다 —을 인정하자. 그렇지만 우리는 원조하기로 한 갈리아 전체가 보는 앞에서 계책을 세우지 않으면 안 된다. 8만 명이 한 곳에서 살해되고, 우리의 친척과 동족이 그 시체 속에서 전쟁을 할 수밖에 없다면 병사들이 어떻게 사기를 가질 수 있겠는가? 그대들을 구하기 위해 자신의 위험은 돌보지도 않는 이 사람들을 그대들이 돕지 않을 수 있겠는가? 그대들의 어리석음과 박약한 의지 때문에 갈리아 전체가 무너지고, 영원한 예속 상태에 떨어져서는 안 될 것이다. 약속 날짜에 오지 않았다고 해서 사람들의 성실성과 결의를 의심할 것인가? 그렇다면 이 상태는 무엇인가? 로마 군이 매일처럼 바깥 보루를 구축하고 있는 것을 단순한 오락으로 보는가? 모든 입구가 막혀 있기 때문에 아군 사자를 통해 확인할 수는 없지만, 이것을 아군이 가까이 오고 있다는 증거로

볼 수도 있다. 로마 군은 그것에 겁을 먹고 있기 때문에 주야로 그 공사를 서두르고 있는 것이다. 그렇다면 어떻게 하는 것이 좋겠는가? 이 전쟁과는 비교도 되지 않는, 킴브리 족이나 테우토니 족과의 전쟁에서 조상들이 한 대로 하면 된다. 그때 도시로 쫓겨 들어가 똑같이 궁핍에 시달렸던 사람들은 나이를 먹어 전투하는 데 쓸모 없는 동료들의 몸으로 목숨을 이어 나가며, 적에게 항복하지 않았다. 이러한 선례가 없더라도 자유를 위해 아름다운 모범이 만들어져 자손들에게 전해지지 않으면 안 될 것이다. 이 전쟁은 옛날 전쟁과 무엇이 같은가? 킴브리 족은 갈리아를 약탈하고 큰 재난을 주었지만 이윽고 우리의 영지를 떠나 다른 곳으로 갔다. 우리에게 규범과 법과 토지와 자유를 남겼다. 로마 군은 우리의 명성이 고귀하며 전쟁에 강하다는 것을 알고 우리에 대한 선망에 쫓긴 것이다. 우리 땅과 부족 속에 거주하고, 이곳에 영원한 예속을 부과하는 것 이외에 무엇을 더 구하고 또 무엇을 바란다고 말하는가? 로마 군은 다른 조건으로는 결코 전쟁을 하지 않았다. 멀리 떨어진 부족들에게서 행해진 것을 모른다면 인근 갈리아를 보는 것이 좋다. 그곳은 프로빈키아로 영락零落했고 규범도 법도 바뀌었으며, 도끼[58]를 따르며 영원히 예속당하고 있다."

78 여러 의견이 개진된 뒤, "병약하거나 늙어 전투하는 데 쓸모 없는 자들은 도시에서 내보내자. 크리토그나투스의 의견에 따르기 전에 우선 할 수 있는 모든 것을 해 보자. 그리고 사태가 궁지에 몰리고 원군이 늦어지더라도 항복하거나 평화 조건을 받아들이지 말고 크리토그나투스의 계획대로 밀고 나가자"고 결의했다.

이 결의에 따라 사람들을 도시로 끌어들인 만두비 족은 처자들을 바깥으로 내보냈다. 이들은 로마 군의 보루에 와 울면서 온갖 말을 다

---

58) securis. 로마의 권위의 상징.

하며 자신들을 노예로 삼고 먹을 것을 베풀어 달라고 간청했다. 그러나 카이사르는 보루에 수비병을 배치하고, 이들을 받아들이지 못하도록 했다.

79 그 사이에 총지휘권을 위임받은 콤미우스 및 그 밖의 지휘관들은 전 부대를 이끌고 알레시아에 도착해 바깥 언덕을 점거하고, 로마군의 보루에서 1마일도 채 못 되는 곳에 진지를 구축했다. 그 다음날 적은 진지에서 기병을 내보내 길이 3마일에 걸친 평원을 메우고, 보병부대를 그곳에서 약간 떨어진 조금 높은 장소에 배치했다.

알레시아 도시에서는 그 평야가 내려다보였다. 원군의 모습이 보이자 사람들은 뛰어와 함께 모여 서로 축복하고 모두 기쁨에 어쩔 줄을 몰라했다. 적은 부대를 내보내 도시 앞에 배치하고 가장 가까운 호를 나뭇가지로 덮고 흙덩이로 메운 뒤 로마 군의 돌격이나 그 밖의 모든 경우에 대비해 준비를 갖췄다.

80 카이사르는 만약 필요하면 각자 자신이 담당한 곳을 잘 알아서 지키도록 전군을 보루에 배치한 뒤, 진지에서 기병을 내보내 전투를 시작했다. 주위의 높은 산등성이를 점거하고 있었으므로 어느 진지에서도 그것이 내려다보였으며, 병사들은 모두 열심히 전투 결과를 기다렸다.

갈리 인은 퇴각해 오는 자를 돕고 로마 기병의 공격을 막기 위해 궁병과 경무장 보병을 기병들 사이에 섞어 놓았다. 이들 때문에 많은 아군이 불시에 상처를 입고 전장을 떠났다. 자신들이 전투에 우세하고, 수에서도 로마 군을 압도하고 있다고 생각한 갈리 인은 보루에 의해 봉쇄당하고 있던 자들도, 밖에서 구원하러 온 자들도 모두 함께 양쪽에서 함성을 질러 사기를 북돋웠다.

일동이 보고 있는 앞에서 일이 진행되고 있는만큼 훌륭한 행위도 비겁한 행위도 감출 수 없어, 명예를 얻고자 하는 소망과 굴욕을 두려위하는 마음이 적과 아군을 무용으로 몰아 갔다. 그리하여 승부가 나지 않은 채로 정오부터 거의 해질녘까지 전투가 벌어졌는데, 게르마니인 부대는 기병을 한 곳에 집결시킨 뒤 적을 공격하여 이들을 쫓아냈다. 적이 패주하자, 궁병들은 포위되어 살해되었다. 마찬가지로 다른 곳에서도 아군은 퇴각하는 적을 진지까지 쫓아가 적들로 하여금 모일 만한 기회를 주지 않았다. 알레시아에서 나온 자들은 거의 승리를 단념하고, 슬퍼하며 도시로 돌아갔다.

81 바깥에서 온 갈리 인은 하루의 간격을 두고 그 사이에 많은 나뭇가지와 사다리와 쇠갈고리를 만든 후 한밤중에 조용히 진지에서 나와 평지의 보루로 다가섰다. 바깥에서 온 자들은 도시에 포위되어 있던 자들에게 자신들이 온 것을 알리기 위해 불시에 함성을 지르고, 나뭇가지를 던지고, 투석기와 화살과 돌로 로마 군을 보루에서 쫓아낸 후 습격에 필요한 일에 착수했다. 함성 소리를 들은 베르킹게토릭스는 동시에 나팔로 부하들에게 전투 신호를 내리고, 이들을 도시에서 내보냈다.

로마 군은 그때까지 각자 자신의 담당 구역이 할당되어 있었으므로 보루를 지키면서 투석기나 큰 돌[59], 혹은 일부러 배치한 말뚝이나 노포의 탄환으로 갈리 인을 질리게 만들며 쫓아냈다.

어두워서 잘 볼 수 없었기 때문에 적에게도, 아군에게도 많은 부상자가 생겼다. 또한 수많은 텔라가 노포로 쏘아졌다. 그곳의 방어를 책임지고 있던 부장 마르쿠스 안토니우스(Marcus Antonius)[60]와 가이우스 트레보니우스는 약간 떨어진 성채에서 아군을 끌어내 아군이 압박받고 있다고 생각되는 곳을 돕도록 했다.

---

59) fundis librilibus. 이것을 하나로 이어진 단어로 보면 '중투석기' 의 의미가 되지만 여기에서는 각각 단독적인 의미로 쓰였다.
60) 기원전 43년에 제2차 삼두정치를 조직했던 유명한 인물.

82 갈리 인은 보루에서 멀리 떨어져 있을 때에는 많은 텔라로 인해 상당히 우세했지만 가까운 곳에서는 생각지도 못한 가시를 밟고, 도랑에 떨어져 찔리고, 보루나 탑에 있는 벽창에 찔려서도 죽었다. 갈리 인들이 도처에서 부상을 많이 당했음에도 보루는 조금도 파괴되지 않았는데, 새벽이 가까워졌을 때 약간 높은 진지로부터 노출된 측면으로 돌격당하고 포위될지도 모른다는 두려운 마음에서 갈리 인들은 동료들이 있던 곳으로 돌아갔다.

안쪽의 적들도 돌격에 대비해 베르킹게토릭스가 준비한 것을 가져와 바로 앞에 있는 호를 메웠지만, 그 일에 시간이 너무 많이 걸렸으므로 보루에 접근하기도 전에 동료들이 퇴각했다는 사실을 알게 되었다. 이리하여 목적을 이루지 못하고 도시로 돌아갔다.

83 두 번이나 큰 손해를 입고 쫓겨난 바깥쪽의 갈리 인은 어떻게 해야 할 것인가에 대해 협의하면서 그 지역 사정에 밝은 자들을 불러들였다. 그리하여 언덕 위의 진지의 위치와 보루의 위치를 알게 되었다.

너무 큰 규모 때문에 공사 속에 포함시킬 수 없어 도리 없이 경사가 느린 불리한 곳에 진지가 구축된 언덕이 북쪽에 있었다.[61] 부장 가이우스 안티스티우스 레기누스와 가이우스 카니니우스 레빌루스(Gaius Caninius Rebilus)가 2개 군단을 거느리고 그곳을 지키고 있었다.

적의 지휘관은 정찰병을 보내 이 지역을 조사시킨 뒤 전군 가운데서 가장 무용이 높은 부족 여섯만을 선발했다. 적의 지휘관은 그들과 무엇을 어떻게 할 것인지에 관해 은밀히 의논하고 나서 공격 시기를 대강 정오 무렵으로 정했다. 또한 베르킹게토릭스의 친척으로 4명의 지휘관 중 한 사람인 아르베르니 족의 베르카시벨라우누스에게 이

---

61) 오늘날의 몽레아(Mont Réa)로 추정되고 있다.

부대를 맡겼다.

베르카시벨라우누스는 1경에 진지를 나와 새벽 전에 행군을 거의 완료하고, 산 뒤에 숨어 병사들에게 야간 행군으로 인한 피로를 풀게 했다. 이제 정오가 가깝다고 생각될 무렵, 그는 앞에서 말한 바 있는 진지를 향해 돌진해 왔다. 동시에 적의 기병은 평지의 보루로 육박해 오고 다른 부대도 진지 앞에 모습을 드러내기 시작했다.

84 알레시아의 성채에서 동료들을 본 베르킹게토릭스는 도시에서 나뭇가지와 긴 장대, 귀갑차[62], 파벽 갈고리 및 돌격에 필요한 그 밖의 것들도 가지고 나왔다. 동시에 도처에서 전투가 벌어졌고, 온갖 것이 다 시도되었다. 적은 아군의 가장 약하다고 생각되는 곳으로 밀어닥쳤다. 광대한 보루에 배치된 로마 군의 부대는 많은 곳에서 가까스로 방어했다. 뒤에서 싸우고 있는 자들이 질러대는 함성에 로마 군은 겁을 집어먹었다. 병사들은 동료들의 무용에 자신의 위험이 맡겨져 있다는 사실과 보이지 않는 위험이 사람들의 마음을 교란시키고 있다는 것을 느꼈다.

85 카이사르는 지휘하기에 적당한 장소를 고르고, 각 진지의 일을 살핀 다음 고전하는 병사들을 도왔다. 지금이야말로 가장 격렬히 싸울 때라는 느낌이 적이나 아군의 마음속에 용솟음쳤다. 갈리 인은 만약 보루를 파괴하지 못하면 살아날 수 없다고 생각했고, 로마 군은 만약 이것을 견뎌 내면 모든 힘든 노고가 끝난다고 생각했다.

적장 베르카시벨라우누스가 출동한 약간 높은 사면의 보루에서 가장 격렬한 전투가 벌어졌다. 그 장소는 내리받이였으므로 아군에게 아주 불리했다. 적의 어떤 자들은 텔라를 던졌고, 어떤 자들은 구갑진 龜甲陣을 짜 전진했으며, 새 병사들이 차례차례 피로한 병사들과 교대

---

62) masoulus — 길이 60피트, 폭 4피트, 높이 5피트의 견고한 목조 귀갑차.

했다. 보루를 향해 던진 흙덩이가 갈리 인에게 오름턱을 제공했고, 동시에 로마 군이 땅 속에 묻어 둔 것을 덮어 버렸다. 아군은 무기도 체력도 다 떨어졌다.

86 이것을 본 카이사르는 라비에누스를 시켜 코호르스 6개를 이끌고 고전하고 있던 병사들을 돕게 했다. 카이사르는 "만약 막아내지 못하면 코호르스를 내보내 돌격하라. 어쩔 수 없는 경우 외에는 그러한 전술을 피하라"고 명령해 두었다. 카이사르 자신은 다른 곳으로 가서 코호르스의 병사들에게 고통스럽고 힘들더라도 이에 지지 말라고 격려하면서 이때까지의 모든 전쟁의 성과는 이날 이 시각에 달려 있다고 일깨웠다.

안쪽의 적은 큰 보루 때문에 평지를 단념하고 방해물을 설치해 두지 않았던 험지의 오르막 지점에서 공격을 시도하기로 했다. 갈리 인들은 준비한 것을 모두 그곳에 모으고, 방어하는 아군을 수많은 텔라로 탑에서 쫓아낸 뒤 흙덩이와 나뭇가지로 호를 메웠으며, 파벽 갈고리로 보루와 흉원胸垣을 파괴했다.

87 카이사르는 우선 젊은 브루투스를 코호르스와 함께 내보내고, 이어서 부장 가이우스 파비우스에게는 다른 코호르스를 거느리고 가게 한 다음 마지막으로 전투가 아주 격렬해지자 카이사르 자신이 새 병력을 이끌고 구출에 나섰다. 카이사르는 전세를 만회하고 적을 쫓아내고 나서 라비에누스를 내보낸 쪽으로 급히 달려갔다. 가까운 성채에서 코호르스 4개를 끌어내고, 기병 일부를 뒤이어 보낸 뒤 별도의 기병대로 하여금 바깥 보루로 돌아 적을 뒤에서 공격하라고 명령했다. 보루도 호도 적의 진격을 막아내지 못하자 라비에누스는 인근 수비대에서 끌어낸 40개 코호르스를 한 곳에 모은 뒤 카이사르에게 사자를 보내 명령을 하달받았다. 카이사르는 이 전투에 참가하려고 급히 달려왔다.

88 내리받이 사면의 장소는 약간 높은 곳에서 바라다보이기 때문에 카이사르가 전투에서 언제나 표지로 사용하는 의복 색깔[63]로 그가 도착한 것을 알았고, 또 속행續行을 명한 기병대와 코호르스의 모습도 눈에 보이자 적은 전투를 시작했다.

적과 아군 모두에서 함성이 울려퍼졌고, 보루란 보루에서는 모두 함성이 일었다. 아군은 창을 버리고 칼로 싸웠다. 불시에 적 뒤편에서 기병이 나타났고 코호르스도 육박해 왔다. 적은 등을 돌렸는데, 아군 기병이 도망가는 적을 습격하여 많은 적병을 죽였다. 레모비케스 족을 지휘하던 유력자 세둘루스(Sedullus)가 살해되었고, 아르베르니 족의 베르카시벨라우누스가 패주하다가 생포되었으며, 74개의 부대기가 카이사르 앞으로 운반되었고, 동료들의 진지로 돌아간 적은 극히 소수에 불과하였다.

도시에서 동료들이 패배하고 죽은 광경을 본 적은 구원의 가망성을 포기하고, 보루에서 부대를 철수시켰다. 이것을 안 갈리 인은 곧 진지에서 퇴각했다. 만약 아군 병사가 몇 번에 걸친 구원으로, 하루 종일 계속된 분투로 지쳐 있지 않았다면 적은 전멸당했을 것이다. 한밤중에 출격한 아군 기병은 적의 후위를 추격하여 많은 자를 사로잡거나 죽였고, 나머지는 가까스로 도망쳐 각자의 부족으로 돌아갔다.

89 그 이튿날 베르킹게토릭스는 회의를 열고, "이 전쟁은 나의 필요에서가 아니라 모두의 자유를 위해 행했다. 운명에는 양보하지 않으면 안 되므로 내가 죽어 로마 군에 보상하든지, 산 채로 로마 군에 인도되든지 어찌 되었든 이 한 몸을 모두에게 바치겠다"고 말했다.

이러한 문제를 둘러싸고 카이사르에게 사절이 왔다. 카이사르는 무기를 인도하고, 유력자도 보내라고 명했다.

---

63) 이것은 진홍색이었다.

베르킹게토릭스의 항복

카이사르는 진지 앞의 보루에 앉았으며, 적의 지휘자는 그곳으로 내보내졌다. 베르킹게토릭스도 인도되었고 무기도 버려졌다. 하이두이 족과 아르베르니 족을 별도로 두고 다른 포로는 전군에 한 명씩 전리품으로 나누어 주었다. 하이두이 족과 아르베르니 족의 포로는 수하에 두었다. 그 사람들의 노력으로 어쩌면 부족의 충성을 되찾게 될지도 모른다고 생각했기 때문이다.

90 이렇게 하고 나서 카이사르는 하이두이 족의 영지로 진격하여 그 부족을 받아들이기로 했다. 아르베르니 족으로부터도 사절이 와서 명령의 실행을 약속했다. 카이사르는 그들에게 다수의 인질을 부과하고 군단을 동영지로 보냈다. 또한 약 2만의 포로를 하이두이 족과 아르베르니 족으로 되돌려보냈다. 티투스 라비에누스는 2개 군단과 기병을 거느리고 세콰니 족의 영지로 향했고, 여기에 마르쿠스 셈프로니우스 루틸루스(Marcus Sempronius Rutilus)도 덧붙여졌다. 부장

가이우스 파비우스와 루키우스 미누키우스 바실루스는 2개 군단과 함께 레미 족의 영지에 배치하였고, 레미 족이 인근의 벨로바키 족으로부터 재난을 당하지 않게끔 조치했다. 가이우스 안티스티우스 레기누스는 암비바레티 족의 영지로, 티누스 섹스티우스는 비투리게스 족의 영지로, 가이우스 카니니우스 레빌루스는 루테니 족의 영지로 각각 1개 군단과 함께 보냈다. 퀸투스 투리우스 키케로와 푸블리우스 술루빈키우스는 곡물 공급을 위해 하이두이 족의 영지에 있는 아라르 강에 면한 카빌로(Cavillo)[64]와 마티스코(Matisco)[65]에 배치했다. 카이사르 자신은 비브락테에서 동영하기로 했다. 이 해의 일이 카이사르가 보낸 편지로 로마에 알려지자 20일 간의 감사제가 벌어졌다.

---

64) 카빌로눔과 동일.
65) 오늘날의 마콩(Macon).

기원전 52년의 원정

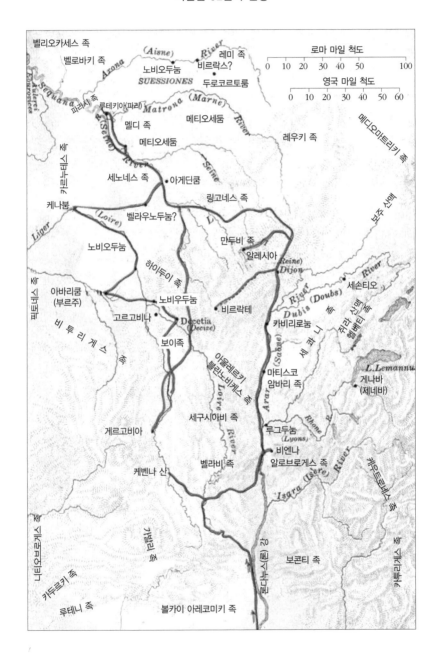

벨리오카세스 족
벨로바키 족
(Aisne)
River
레미 족
비르락스?
노비오두눔
SUESSIONES
두로코르토룸
로마 마일 척도
0 10 20 30 40 50   100

영국 마일 척도
0   10   20   30   40   50   60

Matrona (Marne) River
파리시 족
루테키아(파리)
멜디 족
메티오세둠
메티오세둠
Seine River
세노네스 족
아게딘쿰
링고네스 족
케나붐
(Loire)
벨라우노두눔?
노비오두눔
하이두이 족
아바리쿰
(부르주)
고르고비나
노비우두눔
Decetia
(Decize)
비르락테
만두비 족
알레시아
Reine)
Dijon
River (Doubs)
세손티오
Dubis 강
River
카비리로눔
보이족
이울레르키
블란노바케스 족
세구시아비 족
게르고비아
벨라비 족
케벤나 산
Loire River
마티스코
암바리 족
Arar (Saône)
무그두눔
(Lyons)
비엔나
알로브로게스 족
Rhone
L.Lemannu
게나바
(제네바)
Isara (Isère) River
보콘티 족
론다누스(론) 강
볼카이 아레코미키 족

제7권 277

제8권 (B.C. 51년)

아울루스 히르티우스의 서문

발부스(Balbus)[1], 당신의 거듭되는 설득에 못 이겨 정말 어려운 일을 손대게 되었다. 거절의 핑계를 둘러댈 때에는 무능력보다 게으름을 내세웠지만, 사실 나에게는 벅찬 일이었기 때문이다.

나는 카이사르가 갈리아 전투에 대해 기록한 것들을 모아 편집하였는데, 이 기록은 카이사르 자신의 그 이전이나 이후의 어느 저작과도 비교할 수 없을 만큼 뛰어나다. 최근에야 비로소 나는, 그가 알렉산드리아 전쟁 이후의 끝맺지 못한 부분을 보완했는데, 별로 중요하지 않은 내란보다는 주로 카이사르 자신의 삶에 대한 것이었다. 독자들은 내가 그 일을 어쩔 수 없이 하였다는 사실을 알아주기 바란다. 그래야만 어리석고 교만하게도 카이사르의 저작에 간여했다는 비난을 면할 수 있기 때문이다.

다들 인정하다시피, 카이사르의 기록은 무척 세심하게 이루어졌으

---

1) Lucius Cornelius Balbus. 기원전 1세기경, 즉 로마 공화정 말기에 활약했던 중요한 정치가. 그는 기원전 60년의 제1차 삼두정치의 형성에 결정적인 역할을 했으며, 로마의 주요 재무관 가운데 한 사람이었다.

며, 그 어떤 문장도 그보다 우아하지는 않다. 그 기록은 역사가들을 위해 출간되었지만, 그들은 사실 이런 종류의 기록을 원치 않는다. 사람들은 역사가를 높이 평가하지만, 역사가들은 자료를 구비했다기보다는 오히려 그 혜택을 받지 못하고 있는 듯하다. 다른 사람들은 우아한 문체와 정확한 내용만 감상하지만 우리는 그 기록이 쉽게 빨리 쓰인 것을 알기에 더욱 놀라게 된다. 카이사르는 유려한 문장과 우아한 문체를 뛰어나게 구사할 뿐만 아니라 자신의 사고를 남에게 전달하는 방법도 체득하고 있었다.

그러나 나는 알렉산드리아 전투나 아프리카 전투를 함께 할 기회조차 없었다. 비록 카이사르와의 대화를 통해 그 일부를 들었지만, 누구라도 그렇듯이 진기한 이야기를 경탄하며 들을 때와 후대에 전하려 마음먹고 들을 때의 주의를 기울이는 정도는 각각 다르다. 그래도 사실상 나는 카이사르에 비할 바가 못 된다고 아무리 변명을 늘어놓아도 어떠한 점에서건 감히 카이사르와 비교할 생각을 한다는 자체로 이미 허영심이 많다는 비난을 받아 마땅하다. 안녕히 계시기를……

아울루스 히르티우스의 기록

1 카이사르가 지난 여름의 잇따른 공세로 지친 병사들을 동영지에서 쉬게 한 뒤 다시 소집할 무렵 갈리 인의 기세는 완전히 위축되어 있었다. 하지만 이때 일시에 적개심을 새롭게 다진 몇몇 부족이 연합을 구축했다는 소식이 전해졌다.

거기에는 그럴 듯한 이유가 있었다. 즉 단지 한 부족의 힘만으로는 로마에 대항할 수 없다는 사실을 갈리 인들은 깨달았기 때문이다. 그래서 몇 부족이 동시에 공세를 펼친다면 로마 군은 그 모두를 다스릴 만한 원조나 시간 및 군사력이 부족하게 될 것이고, 그로 인한 로마 군의 지연 작전 때문에 다른 부족이 자유를 누린다면 나머지 부족을 위해 자기네가 겪을 불편을 마다할 부족은 없을 것이라는 희망을 가지게 되었다.

2 이런 생각이 굳어지지 않도록 카이사르는 재무관 마르쿠스 안토니우스에게 진지를 맡기고 정월 초하룻날 기병의 호위를 받으며 비브락테를 떠나 제13군단으로 향했다. 제13군단은 하이두이 족의 영지에서 가까운 비투리게스 족의 영지에 배치된 부대로, 제17군단과 함께 주둔하고 있었다.

카이사르는 군수 물자를 지킬 2개 코호르스만 남긴 채 나머지 병력을 이끌고 비투리게스 족의 가장 비옥한 지역으로 진군해 갔다. 비투리게스 족은 광대한 영토와 몇 개의 도시를 가지고 있었는데, 그 지역에 주둔한 1개 군단으로는 그들의 호전적인 전쟁 준비와 연맹 형성을 억제할 수 없었다.

3 카이사르의 기습은 방비 없이 흩어져 있던 그들에게 놀라운 일이었다. 아무 근심 없이 땅을 경작하던 그들은 당황하여 도시로 달아났다. 적의 침공을 알리는 신호는 일반적으로 도시를 불태우는 것이었는데, 카이사르는 이를 금했다. 그런 조치 없이 마냥 진군하였다면 마초와 곡물을 구하기 어려웠을 것이며, 적은 불에 의한 경고를 알아채고 도망쳤을 것이다.

로마 군의 첫번째 공격으로 수천 명이 사로잡혔고, 비슷한 수가 개인적으로 알고 지내거나 공식적으로 동맹을 맺은 인근 부족으로 도망쳤다. 카이사르는 진군을 서둘러 모든 퇴로에서 그들을 앞질렀을 뿐만 아니라 각 부족이 다른 부족의 안위를 살필 여유도 주지 않았으므로 적의 노력은 수포로 돌아갔다.

카이사르는 이런 식으로 우호관계를 유지하는 한편, 무력을 과시하여 동요하는 부족으로 하여금 강화에 응하도록 하였다. 비투리게스 족에게도 이런 제의가 전해졌는데, 그들은 카이사르가 자비를 베풀면 우호관계를 맺을 수 있을 뿐만 아니라 인근 부족들도 인질을 건넨 뒤 아무런 처벌도 받지 않고 그의 보호하에 들어갔다는 것을 알고는 동일한 행동을 취했다.

4 카이사르는 병사들에게 겨울 추위와과 험로險路를 기꺼이 이겨낸 대가로 적에 대한 약탈 대신 1인당 200세스테르티(sestertii)[2]를, 백

---

2) 고대 로마의 화폐 단위. 1000 sestertii는 1 sesterium이 된다.

부장에게는 2천 세스테르티를 지불하기로 약속하였다. 그리고 군단을 진지로 돌려보낸 지 40일 만에 비브락테로 돌아갔다.

그가 거기서 치안을 담당하던 동안 비투리게스 족이 카르누테스 족을 침략하여 괴롭힌다며 사절을 보내 도움을 청했다. 동영지에 머문 지 18일밖에 안 되었지만, 카이사르는 이러한 정보를 입수하자마자 아라르 강에 주둔한 제14·16군단을 동원하였다. 두 군단이 곡물의 징발을 위해 아라르 강에 배치되었던 것은 앞에서 서술한 대로다. 카이사르는 두 군단을 이끌고 카르누테스 족의 영지를 향해 진군하였다.

5 아군의 진군 소식이 적에게 전해지자 카르누테스 족은 다른 부족이 겪은 수난에 질려 촌락과 도시를 버리고 뿔뿔이 도망쳤다(이곳에는 급조된 작은 건물들이 있었는데, 이것은 몇 도시를 잃은 그들이 단지 겨울을 나기 위해 지은 것으로서 최근에 정복되었다).

카이사르는 유독 그 계절에만 돌발하는 폭풍으로부터 군사를 보호하기 위해 카르누테스 족의 도시인 케나붐에 진지를 구축했다. 그러고 나서 부하들의 일부는 갈리 인의 집에서, 일부는 천막을 보호할 목적으로 지은 집에서 숙영하도록 한 뒤 서둘러 이엉을 얹었다. 그러나 기병대와 지원부대는 적이 출몰한다는 지역으로 파견하였다. 아군이 항상 그런 것처럼 그들도 전리품을 싣고 돌아왔다.

카르누테스 족은 자기네 거주지에서 쫓겨나 폭풍우를 피할 수 있는 피신처를 숲속에서 구하지 못한 채, 많은 인명을 잃고 나서도 혹한과 공포에 지친 나머지 인근 부족으로 흩어져 피신하였다.

6 카이사르는 뭉친 적을 흐트리며, 새로운 전투의 발발도 억제하는 혹독한 계절에 만족하였다. 어떻게 보아도 다가오는 하계 출정에서는 별다른 전쟁이 없을 것으로 확신하여 케나붐 진지에 자기가 데리고 있던 2개 군단과 가이우스 트레보니우스를 남게 하였다.

레미 족은 카이사르에게 여러 차례 사절을 보내 벨로바키 족의 코레우스(Correus)와 아트레바테스 족의 콤미우스가 이끄는 인근의 부족들이 함께 군대를 양성하여 연합군으로 수에시오네스 지역 침공을 기도하고 있다고 알려 주었다. 수에시오네스 족은 레미 족이 보호하고 있었다.

카이사르는 동맹 부족이 로마와 마찬가지로 불행을 겪어서는 안 되며, 자기 명예만이 아니라 이해까지 관계된 점을 생각하여 다시 제17군단을 진지로부터 동원하고, 가이우스 파비우스에게는 그의 두 군단을 이끌고 수에시오네스 지역으로 진군하라고 서신을 띄웠다. 그리고 트레보니우스에게는 자기의 두 군단 중 하나를 보냈다.

이런 식으로 진지의 형편과 전쟁 운영에 맞추어 각 군단이 고루 돌아가면서 정벌 임무를 수행하도록 배려하였다. 물론 카이사르 자신은 어느 경우에도 빠짐없이 참가했다.

7 부대가 집결하자 곧 벨로바키 족의 영지로 향했다. 그리고 벨로바키 족의 영지에 진을 치고 적의 계획을 알아낼 수 있도록 포로를 잡아오라고 영지 전역에 기병대를 파견했다. 명령을 이행한 기병대의 보고에 따르면 집 안에는 사람이 거의 없었으며, 농사일을 하며 집에 거주하기는커녕(이주는 전역에 걸쳐 일반적인 현상이었다) 되돌아와 우군의 동태를 감시하고 있었다.

카이사르는 포로 심문을 통해 벨로바키 족의 주요 부대의 소재 및 그들의 계획을 알아냈다. 포로들의 답변은 다음과 같았다.

"무기 운반이 가능한 모든 벨로바키 족이 한 곳에 모였으며, 그 가운데 암비아니 족, 아울레르키 족, 칼레테스 족, 벨리오카세스 족과 아트레바테스 족이 있었다. 그들은 험한 늪으로 둘러싸인 고지에 진지를 구축했으며, 모든 군수물자는 멀리 떨어진 늪으로 옮겼다. 일부 귀족은 전쟁을 위해 연합하였는데, 로마 인을 가장 미워한다는 이유로 코레우스에게 소속되기를 원하는 자들이 많았다. 며칠 전 콤미우스가 진지를 떠나 접경하고 있던 게르마니 인에게 도움을 청하러 떠났다. 게르마니 인의 숫자는 엄청나게 많았다. 벨로바키 족은 모든 장군이 만족하고 전부족원이 열망하는 결론을 내렸다. 즉 만일 카이사르가 보고된 대로 단 3개 군단으로 진격하는 경우에는 나중에 보다 비참하고 어려운 상황에서 카이사르의 전병력과 조우하는 것을 피하기 위해 선제공격을 감행한다. 하지만 3개 군단이 넘는 병력을 이끌고 오면 지정한 장소에 남아 매복작전으로 로마 군이 마초(계절적으로 부족했고, 여기저기 흩어져 있었다)와 곡물, 기타 필요한 것을 구하지 못하게 한다."

8 몇몇 포로의 진술이 일치하여 사실임이 입증되었고, 또한 이 계획은 야만인들의 경솔한 결의답지 않게 매우 신중한 계획으로 판단되었다. 따라서 카이사르는 적이 부대의 규모를 얕잡아보고 공격하도록 만전을 기하기로 했다. 그에겐 특별히 용맹한 제7·8·9군단이 있었던 것이다. 제11군단은 패기에 찬 젊은 정예들로 구성되어 있었으나, 경험은 비교적 적었고 명성도 날리지 못했다.

카이사르는 회의를 소집하여 수집된 정보를 알리고, 병사들을 격려하였다. 가능하다면 3개 군단뿐인 것처럼 보임으로써 적의 공격을 유발하기 위해 다음과 같이 대열을 편성하였다. 제7·8·9군단은 군수물자의 선두에서 행군하고, 제11군단은 후미에 위치하여(하지만 이런 경우에는 보통 그렇듯이 규모가 매우 작았다) 적이 공격하고자 한 수보다 더 많은 수를 관측할 수 없도록 했다. 이렇게 배치하여 거의 방진方陣을 이루었으며, 이것은 예상보다 빨리 적의 눈에 띄었다.

9 자신들의 대담한 계획이 카이사르에게 알려졌을 때, 갈리 인은 정상적인 전투대형으로 행군하는 아군의 모습을 발견하였다. 그들은 교전과 아군의 신속한 진격에 대한 두려움 때문에 그리고 아군을 관

측할 목적으로 병력을 진지 앞에 배치하고 고지를 포기하지 않았다.

카이사르는 적의 엄청난 무리에 놀랐지만 교전하기로 했다. 하지만 그 이전에 이미 넓지는 않지만 깊은 계곡을 적과 사이에 두고 맞은편에 진을 쳤다. 그는 자기 진지를 흉벽胸壁에 딸린 12피트 높이의 누벽樓壁으로 요새화하라고 지시했다. 수직면에 급경사진 15피트 너비의 참호를 두 개 팠고, 3층 높이의 탑도 몇 개 건조했으며, 그 포탑사이는 위가 덮인 회랑으로 연결시켰다. 그 앞은 버드나무 흉벽으로 보호했다.

이렇게 하여 그 열의 병사들로 하여금 적을 격퇴시키도록 하였다. 한 줄은 더욱 안전하게, 더욱 용감하게, 더욱 멀리 던질 수 있도록 높은 위치에 배치하였고, 또 한 줄은 적과 근접해 있지만 누벽에 배치되었으므로 회랑이 머리 위에 떨어지는 창을 막아주었다. 그 입구에는 꽤 높은 문과 탑을 설치하였다.

10 이 공사는 두 가지 의도에서 이루어졌다. 진지를 견고하게 구축하여 — 외견상으로는 — 적에 대한 두려움을 나타내 야만족으로 하여금 자신감을 얻도록 하는 한편, 마초와 곡물을 구하러 멀리 나갈 때에는 적은 병력으로도 안전하게 지킬 수 있도록 하기 위해서였다.

그 동안 양측은 몇 차례 공격을 시도했고, 늪지대에서는 잦은 충돌이 있었다. 하지만 때로는 우리측의 갈리인과 게르마니 인으로 구성된 지원부대가 늪을 건너 적을 맹렬히 추격하였고, 적들도 늪을 건너 아군을 공격하였다. 게다가 당연히 있을 만한 일로, 여기저기에 흩어져 마초를 징발할 필요가 있을 때에는 작업중인 아군 병사가 위험한 지역에 들어가 적에게 포위되는 일도 발생했다.

비록 우리가 입은 손실은 얼마간의 가축과 노예뿐이었지만 야만족은 어리석게도 희망에 들떴다. 게다가 게르마니 인에게 원조를 요청하기 위해 파견된 콤미우스가 기병 500명을 얻어 오자, 그 수는 비록

500명에 불과했지만 적의 사기가 충천하였다.

11 카이사르가 관측한 바에 따르면 적은 진지 안에서 며칠 동안 잠자코 있었는데, 그 진지는 늪과 천혜의 고지로 안전하게 방비되어 위험을 무릅쓰고 전투하지 않으면 공략하기가 불가능했고, 참호도 구축되어 아군에게는 더욱 불리하였다.

카이사르는 트레보니우스에게 서신을 보내어 부장 가운데 하나인 티투스 섹스티우스가 비투리게스 족의 영지에 있는 동영지에서 관할하고 있던 제12군단을 급히 불러오도록 하였다. 그리고 트레보니우스도 3개 군단을 이끌고 급히 오도록 하였다. 카이사르는 레미 족과 링고네스 족과 기타 부족의 기병대를 보냈는데, 그 가운데 식량 징발대를 적의 기습으로부터 보호하기 위해 많은 인원을 차출하기도 했다.

12 이런 상태로 수일이 지나자 자연히 경계가 느슨해졌다 (이것은 시간의 경과에 따라 발생한 결과다). 그러자 벨로바키 족은 아군의 기병 배치를 숙지하고 숲속의 은폐된 곳에 정예부대를 매복시킨 뒤 이튿날 그곳으로 기병대를 보냈다. 적은 매복 장소로 유인한 아군을 포위 공격할 목적이었다. 마침 그날 적에 대한 공격 임무가 레미 족에게 주어져 있었으므로 운수 나쁘게도 레미 족이 덫에 걸리고 말았다.

레미 족은 갑자기 나타난 적군 기병대의 수가 적은 것을 얕잡아보고 추격에 열중한 나머지 결국 적의 보병에게 포위되었다. 레미 족은 그런 식으로 전열이 흐트러진 채 부족의 지도자요 기병 대장인 베르티스쿠스(Vertiscus)를 잃고 보통 행군속도보다 훨씬 빠르게 돌아왔다. 베르티스쿠스는 말을 타고 앉아 있기도 힘들 만큼 늙었지만 갈리인의 전통에 따라 노령을 이유로 지휘를 사양하지 않았으며, 자신을 빼고 전투하지 못하도록 했던 것이다.

레미 족의 족장이자 장군인 그를 죽인 야만족은 전투의 성공에 득

의양양하여 우쭐해졌다. 그리고 아군은 이번 손실 때문에 지역을 관찰했으며, 수비대를 배치할 때에는 보다 세심해야 하고 후퇴하는 적을 추격할 때에는 보다 신중해야 한다는 교훈을 얻었다.

13 한편 양측의 진영에서 모두 볼 수 있는 지역에서 매일처럼 끊임없이 교전이 잇따랐다. 교전은 주로 늪의 저지대와 통로에서 벌어졌다. 교전 중 한 번은 카이사르가 레누스 강 너머에서 데려온 게르마니인(그들은 기병대와 함께 전투하였다)이 단단히 마음먹고 늪을 건너 저항하는 적을 학살하면서 나머지 적도 과감하게 추격했다. 백병전과 사격전에서 타격을 입은 적은 물론, 더 후위에서 지원하고 있던 적들마저 혼비백산하여 도주했다.

고지대로부터 여러 차례 공격을 받은 까닭에 적들이 진지로 돌아간 뒤에야 추격을 멈추었는데, 적의 일부는 겁에 질려 더 멀리 도망쳤다. 이렇듯 위험에 처하자 적의 전부대가 혼란에 빠졌는데, 그 이유가 적들이 작은 승리에 교만했던 까닭인지 또는 사소한 손실에 지나치게 실망한 탓인지는 분명치 않다.

14 같은 막사에서 수일을 보낸 벨로바키 족의 수비대는 가이우스 트레보니우스가 군단을 이끌고 진군해 온다는 소식이 들리자 알레시아에서처럼 포위당할 것을 두려워하여 야음을 틈타 군수물자와 함께 노령자와 불구자와 비무장자들을 떠나보냈다.

그들은 무질서하고 혼란한 행군대열(갈리 인은 얼마 되지 않은 수송품에도 많은 수레를 동원했기 때문이었다)을 준비했는데, 날이 샐 때까지 일을 마칠 수 없자 적은 진지 앞에 병력을 배치하여 수송대열이 먼 곳에까지 운반되기 전에는 로마 군이 추격하지 못하도록 했다.

카이사르는 가파른 언덕의 유리한 지형에서 적이 수비할 때 공격하는 것은 현명하지 못하며, 그렇다고 멀리 떨어져서 적이 안전하게 진지를 떠나도록 방관하는 것 또한 신중한 처사는 아니라고 생각했다. 그러나 아군 진영이 늪지를 사이에 두고 적과 떨어져 있었는데, 이 늪의 도하가 어려워 도저히 속력을 내어 적을 추격할 수 없었고, 거의 적진까지 이어진 늪 건너편의 언덕은 적진과 작은 계곡을 사이에 두고 떨어져 있었다.

이러한 지형에 착안하여, 카이사르는 늪을 가로지르는 다리를 놓고, 그 다리로 군대를 이동시켜 곧 양면이 모두 가파르게 경사진 언덕의 평원에 도착하였다. 그곳까지 군대를 이동시킨 뒤에는 전투대형으로 병기를 이용하면서 적의 밀집 지역을 공격할 수 있는 곳까지 나아갔다.

15 갈리 인은 지형의 이점에 자신감을 가지고 있었으므로 로마 군이 언덕을 오르며 공격을 감행한다면 일전을 불사할 것이지만, 혹시라도 분산되면 무질서에 빠질까 염려하여 병력을 소규모로 나누지 않은 채 전투대형을 유지하고 있었다.

카이사르는 적의 결의가 확고하다는 것을 알고 20개의 보병대로 전투대형을 유지하도록 하고, 지역을 분할해 포진하도록 하면서 진지의 구축도 명령했다. 작업이 완료되자, 그는 군단을 성채 앞으로 이동시키고 기병은 말에 재갈을 물려 일정한 장소에 배치했다.

추격하기 위해 준비하는 로마 군의 모습을 관측한 벨로바키 족은 그 어떤 방비 없이는 그곳에서 밤을 보내거나 그 이상 버틸 수 없다는 사실을 깨닫고, 안전한 후퇴를 위해 다음과 같은 조치를 취했다.

벨로바키 족은 각자에게 그들이 깔고 앉았던 짚더미와 나무토막 (앞 부분에서 언급된 대로 전투대형을 취할 때에는 앉는 것이 갈리 인의 관습이다)을 주었다. 그들의 진지에는 짚과 나무토막이 엄청나게 많았다. 그들은 짚을 전열의 앞쪽에 쌓아 놓은 뒤 해질녘에 정해진 신호에 따라 일시에 불을 질렀다. 불길은 곧 로마 군의 시야를 가렸고, 그와 동시에 야만족은 급히 도주하였다.

16 비록 불길에 시야가 가려 도망치는 적의 모습을 관측할 수는 없었지만 카이사르는 적이 도주하기 위해 그런 방법을 사용했으리라 추측하여 군단을 진군시키고, 기병을 보내어 추격하도록 하였다. 하지만 매복이 있거나 또는 적이 그대로 머물면서 아군을 불리한 상황으로 끌어들이기 위해 시도한 것인지도 모른다는 의혹 때문에 서서히 진군하였다.

말들은 연기와 강렬한 불꽃을 두려워해 전진하지 않았고, 전진하려는 용사들은 말을 이끌고 갈 수 없었으며, 또한 매복을 경계하느라 시간을 보내는 동안 적은 마음놓고 후퇴하였다. 그들은 겁을 내면서도 교묘히 도주하여 아무 손실 없이 10마일을 이동한 후 매우 강력한 지역에 진을 쳤다. 여기서 그들은 기병과 보병으로 많은 매복작전을 펼쳐 로마 군의 마초 징발대에 큰 타격을 입혔다.

17 이런 일이 몇 번 거듭된 뒤 카이사르는 어떤 포로로부터 정보를 알아냈다. 즉 벨로바키 족의 장군 코레우스가 6천 명의 용맹한 보병과 기병 1천 명을 선발해서 모처에 매복시킬 계획을 세웠는데, 그곳은 마초와 곡물이 풍부해서 로마 군이 반드시 나타날 것으로 추측했다는 것이다. 그 정보를 입수한 즉시 카이사르는 평소보다 많은 군단을 동원해서 평상시대로 기병대를 앞세워 마초 징발대를 방어하도록 하였다. 여기에 경무장 보병을 포함시키고, 몸소 군단을 이끌면서 최대속도로 진군하였다.

18 갈리 인은 너비가 1마일도 안 되는 평지를 매복장소로 선택하였다. 이곳은 빽빽한 수림과 깊은 강으로 마치 그물처럼 둘러싸여 있었다.

적의 의도를 알고 있는 아군은 그곳을 향해 질서정연하게 진군하였다. 아군은 몸과 마음 모두 전투준비를 단단히 했고, 또한 뒤에 군단이 있기에 전투를 감행할 태세가 갖추어져 있었다.

아군이 접근하자 자신의 의도를 실행할 수 있다고 여긴 코레우스는 처음에 몸소 소수의 병력을 이끌고 대열의 선두를 공격하였다. 기병끼리는 기습공격을 당한 쪽이 보통 한 곳으로 몰리게 마련인데, 그렇게 되면 더욱 불리하게 된다. 아군은 간격을 유지하며 완강히 저항하였다.

19 대열을 제대로 유지한 덕에 단지 일부만이 교대로 교전을 벌이며, 포위당하지 않고 코레우스와 싸우는 사이에 나머지 병력이 숲에서 나타났다. 전투는 몇 군데에서 격렬하게 벌어져 꽤 긴 시간 동안 승부가 나지 않았다.

마침내 숲에서 일단의 보병대가 전투태세를 갖추고 나타나자, 아군 기병은 불리하게 되었다. 하지만 군단에 앞서 기병을 돕기 위해 출발한 경무장 보병이 곧 나타나, 기병과 함께 용맹스럽게 싸웠다. 이들 모두 한동안 대등한 양상을 보였으나, 언제나 그렇듯이 적의 첫 공격을 막아낸 아군에게 정세는 유리하게 전개되었다. 비록 처음에는 복병에게 기습을 당했지만 손실이 없었으므로 오히려 지형이 아군에게 유리하게 되었다.

그 동안 군단은 계속 전진했으며, 전령들의 도착으로 아군과 적군 모두 로마의 장군이 그의 부대와 함께 가까이 왔음을 알게 되었다. 이 사실이 알려지자 아군은 보병의 지원을 믿고 격렬하게 싸웠다. 그들은 잠시나마 공세를 늦춘 탓에 군단과 승리의 영광을 함께하고 싶지는 않았다.

적은 용기도 잃고 달리 도망갈 길도 없었다. 자신들이 로마 군을 함정에 빠뜨리려던 미로에 스스로 갇히고 말았으니 자기 무덤을 판 셈이었다. 결국 많은 수를 잃고 싸움에 져 패주하게 되자 적은 기회가 닿는 대로 줄행랑을 쳤다. 어떤 자는 숲으로, 어떤 자는 강으로 도망쳤으나 용맹스럽게 뒤쫓은 아군에게 살해되었다.

그러나 그 와중에도 코레우스는 곤경에 굴하지 않고, 평지를 버리고 숲으로 도망치라는 제의를 거절하였다. 그는 아군의 투항 제의도 묵살했고 용감히 싸워 여러 명에게 부상도 입혔으며, 이에 기세 등등한 아군 병사들이 그를 향해 공격하였다.

20 그 일이 있은 후 전투가 끝나자마자 곧 카이사르가 나타났다. 카이사르는 자기편이 대패한 소식을 듣고 절망한 적이 격전지에서 8마일도 채 안 떨어진 곳에 위치한 진지마저 포기하리라는 생각에서 진로를 막고 있던 강물을 건너 진군하였다.

그러나 벨로바키 족과 다른 부족들은 전투에서 패하여 숲으로 몸을 숨겼으며, 도망쳐 온 부상자 몇 사람으로부터도 자기네가 입은 손실을 전해 들었다. 그리고 모든 일이 어렵게 되었고, 코레우스는 죽었으며, 기병과 용사도 없어졌다는 사실을 알게 되자 로마 군이 쳐들어오리라는 생각이 들었다. 그들은 나팔을 불어 소집한 긴급회의에서 만장일치로 카이사르에게 사절과 인질을 보내기로 결의했다.

21 모든 이가 이러한 제안에 동의하자, 아트레바테스 족의 콤미우스는 그가 직접 외인 지원부대를 빌려 온 게르마니 인에게로 피신하였다. 나머지 사람들은 곧 카이사르에게 사절을 보내어 그들에 대한 처벌을 그 정도에서 만족하도록 요청하였다.

카이사르는 적이 피해를 당하지 않고도 관대하고 자비로운 자신에게 복종하는 경우에는 적을 능가하는 전력을 가지고 있을지라도 공격하지 않았다. 또한 이미 벨로바키 족의 세력은 기병대에 의해 분쇄되었고, 그들의 정예 보병 수천 명이 전사했으며, 단지 소수만이 도망쳐 패전 소식을 전하였다.

그나마 많은 손실에도 불구하고 벨로바키 족이 전쟁을 통해 얻은 이익은 한 가지 있었다. 즉 반란군의 지도자이며 부족의 선동자인 코레우스가 죽은 것이다. 왜냐하면 그가 생존했던 동안 부족 원로원은 경솔한 부족민에 대해 코레우스만한 영향력을 미치지 못했기 때문이다.

22 카이사르는 이처럼 간원하는 사절에게 다음과 같은 일들을 상기시켰다.

"벨로바키 족이 작년 이맘때, 다른 부족과 연합하여 전쟁을 일으켰고, 모든 부족 중 가장 완강히 저항했으며, 다른 부족들처럼 투항에 대한 적절한 방법도 생각하지 않았다. 그러나 다수의 미미한 도움만으로는 귀족의 동의 없이 원로원의 뜻을 거스르며 양식있는 이들을 무시하고 전쟁을 수행할 수는 없다. 하지만 이제 그들이 자초한 징벌에 만족한다"라고 이야기했다.

23 다음날 밤 사절은 카이사르의 전언을 동족에게 전했고 인질도 준비시켰다. 벨로바키 족과의 전쟁 결과를 기다리던 여러 부족들로부터 사절이 모였다. 그들은 인질을 건넸고, 카이사르의 명령도 받았다. 단지 콤미우스만이 예외였는데, 그는 두려움 때문에 누구에게도 자신의 안전을 맡기려 하지 않았다. 그 까닭은 수년 전 카이사르가 갈리아 키살피나 지역에서 치안을 담당하던 시절로 거슬러 올라간다.

당시 티투스 라비에누스는 부족을 선동한 콤미우스가 카이사르를 해치려는 음모를 추진중이라는 사실을 알게 되었다. 그는 카이사르에 대한 충성에서 반역자를 처벌하려고 마음먹었다. 하지만 티투스 라비에누스가 콤미우스를 진지로 초청한다 해도 그는 오지 않을 것이고, 그렇다고 해서 공격을 가해 콤미우스가 경계를 취하는 것도 마땅치 않았다. 결국 가이우스 볼루세누스 쿠아드라투스(Gaius Volusenus Quadratus)를 보내 회담을 가장하여 콤미우스를 살해하도록 했다. 카이사르는 선발된 백부장 몇 명에게 그 일을 맡겼다.

회담 장소에 도착한 후 계획대로 볼루세누스가 콤미우스의 손을 붙잡자, 그러한 돌발 사태에 놀란 듯한 백부장 하나가 콤미우스를 죽이려 하였으나 콤미우스의 수행원이 제지하였다. 하지만 그는 제일 격으로 이미 머리에 중상을 입었다. 양편에서 칼을 뽑았는데, 싸운다기보다는 도망칠 목적에서였다. 즉 우리로서는 콤미우스가 치명상을 입었다고 믿었으며, 갈리 인으로서는 볼루세누스의 배신으로 미루어 또 다른 어떤 음모가 숨어 있지 않을까 두려워했던 까닭이었다. 이 일이 있은 후, 콤미우스는 로마 인이 보이는 곳에는 가지 않기로 결심했다고 한다.

24 가장 호전적인 부족마저 완벽하게 복속시킨 카이사르는 이제 반기를 들어 전쟁을 준비하는 부족은 없다고 생각했다. 하지만 일부가 현재의 복속 상태를 거부할 목적으로 이주해 도망쳤다.

카이사르는 각 지역으로 군대를 파견하기로 결정했다. 그는 재무관 마르쿠스 안토니우스와 함께 제17군단을 거느리고 있었다. 카이사르는 가이우스 파비우스에게 25개의 보병대를 주어 갈리아의 가장 깊숙한 오지로 파견했는데, 그곳의 부족이 이미 무장한 채 반기를 들었다는 소식이 전해졌다. 그 지역의 관할 책임자인 가이우스 카니니우스 레빌루스가 두 개의 군단으로는 이를 방어하기에 역부족이라고 판단한 까닭이었다.

카이사르는 티투스 라비에누스에게 그의 휘하에 소속되어 동영지에 있던 제12군단을 이끌고 갈리아 키살피나로 출정하여 야만족의 침공으로 인한 손실을 막아내 로마의 식민지를 보호하라고 명령하였다. 그 전 해에 테르게스티네스(Tergestines)가 적의 기습으로 약탈당했던 일을 상기한 것이다.

카이사르 자신은 암비오릭스의 지역으로 주민을 전멸시키기 위해 출정하였다. 카이사르는 겁을 주어 그 부족을 쫓아낸 후 그 지역을 자신의 세력하에 두고자 했으나 아직은 복속시키지 못한 지역이었다. 카이사르는 주민과 가축을 살육했고 건물을 파괴했던 까닭에 가까스로 생존한 이들은 그를 극도로 혐오하여 그토록 엄청난 참화를 남긴 그가 그 지역에 재차 부임하지 못해도 불명예는 아니라고 생각했다.

25 카이사르는 암비오릭스 세력 내의 전지역에 군단과 외인 지원부대를 보내어 무력과 방화와 약탈로 초토화시키고, 수많은 주민을 살육했으며, 많은 사람을 사로잡았다. 그 뒤 라비에누스에게 2개 군단을 주어 트레베리 족에게 보냈다. 트레베리 족은 게르마니 인과 가까이 있었으며, 항시 전쟁을 일삼았고, 문명화나 야만 정도에서는 게르마니 인과 대동소이하였다. 그들은 카이사르의 군대가 주둔하지 않으면 충성을 지키는 법이 없었다.

26 한편, 부총독 가이우스 카니니우스는 두라키우스(Duracius)로부터 전갈을 받았다. 두라키우스는 — 그의 부족 일부가 반란을 일으킨 적은 있었지만 — 항상 로마에 우호적이었다. 많은 수의 적이 무장한 채 픽토네스 족의 영지에 머물고 있다는 정보를 그가 알려왔을 때, 가이우스는 도시 리모눔(Limonum)으로 진군했다.

가이우스는 진군 중에 몇몇 포로를 통해 두라키우스가 안데스 족의 장군인 둠나쿠스(Dumnacus)가 지휘하는 수천 병력에 의해 둘러싸였으며, 리모눔이 적에게 포위되고 병력도 부족하자 적과의 교전을 피해 강력한 진지에 머물고 있다는 사실을 알아냈다.

둠나쿠스는 가이우스 카니니우스가 접근하는 것을 알아채고, 전병력을 동원해 접근하는 로마 군을 공격할 채비를 하였다. 하지만 며칠 동안의 공격으로도 진지의 어느 곳도 뚫지 못하고 병력만 잃게 되자 다시 리모눔을 포위하였다.

27 바로 그때 백부장 가이우스 파비우스는 많은 이들의 충성을 상기시키고, 인질도 취해 복속을 확고히 하였다. 가이우스 파비우스는 픽토네스 족의 사정을 카니니우스로부터 편지로 전해 듣자, 곧 두라키우스에게로 원군을 이끌고 출발하였다. 하지만 파비우스가 접근한

다는 소식을 들은 둠나쿠스는 부족민의 도움 없이 로마 군과 대적하거나 심하면 부족민이 그를 체포할 수도 있다는 생각에서 안전을 도모할 방편으로 전 병력을 이끌고 그 지역에서 즉각 철수하였다. 파비우스는 다리를 이용해 건너야 할 만큼 깊은 리게르 강 너머까지 달아나지 않는다면 안전이 보장되지 않는다고 생각했다.

파비우스는 아직 적이 시야에 들어오지도 않았고 또한 카니니우스와 합류하지도 않았지만, 그 부족에 대해 잘 알고 있는 사람들을 통해 부족의 특성을 전해 듣고 그들이 강으로 가는 길을 택하리라 판단했다. 그리고 실제로 그들은 그 길을 택하였다. 그렇기에 그는 다리를 향해 진군하였고, 기병들에게는 군단보다 앞서 나가되 밤이면 같은 숙영지로 되돌아올 만큼만 앞서 나가 말이 지치지 않도록 하라고 지시했다. 아군 기병대는 명령을 지키며, 둠나쿠스의 후위에서 행군하는 적을 공격했는데, 적은 당황하여 군장을 운반하며 도망쳤기 때문에 많은 수가 사살되었고, 아군은 많은 전리품을 얻었다. 아군은 성공적으로 임무를 완수하고 돌아왔다.

28 다음날 밤 파비우스는 먼저 보낸 기병대로 하여금 적을 공격하게 하여 그의 도착시까지 행군을 지연시키도록 하였다. 보기 드물게 용맹과 전술을 겸비했던 기병대장 퀸투스 아티우스 바루스(Quintus Atius Varus)는 명령을 성실히 이행하기 위해 병사들의 사기를 북돋우면서 일부 병력을 유리한 장소에 배치하여 적을 쫓는 한편, 나머지 병력으로는 적을 공격하였다. 적의 기병대는 완강히 저항했고, 보병은 이를 도와 전투를 일시 중단시켰다. 그들의 기병대가 아군을 공격할 태세를 갖추도록 한 것이다.

전투는 격렬하였다. 아군은 전날 적을 이긴 바 있었으며, 군단이 도착하리라는 것도 알고 있었기 때문에 적을 얕보았고, 또 후퇴가 불명예스럽기도 하였으므로 도움 없이 서둘러 승리할 욕심으로 사기 충천하여 적의 보병과 용감히 싸웠다. 한편 적 또한 전날에 비추어 볼 때 더 이상의 원군은 없으리라 여겨졌으므로, 우리의 기병을 무찌를 호기라고 생각했다.

29 한동안 격렬한 접전이 계속된 후 보병이 돌아가며 기병대를 도울 수 있도록 둠나쿠스는 전열을 정비했다. 그러다가 갑자기 밀집대형으로 진군해 오는 아군의 군단을 발견한 야만족 기병대는 너무 놀랐고, 보병도 겁에 질려 군수물자를 놓아 둔 채 아우성치며, 대열을 흐트리면서 냅다 도망쳤다. 하지만 조금 전의 적의 저항에도 불구하고 맹공을 퍼부은 우리의 기병은 승리의 기쁨에 사기가 고양되어 사방에서 함성을 지르며, 도주하는 적을 뒤쫓았다. 그들은 말의 힘이 다할 때까지 달렸고, 무기도 있는 대로 다 썼다. 이 전투에서 적을 대량 학살했는데, 1만 2천 명이 넘는 무장 적병을 사살했고 그만큼의 적이 겁에 질려 무기를 버리고 도망쳤으므로 아군은 적의 군수물자를 모두 노획했다.

30 대패한 뒤 세니안(Senian) 족(이들은 갈리 인이 처음 반란을 일으킬 때 노예에게는 자유를, 추방자와 강도에게는 은신처를 제공하는 등으로, 각지에서 아무런 희망이 없는 자들을 불러모아 로마 인의 물자와 식량을 가로챘다)의 드라페스(Drapes)가 모을 수 있는 데까지 모은 병력 5천 명을 이끌고 그 지역으로 진군했으며, 앞에서 밝혀진 대로 갈리 인의 첫 반란 때 공격을 계획했던 카두르키 족의 루테리우스(Luterius)가 그와 제휴했다는 소식도 전해졌다. 이 소식을 접한 카니니우스는 그처럼 무모한 자들에게 약탈당하여 피해를 입거나 두려움으로 인하여 치욕스런 일이 발생하지 않도록 2개 군단을 이끌고 그들을 찾아나섰다.

31 가이우스 파비우스는 나머지 병력을 이끌고, 카르누테스 족과 기타 지역을 향해 출발했다. 그 지역의 부대는 그가 아는 바에 따르면, 둠나쿠스와의 전투에 외인 지원부대로 참전했다. 그들은 최근에

어려움을 겪었기 때문에 더욱 유순해질 것으로 믿었으나 만일 휴식과 시간적인 여유가 주어지고 전처럼 둠나쿠스가 거듭 간청할 경우, 쉽사리 자극될 수 있다고 믿었기 때문이다. 이 경우 파비우스에게는 정말 운이 따랐고, 또한 신속했던 까닭에 그 지역을 되찾을 수 있었다. 자주 공격을 받으면서도 강화에 대해서는 결코 언급하지 않았던 카르누테스 족이 자진하여 복속되고 인질도 내놓았던 것이다. 그리고 갈리아 오지의 바다에 접해 있는 아르모리카이(Armoricae) 족은 카르누테스 족의 영향을 받아 파비우스가 도착하자마자 곧 그의 명령에 순종했다. 둠나쿠스는 자기 영토에서 쫓겨나 이리저리 몸을 숨기면서 방황을 거듭하다가 결국 갈리아의 가장 깊숙한 오지를 피신처로 찾게 되었다.

32 그러나 드라페스는 루테리우스와 제휴했고 카니니우스도 군단을 이끌고 가까이 왔으므로, 많은 피해를 감수하지 않고는 그 지역으로 침입할 수 없으며, 또한 더 이상 마음껏 활보하면서 약탈할 수도 없다는 사실을 깨닫고 카두르키 족의 영지에 군대를 정지시켰다.

이곳에서는 루테리우스가 한때 동족이었던 그 주민들에게 강력한 영향력을 행사하고 있었는데, 그것은 그가 항상 새로운 계획을 세울 수 있는 전야만족 가운데서도 가장 실력자였기 때문이다. 루테리우스와 드라페스는 힘을 모아 한때 루테리우스의 영지였던 욱셀로두눔(Uxello-dunum)을 접수했고, 그 자연적인 이점으로 요새를 강화하면서 그 주민들에게도 협조를 요청했다.

33 카니니우스는 이곳으로 서둘러 진군했다. 도시는 그 둘레가 매우 험한 바위로 뒤덮여 있어서 아무런 저항이 없어도 무기를 가지고 오르기가 쉽지 않았다. 주민들은 꽤 많은 물자를 가지고 있었기 때문에 그들이 그것을 은밀하게 빼돌리려고 해도 아군 기병대와 군단의 공격은 피할 수 없을 것으로 판단했다. 그는 병력을 셋으로 나누어 매

우 높은 장소에 3개 진영을 설치했다. 그의 군대는 피로에 견딜 수 있었으므로 점차 도시의 주변에 포위망을 구축할 생각이었다.

34 그의 계획을 알아챈 도시의 주민들은 알레시아의 재난을 상기하면서 포위에 의해 그런 결과가 재현될까 두려워했다. 한때 그러한 일을 경험한 바 있던 루테리우스는 식량을 준비하도록 권했다. 그들은 이 의견을 좇아 병력의 일부를 남긴 채, 경무장 보병대가 밖으로 나가 식량을 구하기로 결정했다.

다음날 밤 드라페스와 루테리우스는 2천 명을 요새에 남기고, 나머지 병력을 이끌고 밖으로 나갔다. 그들은 며칠간 카두르키 족의 영지에 머물면서(그 지역 주민 중 일부는 곡식 징발에 협조하였고, 나머지 또한 이것을 제지할 수 없었다) 많은 양을 징발했다.

때로는 이들이 아군의 요새를 밤에 기습한 일도 있었으므로 카니니우스는 전 도시를 둘러싸는 계획을 뒤로 미루었다. 도시의 포위망이 완성되어도 적을 막을 수 없는 경우와 병력을 여러 곳에 분산시켰을 때 전력이 약화되는 경우를 우려한 까닭이었다.

35 드라페스와 루테리우스는 곡물을 다량 확보하여 도시에서 약 10마일 떨어진 곳에 자리를 잡고, 거기서 도시로 곡물을 차근차근 운반하기로 하였다. 그들은 각각 업무를 분담했다. 드라페스는 병력 일부를 데리고 남아서 곡물을 지켰고, 루테리우스는 곡물을 운반했다.

루테리우스는 병력을 도로의 여기저기에 분산 배치한 뒤, 밤 10시쯤 곡물을 운반하기 위해 숲속의 도로를 출발했다. 그러나 아군 보초가 그 소리를 들었고, 그 광경을 본 정찰병이 돌아와 보고하자 카니니우스는 즉시 대기중인 보병대를 가까운 포탑에서 끌어냈고, 새벽녘에 적의 호송대를 공격했다.

그들은 이렇듯 예기치 않은 공격에 놀라 각자의 진영으로 도망갔는데, 우리 군사는 호송대를 발견하면 가차없이 공격했으므로 포로가 된 적도 목숨을 부지하지 못하였다. 이때 겨우 몇 명의 부하만을 데리고 도망친 루테리우스는 다시 진지로 돌아가지 않았다.

36 이러한 성공을 거둔 뒤, 포로 몇 명을 심문한 카니니우스는 일부 병력이 10마일도 안 되는 거리에 드라페스와 함께 있다는 사실을 알아냈고 확인도 했다. 하나가 패하면 나머지는 겁을 집어먹으므로 쉽사리 공략할 수 있다고 가정할 때, 살육에서 살아 남은 적군 가운데 단 한 명도 진지로 돌아가지 못해 닥친 재난으로 드라페스가 알지 못했던 사실이 무척 다행으로 여겨졌다. 그리고 공격하는 데 전혀 위험이 없다는 것을 알게 되자 가장 능력이 뛰어난 기병대 전원과 게르마니 인의 보병을 적의 진지에 선발대로 보냈다. 그는 한 군단을 분산시켜 세 진지에 배치하고, 다른 하나는 군장 없이 자신을 따르게 했다.

그들이 적에게 접근하던 중 앞서 보낸 정찰병이 보고를 해 왔다. 적의 진영은 야만족의 관습대로 강둑 근처 저지대에 위치해 있으며, 비어 있는 보다 높은 곳에서 게르마니 인의 기병대가 기습을 감행하여 전투가 시작되었다는 소식을 알려 왔다. 이를 듣자 곧 군단을 전투대형으로 배치하여 진격했다. 사방에서 갑작스럽게 신호가 떨어지자, 아군은 고지를 점령하였다. 게르마니 인의 기병대는 로마 군의 깃발을 발견하고 용기 백배하여 분투했다. 즉시 모든 보병대가 사방에서 공격을 가해 적의 전 병력을 사살하거나 생포했다. 이 전투에서 드라페스가 생포되었다.

37 카니니우스는 거의 한 사람의 부상자도 없이 일을 성공적으로 마무리지은 뒤 다시 돌아와 도시를 포위했다. 보루를 강화하지도, 도시를 포위하지도 못하게 했던 적을 제거한 그는 전면에 걸쳐 완벽히 포위하도록 지시했다. 다음날 가이우스 파비우스가 병력을 이끌고 도착해 포위망의 한쪽을 떠맡았다.

38 한편, 카이사르는 가이우스 안토니우스를 벨로바키 족의 영지에

15개 보병대와 함께 잔류시켜 벨가이 인이 추후 다른 음모를 꾸미지 못하도록 하였다. 또한 그 자신은 다른 지역으로 가 많은 인질을 요구하였는데, 카이사르는 그들을 격려하는 말로써 불만을 누그러뜨렸다.

이 전기戰記에서 이미 언급한 것처럼 갈리아 전쟁의 첫 전투가 벌어진 카르누테스 족의 영지에 도착한 그는 스스로 저지른 죄과에 대한 가책으로 무척 겁을 먹고 있는 그들의 모습을 보게 되었다. 그래서 카이사르는 그들을 공포에서 해방시킬 목적으로 반역의 주도자 구트루아투스와 그 밖의 선동자를 인계한 후 처벌을 요구했다. 구트루아투스 자신도 부족민들에 의지하여 생명을 부지하려 하지도 않았지만, 부족 전체가 애써 찾아내 아군 진영에 인계했다.

카이사르는 그를 처벌할 수밖에 없었다. 이는 그의 심성에 어긋나는 일이기는 했으나 병사들의 거센 요구 때문에 어쩔 수 없었던 것이다. 병사들은 전쟁에서 발생한 모든 위험과 손실을 구트루아투스가 책임져야 한다고 주장했다. 이 주장에 따라 구트루아투스는 채찍에 맞아 죽었으며, 그 뒤 참수되었다.

39 카이사르는 카니니우스가 보낸 서한을 통해 드라페스와 루테리우스에 의해 일어난 일과 그 도시의 주민이 끈질기게 저항했던 사실을 알았다. 이로써 카이사르는 적은 수이기에 무시하였으나 그래도 완강한 자들은 혹독하게 다루어 갈리 인 전체가 로마에게 무력으로는 대항하지 못하더라도 적대적인 태도로 버텨내겠다는 생각조차 못하게 해야 한다고 생각했다. 특히나 갈리 인은 로마 군이 단지 한 해 여름만 더 머물게 되어 있었으므로 그때까지만 버텨내면 더 이상의 우려할 만한 위험은 없다는 사실을 눈치챘기 때문에 상황이 그들에게 유리하게 변화하면 복속을 거부하리라 생각하고, 더한 저항의 선례가 될 수 있는 이번 사건을 철저히 응징해 사전에 방지할 요량이었던 것이다. 그래서 카이사르는 부장 퀸투스 칼레누스(Quintus Calenus)에게 2개 군단을 주어 정상 행군속도로 뒤따라오도록 한 뒤, 카이사르 자신은 기병대를 이끌고 카니니우스에게로 전력을 다해 달려갔다.

40 욱셀로두눔에 도착한 후, 그는 일반적인 기대와 달리 도시 전체가 요새로 방비되어 있고, 또 적이 밖으로 나와 아군을 공격하면 되돌아갈 방법이 없다는 사실을 알게 되었다. 그리고 탈주자를 통해 도시 내에 식량이 많다는 정보를 듣고, 그들이 물을 구하지 못하도록 카이사르는 전력을 기울였다.

욱셀로두눔이 건설된 가파르고 험한 산을 두르고 있는 계곡에는 강이 흐르고 있었다. 그 강은 지형상 물길을 돌리기에 어려움이 있었다. 산기슭의 훨씬 아래쪽에서 강이 흐르고 있었으므로 물길을 돌릴 수 있을 정도로 깊은 배수 시설을 건설하기는 어려웠던 것이다. 하지만 강으로 이어지는 내리막길이 험해 아군 공격시에 포위된 채 강으로 내려온 적이 급경사로 되돌아가려면 목숨을 내걸어야 했다. 카이사르는 이런 점에 착안하여 궁병과 투석병을 배치하고, 경사가 완만한 반대편을 향해 병기를 설치하여 적이 물을 구하고자 강으로 내려오지 못하도록 하였다. 따라서 적은 물을 얻으려면 단지 한 곳으로 가야만 했다.

41 도시의 방벽 바로 아래에 물이 많이 솟아나는 샘이 있었는데, 300피트 가까이 떨어져 있었으므로 강으로 둘러싸이지는 않았다. 적이 샘에 접근치 못하도록 모든 병사가 바라보고만 있을 때, 카이사르만이 위험스럽기는 하나 그것이 가능함을 알아냈다. 그는 산을 향해 귀갑차를 전진시키고, 적과 계속 교전하면서 어렵사리 흙무덤을 쌓았다. 고지에서 내달려 어려움 없이 싸웠던 도시 주민들은 아군 여러 명에게 부상을 입혔지만 아군은 계속 전진하면서 귀갑차를 밀고 나갔고, 열심히 싸워 곤경을 이겨냈다. 그와 함께 아군은 갱도를 파서

귀갑차와 크레이트[3]를 샘의 원천으로 옮겼다. 이것은 그들이 위험 없이 은밀하게 추진할 수 있었던 유일한 일이었다.

아군은 60피트 높이의 흙무덤 위에 작은 10층탑을 쌓았는데, 그것은 적의 방벽과 같은 높이로 세우기 위한 것이 아니라 (그것은 실제로 불가능했다) 단지 샘보다 높게 세우려는 의도에서 한 것이었다. 아군이 노포로 그곳에서 샘에 이르는 통로에 공격을 퍼부었기 때문에 물을 구하려면 적은 상당한 위험을 겪어야 했으므로 식용이나 운반용 가축뿐만 아니라 많은 수의 사람도 갈증으로 죽어 갔다.

42 이러한 재난에 놀란 도시 주민들은 물통에 쇠기름과 송진과 마른 나무를 가득 채운 뒤 여기에 불을 붙여 우리 쪽으로 굴렸다. 이와 동시에 맹렬한 기세로 공격을 감행해 왔으므로 로마 군은 이를 방어하느라 제대로 진화작업도 펴지 못했다.

곧 아군 진지에 큰 불이 일어났다. 왜냐하면 적이 벼랑 아래로 굴리기만 하면 귀갑차에 부딪혀 여기저기로 불길을 옮겼기 때문이었다. 반면 우리측은 지형상으로 불리한 여건 속에서 어려운 전투를 벌였지만 정신을 가다듬고 대처했다.

이러한 일은 높은 곳에서 일어났으므로 아군의 본진에서도 관측되었다. 양진영 모두에서 함성이 울렸고, 모든 병사는 적과 싸우면서도 불을 진화하는 데 보기 드문 용기를 발휘하였다. 그 용맹스러움은 이전에 알려진 그 무엇보다 뛰어났다.

43 카이사르는 병사들이 부상당하는 모습을 보고 보병대에게 산의 모든 경사면으로 올라가 방벽을 공격하는 것처럼 함성을 지르도록 명령하였다. 포위된 적은 이 함성에 놀라 다른 편에서 일어나는 일을 눈치채지 못했고, 아군을 공격하던 병력을 철수시켜 방벽에 배치

---

3) crate. 병기나 가구 등을 운반할 수 있는 상자나 바구니.

하였다. 그러자 우리 병사의 일부는 전투의 위험 없이 화재를 진화했고, 불길을 잡을 시간도 벌었다.

도시 주민은 물이 없는 까닭에 많은 병력을 잃었지만 전의를 잃지 않은 채 완강히 저항하였다. 아군이 판 갱도가 결국 적의 샘으로 이어지는 물길에 닿자 물길이 돌려졌고, 그칠 줄 모르고 솟아나던 물이 끊겨 샘이 마르자 적은 위축되었다. 적은 그런 일이 사람의 힘이 아니라 신의 뜻에 의한 일이라 생각해 절망에 빠졌으며, 결국 항복하였다.

44 그의 자비로움이 모든 이에게 알려져 있었기 때문에 카이사르가 적을 무자비하게 다루더라도 그것이 그의 천성 때문은 아닐 것이라 생각할 것으로 확신했으며, 또한 다른 여러 곳에서도 이런 식으로 반란이 일어나면 골칫거리가 끝없이 이어지리라 확신하였다. 그래서 시범적으로 이들을 처단하여 다른 부족이 반란을 일으킬 엄두를 내지 못하게끔 하기로 결정했다. 그에게 무기를 겨눈 적들의 팔은 절단했다. 목숨만은 살려 주었는데, 반란에 대한 징벌을 보다 효과적으로 전시하기 위해서였다.

언급한 대로 카니니우스에게 생포된 드라페스는 포로 생활에 한편으로는 격분하고 한편으로는 더 이상의 처벌을 두려워해서 며칠 동안의 단식 후 결국 사망했다. 그때 마침, 전술한 것처럼 전투에서 죽지 않고 도망쳤던 루테리우스가 아르베르니 족의 에파스나투스(Epasnatus)에게 잡혔다(그는 진지를 자주 옮기면서 몇 사람에게 의탁했었는데, 자기가 얼마나 큰 적을 불러들였는지도 알고 있었다). 로마에 우호적이던 에파스나투스는 지체 없이 루테리우스를 건네 주었으므로, 그는 카이사르의 포로가 되었다.

45 그러는 사이에 라비에누스는 트레베리 족의 영지에서 기병전을 벌여 승리를 거두었다. 라비에누스는 트레베리 족과 게르마니 인을 학살했는데, 이들은 로마에 반대하는 그 누구에게도 지원을 아끼

지 않았었다. 라비에누스는 그들 중 우두머리 몇 명을 살려 자기 세력에 규합시켰는데, 그 가운데 하이두이 족인 수루스(Surus)는 그 용맹과 가문이 유명했다. 그는 그때까지 무장하고 있었던 유일한 하이두이 족이었다.

이 소식을 들은 카이사르는 지난 전투에서 켈틱 갈리아[4]를 정벌해 복속시켰음을 상기하면서 이제 갈리아 전역에서 훌륭히 성공을 거두었음을 알게 되었다. 하지만 아퀴타니아 지역은 마르쿠스 크라수스가 어느 정도 정복했으나 직접 출정한 일은 없었다는 데 생각이 미치자, 이번에는 몸소 군단을 이끌고 가 그곳에서 남은 여름을 보낼 목적으로 진군하였다. 이 일도 예의 신속성을 발휘했고, 운도 따랐다. 아퀴타니아의 모든 부족이 사절을 보냈고, 인질도 건네 준 것이다. 그러고 나서 헌병대의 호위를 받으며 나르보로 향하였고, 부장에게는 부대를 동영지로 이동시키도록 명령했다.

그는 4개 군단을 각각 부장 마르쿠스 안토니우스, 가이우스 트레보니우스, 푸블리우스 바트리니우스(Publius Vatrinius), 퀸투스 툴리우스(Quintus Tullius)에게 주어 벨가이 지역에 배치하였다. 2개 군단은 갈리 인 가운데 가장 강력한 하이두이 족의 영지로 파견했다. 카르누테스 족의 영지와 접경하고 있는 툴로니 족의 영지에는 2개 군단을 배치해 바다에 접한 전지역을 위압하였다. 아르베르니 족 근처의 레모비케스 족의 영지에도 2개 군단을 배치함으로써 갈리아 전역에 로마 군이 주둔하게 되었다.

카이사르는 나르보에서 며칠 머무는 동안 신속히 재판을 처리하여 분규를 가라앉히고, 공적에 따라 적절히 포상하였다. 그는 이 지역 주

---

4) Celtic Gaul. 세 갈리아 가운데 하나인 켈틱 갈리아는 루그두눔(Lugdunum, 현 리옹 (Lyon))으로부터 북서쪽으로 센 강과 루아르 강, 브리타니아 및 대서양 사이에 있는 모든 영토를 포함하고 있다. 암비아니 족과 파리시 족 등이 켈틱 갈리 인에 속한다.

민의 도움과 충성으로 갈리 인의 반란을 이겨냈으며, 반란중에 주민 개개인이 로마를 향해 보여 준 태도를 잘 알고 있었다.

47 * 그 뒤 벨가이 인의 영지에 있는 군단으로 돌아와 네메토켄나(Nemetocenna)에서 겨울을 났다. 그곳에서 아트레바테스 족인 콤미우스가 그의 기병대와 전투를 벌였다는 소식을 들었다. 안토니우스는 동영지로 가고, 아트레바테스 족은 연맹을 유지했으며, 앞서 말한 것처럼 상처를 입은 콤미우스는 자기 부족이 일으키는 모든 소요에 가담할 준비가 되어 있었기 때문이었다. 그래서 그 부족은 전쟁을 수행하는 데 있어서 조언자나 지도자가 필요하지 않았다. 그들은 콤미우스의 부족이 로마에 복속되었음에도 불구하고 콤미우스 일파를 도와 그의 기병대가 약탈하고, 도로에 출몰해서는 로마 군 진지로 운반되는 물자의 호송대를 습격해 이를 가로채도록 협조하였던 것이다.

48 안토니우스를 도와 겨울을 날 수 있도록 가이우스 볼루세누스 쿠아드라투스(Gaius Volusenus Quadratus)가 수하 기병대장에 임명되었다. 안토니우스는 적 기병대의 추격을 위해 그를 보냈다. 이제 볼루세누스는 그의 장점인 용맹에 더하여 콤미우스에 대한 적대감마저 갖추게 되자, 기꺼이 명령을 이행했다.

그는 매복조를 배치한 채 적을 기다리다 기병대를 이끌고 공격하여 성공을 거두었다. 결국 격렬한 일대 회전이 벌어졌는데, 볼루세누스는 콤미우스를 잡는 일에 열중하여 적은 병력으로 집요하게 추적하였다. 콤미우스는 재빨리 후퇴하여 볼루세누스를 그의 기병대에서 멀리 떨어진 곳까지 끌어내었다. 그때 갑자기 콤미우스가 부상자를 괴롭히지 말아 달라고 간청했다. 제 임무를 잊은 채 볼루세누스는 이를 수락하고, 보복하지 않고 돌아가기로 결심하여 아무런 경계도 하

지 않았다. 그는 나머지 병력이 자신에게 돌아오기도 전에 말의 방향을 바꾸었다. 전기병대가 그를 따랐으나, 일부는 계속 적을 추격했다. 콤미우스는 말에 박차를 가해 볼루세누스를 쫓아와 그를 창으로 겨누면서 넓적다리를 찔렀다. 아군의 대장이 부상을 입자, 아군은 지체없이 반격했다. 아군의 맹공으로 적의 일부는 부상당했고, 도망치는 몇 명은 말발굽에 밟혀 죽었다. 하지만 콤미우스는 말을 빨리 몰아 이 위기에서 벗어났다. 심하게 다친 볼루세누스는 생명이 위독했으므로 진지로 후송되었다.

콤미우스는 분노가 누그러지기도 했고, 병력의 대부분도 잃었기 때문에 안토니우스에게 사절을 보내어 그가 지시하는 어느 곳으로라도 떠나겠으며, 그의 명령을 지키겠다는 증표로 인질의 제공을 다짐했다. 그리고 이러한 양보는 두려움에서 비롯되었으므로 로마 인이 없는 곳으로 보내 달라고 간청하였다. 안토니우스는 그의 제의가 진정 두려움 때문이라고 판단하여 심사숙고한 뒤 인질을 받아들였다.

내가 아는 바로는, 카이사르는 매년 일어난 일에 대해 별개의 기록을 남겼다. 하지만 루키우스 파울루스(Lucius Paulus)와 가이우스 마르켈루스(Gaius Marcellus)가 집정관이었던 때 이후에는 갈리아에서 별일이 일어나지 않았으므로 나마저 카이사르처럼 할 필요는 없다고 생각했다. 그러나 카이사르와 그의 군대가 갈리아에 주둔했던 시절에 그곳과 관계되었던 사람은 무시해서는 안 된다고 생각하여 이 기록에 몇 마디를 첨언하는 것이 적당하다고 생각했다.

49 벨가이 인의 영지에 있었던 동영지에 머무르던 카이사르는 부족들과 우호관계를 유지하면서 반란을 일으킬 희망이나 핑계를 주지 않기 위해 모든 힘을 기울였다. 카이사르가 떠난 뒤에 또 다른 전쟁이 벌어지는 것은 카이사르가 가장 원치 않았던 일이었다. 그렇기에 로마 군이 철군할 때까지 끝나지 않은 전쟁이 있을 경우, 로마 군이라는

즉각적인 위험은 일단 없음으로 갈리 인들이 기꺼이 그 전쟁에 참전하는 일을 방지하기 위한 까닭이었다. 따라서 부족들에게 예를 갖추어 대하고, 지도자에게는 많은 선물을 보냈으며, 새로운 부담을 주지 않고 복속의 조건을 완화하여 쉽사리 갈리 인을 지배했다(갈리 인은 이미 수많은 패전으로 지쳐 있었다).

50 동영지에서 철수한 뒤 카이사르는 예년과 달리 이탈리아를 향해 가능한 한 먼 여행을 떠났다. 자유시와 속주를 방문해 그의 재무관인 마르쿠스 안토니우스의 사제직을 부탁할 목적에서였다. 카이사르는, 자기보다 먼저 로마로 보내 선거에 출마토록 한 자신의 측근을 위해 흔쾌한 노력을 아끼지 않았으며, 그 반면에 마르쿠스 안토니우스를 거부하여 부재중인 카이사르의 영향력을 약화시키려는 분파와 세력에는 철저히 반대하였다.

카이사르는 이탈리아로 가던 중에 자신이 복점관ト占官[5]으로 임명되었다는 소식을 들었지만 자유시와 속주를 방문하는 것이 도의를 지키는 일이라고 생각했다. 그곳으로 간 카이사르는 선거에 많이 참석하여 안토니우스를 도와 준 데 대해 감사를 표하면서 동시에 다음 해에 집정관이 될 수 있도록 자기를 도와 달라고 부탁하였다.

카이사르의 정적들인 루키우스 렌툴루스(Lucius Lentulus)와 가이우스 마르켈루스가 집정관에 임명되었으며, 이들은 카이사르의 모든 명예와 품위를 깎아내리겠다며 교만하게 떠들어댔다. 그들이 차지한 집정관직은 세르기우스 갈바(Sergius Galba)의 것이었는데, 그는 선거와 영향력 면에서는 우세했지만 카이사르의 벗으로서, 또 한때 부관이었던 경력으로서 맺어졌다는 이유 때문에 부당하게 빼앗겼던 것이다.

---

5) augur. 로마의 직책 가운데 하나. 점을 치고 예언하는 일을 관장했다.

51 자유시와 속주에 도착한 카이사르는 믿을 수 없을 만큼 극진한 존경과 사랑을 받았다. 갈리아 전쟁 이후 그곳을 처음 방문했기 때문이다. 카이사르가 지나가는 곳의 문과 도로, 그 밖의 모든 곳이 부족함 없이 장식되었다. 사람들은 모두 아이들을 데리고 나와 그를 맞이했다. 모든 거리에서 제물이 바쳐졌다. 시장과 사원은 마치 위대한 승리의 기쁨을 기대하는 듯, 즐거움으로 가득 찼다. 있는 자들은 장대하게, 가난한 자들은 열광적으로 환영하였다.

52 갈리아 키살피나의 모든 도시를 방문한 뒤에 서둘러 네메토켄나에 있는 부대로 돌아왔다. 그러고는 모든 군단에게 동영지를 떠나 트레베리 족의 영지로 향하도록 명령하고, 거기서 그들을 열병하였다. 그는 티투스 라비에누스에게 갈리아 키살피나의 지배권을 맡기면서 집정관직 청원시에는 그를 돕도록 하였다. 그는 여행을 통해 분위기를 바꾸었으며, 부하들의 건강이 양호해졌다고 믿었다. 라비에누스를 부추긴 카이사르의 적 일부가 음모를 꾸몄다는 이야기를 여러 번 들었고 원로원이 그에게 압력을 가해 휘하부대 일부를 빼앗으려 한다는 소문도 있었지만, 그는 라비에누스에 대한 그 어떤 이야기도 믿지 않았으며 원로원의 권위에 대항하라는 설득에도 넘어가지 않았다. 호민관 중 하나인 가이우스 쿠리오(Gaius Curio)[6]는 카이사르의 대의와 품위를 지키기 위해 다음과 같은 제안을 원로원에 내놓곤 했다.

"카이사르의 군대가 불안하다면 폼페이우스의 군대도 공화정에 위협적이다. 그러니 함께 지위를 사임하고 군대를 해산시키도록 하라. 그러면 도시는 자유롭게 되고, 합당한 자유를 누릴 것이다."

그는 이것을 제안했을 뿐만 아니라 원로원을 소집해 이 문제의 해결도 요구했다. 그러나 집정관들과 폼페이우스 파가 개입하여 사태

---

6) Gaius Scribonius Curio. 고대 로마의 정치가, 폼페이우스에 대항했던 카이사르의 열렬한 지지자로서 기원전 50년에 호민관으로 선출되었다.

카이사르 시대의 로마의 포룸(광장)

를 그들이 원하는 대로 조정했으므로 원로원 회의는 열리지 않았다.

53 이 일로 입증된 것처럼, 원로원의 일치된 견해는 매우 위대했으며, 그들이 지녀온 품행과 일치했다. 그 전해에 마르켈루스는 카이사르의 품위를 손상시켰으므로 그의 임기 만료 이전에 주둔지에서의 카이사르의 직위를 박탈하자고 건의했다. 이것은 폼페이우스와 크라수스의 법에 어긋나는 일이었다. 마르켈루스는 자기의 품위를 격상시켜보기 위해 카이사르에 대한 질시를 일으켜 그의 명성을 깎아내려보려 했지만, 투표 결과 원로원 전체가 그의 제안에 반대하였다. 그러나 카이사르의 정적들은 이에 좌절하지 않고 조직을 확대하고 영향력을 증가시켜 원로원을 좌지우지해야 한다는 교훈을 얻었다.

54 그 일이 있은 후 폼페이우스와 카이사르에게 각각 일개 군단씩을 파르티아(Parthia) 전쟁에 파견하라는 명령이 원로원에서 통과되

원로원에서의 회의 광경

었다. 하지만 두 군단 모두 카이
사르에게서 차출된 것은 분명
했다. 왜냐하면 폼페이우스가
마치 자기 휘하 부대인 양 속여
카이사르에게 보낸 부대는 실
은 카이사르의 관할 구역에서
징집하였기 때문이다. 그러나
카이사르는 정적의 의도를 전
부 알고 있었음에도 불구하고
그 군단을 그나이우스 폼페이
우스에게 보냈고, 자신은 원로원의 명령을 좇아 갈리아 키살피나에
주둔하고 있던 휘하의 제15군단을 건네 받았다. 그리고 제15군단이
빠져 버린 요새를 방어하기 위해 제13군단을 이탈리아로 보냈다.

그는 병력을 동영지에 배치했는데, 가이우스 트레보니우스에게는
4개 군단을 주어 벨가이 인의 영지에 주둔하게 하였고, 가이우스 파
비우스에게도 4개 군단을 주어 하이두이 족의 영지로 보냈다. 가장
용맹한 벨가이 인과 영향력 있는 하이두이 족만 복속시키면 갈리아
전역이 안전하다고 생각했기 때문이었다.

55 카이사르는 이탈리아로 향했다. 그가 보낸 2개 군단은 원로원
의 명령대로라면 파르티아 전쟁에 파견되었어야 했지만, 집정관 가
이우스 마르켈루스에 의해 폼페이우스에게 넘겨진 후 이탈리아에 억
류되어 있다는 소식이 들렸다. 이런 일로 미루어 보면 누가 보아도 카
이사르를 향해 전쟁이 계획되었다는 사실은 명확했다. 그러나 그는
무력에 호소하지 않고, 정당한 방법으로 문제를 해결할 여지가 있는
경우에는 그 어떤 일도 감수하기로 했다.

위기를 극복하면 위대해진다

　전쟁사 마니아임을 자처하기에 '네이버 군대·무기 분야 지식인'이라는 직함(?)을 자랑스러워하는 나다. 그렇기에 마키아벨리의《군주론》에 이어 카이사르의《갈리아 전기》의 개정임무가 나에게 주어졌을 때, 그 때의 기쁨은 카이사르를 호위하는 임무를 부여받은 제10군단 병사의 기분 그것이었다.

　이 불후의 명작이 우리 범우사에서 처음 출간되어 국내에 소개된 것이 무려 15년 전의 일이다. 그 사이 다른 출판사들에서도 우리 범우사의 선례를 따라 '자신들 나름의《갈리아 전기》'를 펴내는가 하면, 명망 높은 외국 역사가와 연구가의 책을 번역·출간 해왔다. 때문에 범우사의《갈리아 전기》가 '원조'라는 점에만 계속 의지한다면 독자들에게 외면을 받게 될 것임은 당연지사다. 이에 담당편집자가 된 나는 지난 15년 동안 소개되었지만 국내의 독자들에게는 생소한 사실들을 새롭게 찾아내어 정리한 다음 그것을 이번 개정판에 싣기로 결심했다. 그렇게 함으로써 범우사판《갈리아 전기》가 단순히 카이사르 개인의 기록이 아닌, 그 시대의 로마와 갈리아에 대한 그리고 '서유럽'이라 불리는 지역의 오늘날까지의 운명을 결정지은 그 8년이라는 시간 동안에 벌어진 사건들과 그 의미에 대해 독자 여러분들이 쉽게 깨달을 수 있도록 해주는 안내서를 만들고자 했다.

다행히 번역을 맡아준 박광순 님께서 원책에 달아주신 주석 덕분에 나 또한 서적이나 인터넷을 통한 자료수집에 많은 도움을 받을 수 있었다. 또한 원책의 독자이시자 현재 국방대학원 교수이기도 하신 김현영 대령께서 그 당시 로마 군의 편제와 전술 및 무기 등에 대해 조언과 지도를 해주심으로써 카이사르가 묘사한 전투상황에 대한 이해가 독자들의 머릿속에서 재현될 수 있도록 하려는 나의 의도를 달성할 수 있었다. 이에 이 지면을 빌어 두 분 선생님들께 감사드리는 바이다.

아울러 편집자이기 이전에 '독자로서' 카이사르를 평가해보라면 나는 이렇게 답하겠다.

"카이사르라는 위인을 만들어낸 것은 다름 아닌 그에게 닥쳤던 위기였다"라고……

뜻밖에도 카이사르라는 사내는 그렇게 대단한 사람은 아니었다. 대문호 셰익스피어에서 코미디 영화감독 알랭 샤바에 이르기까지 수많은 사람들의 작품에 소재가 되었고, 또한 전쟁이나 쿠데타와 같은 격변의 현장에서는 종종 '그의 명언들'이 인용되었음에도 그러하다.

비록 '마리우스'라는 걸출한 장군이자 정치가를 낸 집안의 자제였지만 대부분의 시간을 로마 시내의 젊은 처자들에게 편지를 쓰며 낭비했던 그였다. 로마 최고의 권력자가 된 술라가 라이벌 마리우스의 집안 출신의 젊은이인 그에게 복종을 명령하자 일언지하에 '싫소!'라고 답하며 도망간 때도 있었다. 하지만 그것은 그에게 정치적 지조가 있어서가 아니라 단지 '누군가가 자신에게 명령하는 것이 싫어서'라는 젊은이다운 마음 때문에 그랬던 것일 뿐이었다. 자신을 납치한 해적들을 상대로 배짱을 뽐내었을 뿐만 아니라 나중에는 그 해적들을 모조리 토벌한 일도 있었지만, 그 또한 '가까운 경찰서에 신고해서 경찰관들과 함께 조직폭력배들을 잡는데 협력한 것' 정도로 보는 것이 정확한 평가일지도 모른다.

하지만 서른을 넘기고 나서의 어느 날, 마침 신전을 참배하고 나오던 도중 그 신전 안 한구석에 모셔진 알렉산드로스 대왕의 초상을 본 것이 그에게 깨달음을 주었다. 즉 "알렉산드로스 대왕은 서른도 되기 전에 세계를 제패한 대왕이 되었는데, 지금의 나는 서른을 넘겼음에도 이 꼴이라니……"라는 그 유명한 한탄이 바로 그것이다. 나이가 서른이 넘도록 한량이던 그도 이제는 정신을 차리고 뭔가 하지 않으면 안 된다는 것을 깨달았던 것이다.

이렇듯 자신의 인생에 있어서 최초의 위기의식을 가졌을 카이사르는 분발하여 급기야 당대 로마의 유명인사였던 폼페이우스 장군 및 대부호 크라수스와 3두 정치체제를 출범시킬 수 있을 정도로 성장하였다. 하지만 그것은 단지 시작에 불과했다. 3두 정치체제에서의 두 동맹자들의 지원을 받은 카이사르는 오늘날의 이탈리아 북부, 즉 갈리아 키살피나의 총독자리를 얻어내는데 성공했다. 그리고 그곳에서 그는 첫번째 위기를 맞게 된다.

그 당시 갈리아(오늘날의 프랑스)에는 아리오비스투스라는 게르마니아(오늘날의 독일)인이 무리를 이끌고 들어와 한 지역을 점거한 다음, 수많은 갈리 인들을 가혹하게 다루고 있었다. 이에 갈리 인들은 카이사르에게 그 문제를 해결해주지 않는다면 그들은 피난지를 얻기 위해 '어디론가 이동할 수밖에 없다' 며 카이사르를 위협해 온 것이다. 만약 아리오비스투스라는 자의 문제를 해결해 주지 못한다면 이탈리아 반도로의 갈리 인들의 대이동이 개시될 터이니 이탈리아 북부지역의 총독인 카이사르로서는 강건너 불구경 하듯 할 일이 아니었다.

하지만 막상 전쟁을 시작하려던 순간 게르마니 인들의 전투력이 얼마나 상당한지를 '소문으로만' 전해들은 병사들이 기겁하여 싸우기를 주저하기 시작했다. 이렇듯 급박한 위기상황에서 병사들까지 겁을 먹고 전투를 할 의지를 상실하자 이에 카이사르는 동요하지 않고 병사들을 질타한 다음 아리오비스투스와의 전투를 개시했다. 물론 카이사르라고 해서 이 당시 겁을 먹지 않은 것은 아니었으리라. 오히려 병사의 수가 크게 열세한 상황에서 '능력을 알 수 없는 적'과 싸워야 한다는 사실에 그 또한 막사 안에서 홀로 좌절감을 곱씹었을 것이다.

그러나 카이사르에게는 '물러날 곳은 없고 나아갈 곳은 있었다.' 만약 그가 될 대로 되라는 심정으로 게르마니 인과의 전쟁을 포기했더라면 하루아침에 한량에서 총독이 된 그를 질투하던 자들은 그에게 손가락질을 했을 것이며, 그렇게 되면 그는 사회적으로 영원히 매장되었을 것이다. 하지만 그 반대의 경우라면 그는 — 그 결과에서도 알 수 있듯이 — 명성을 획득할 수 있었다. 또한 강력한 전투력을 가진 적을 무찔렀다는 사실에 힘을 받는 용맹한 병사들도 얻을 수 있었다. 그리고 그것은 그가 그 후의 갈리 인들, 브리타니 인들 그리고 게르마니 인들과의 전쟁에서의 잇따른 승리와 갈리아 전체의 복종, 거기 더하여 로마 시민들의 열렬한 지지를 획득하는 것으로 이어졌다. 그뿐만 아니라 카이사르는 그 전투의 진행과 결과에 대해 로마 시민들에게 보여줄 상세한 기록을 매해의 전쟁 때마다 남기기 시작함으로써 마침내《갈리아 전기》라는 불후의 대작을 남긴 문사文士로서 이름을 빛낼 수 있었다.

그런데 카이사르에게 닥쳐온 위기는 이것만이 아니었다. 즉 그가 갈리아 전체에 대한 평정을 거의 완료했다고 생각했던 기원전 52년, 갈리 인들의 여러 부족장들 중 하나인 베르킹게토릭스가 갈리 인 전체를 로마와 카이사르로부터 해방시킬 것임을 명분으로 궐기하였던 것이다. 이에 갈리 인 전체가 — 심지어 그 동안 카이사르에게 계속 충성해오던 부족들까지 등을 돌려가며 — 호응하면서 카이사르는 최대의 위기에 봉착했다. 하지만 카이사르는 이때에도 결코 좌절하지 않고 요충지였던 알레시아에 자신의 병력을 집결시킨 뒤, 그곳에 철통같은 방어선을 건설하여 베르킹게토릭스와 갈리 인들의 힘을 소진시키는데 성공했다. 그 결과 카이사르 스스로도 걸출한 인물로 인정했던 베르킹게토릭스는 오히려 좌절하여 카이사르에게 항복하였고, 이로써 카이사르는 불멸의 명예를 굳히는 데 성공했다.

이후에도 카이사르에게는 그가《내란기》라는 또 하나의 명작을 남기게 만든 또 다른 거대한 위기가 닥쳐오게 된다. 하지만 갈리아에서의 전쟁 과정에서 그의 생애의 최대 위기를 여러 차례에 걸쳐 넘겨내면서 생겨난 마음가짐은 그로 하여금 그러한 위기도 극복할 수 있게 해주었다.

나라와 사회의 어수선함, 그리고 그에 따른 경제적 위기와 생활고로 수많은 젊은이들의 마음이 예전에 비해 많이 위축되어 있다. 그리고 그에 따른 악순환으로 인하여 위축된 젊은이들이 좌절의 늪을 빠져나오지 못하고 있다. 심지어 좌절의 늪에서 빠져나오지 못한 젊은이들 중에는 결국 돌이킬 수 없는 선택까지 하게 되는데, 그 수 또한 점차 증가추세에 있다고 한다. 바로 이럴 때, 우리 젊은이들이 로마제국과 서유럽의 토대를 이룩한 이 한량의 위기극복과 성공의 이야기를 읽고서 "갈리아에서의 위기를 극복하고 오히려 그곳을 정복했을 때의 카이사르보다 훨씬 젊은 우리가 과연 이러한 위기를 극복하지 못한다면 어찌 될 것인가?"라는 생각으로 생활에 임한다면 어떠한 어려움도 모두 이겨낼 수 있으리라 확신한다.

2006년 1월 편집자

기원전 100년 7월 13일 태어남.

88년   민중파 마리우스와 원로원(보수)파 술라의 항쟁이 격화됨.

87년   유피테르 신전의 소년 사제가 됨.

84년   마리우스파인 킨나의 딸 코르넬리아와 결혼.

82년   술라가 독재관으로 취임. 카이사르는 술라의 박해를 피해 로마를 떠남.

81년   딸 율리아가 태어남. 카이사르가 속주 아시아와 킬리키아에서 군무
     에 종사함(78년까지). 비티니아의 니코메데스 왕에게 사절로 파견됨.

78년   술라의 사후 로마로 돌아옴.

77년   돌라벨라를 고발하고 연설로 명성을 날림.

75년   로두스 섬에 가서(도중에 해적을 만나 사로잡힘) 몰론을 스승으로 모시
     고 수사학을 배움.

74년   폰투스의 왕 미트리다테스와의 싸움에 참가.

73년   유피테르 대신관단의 신관이 됨. 군단 부관이 됨.

69년   아내 코르넬리아와 고모 율리아(마리우스의 미망인)의 추도 연설을 함.

68년   히스파니아 총독 소속 재무관이 됨.

67년   술라의 손녀이자 폼페이우스의 먼 친척인 폼페이아와 결혼함. 폼페
     이우스가 강력한 권한을 갖고 해적을 토벌함.

65년   조영관이 됨.

63년   대신관으로 선출됨.

62년   법무관이 됨. 스캔들을 이유로 아내 폼페이아와 이혼함.

61년   하히스파니아 총독.

60년 3인의 거두인 폼페이우스와 카이사르, 크라수스가 사적인 밀약을 맺음. 제1차 삼두정이 시작됨. 카이사르, 집정관에 입후보해 당선됨.

59년 집정관. 갈리아 총독에 임명됨. 폼페이우스와 율리아가 결혼함. 카이사르와 칼푸르니아가 결혼함.

58년 3월에 키케로가 추방됨. 3월 말에 카이사르가 갈리아에 부임. 헬베티족 및 아리오비스투스와 싸움.

57년 벨가이인과 싸움.

56년 벨가이인의 모반을 진압하고 아퀴타니인을 토벌함. 루카에서 3인의 거두가 다시 회담.

55년 폼페이우스와 크라수스가 두번째 집정관이 됨. 카이사르의 총독 임기 5년 연장 법률안이 통과됨. 제1차 레누스 강 도하, 게르마니아 원정. 브리타니아로 도항.

54년 다시 브리타니아 원정을 시도. 9월에 율리아가 사망함. 카이사르, 갈리아의 반란 때문에 그곳에서 겨울을 보냄.

53년 반란 진압. 제2차 게르마니아 원정. 6월, 크라수스가 파르티아에서 전사.

52년 베르킹게토릭스의 지휘 하에 총봉기한 갈리아인의 항복을 받아냄. 로마에서는 폼페이우스가 동료 없는 집정관에 임명되어 질서를 회복시킴.

51년 갈리아에서 모반이 계속됨. 로마에서는 원로원의 보수파가 임기가 끝나기 전에 카이사르를 소환하는 운동을 벌이기 시작함. 《갈리아 전기》 7권이 출판됨.

50년 11월에 폼페이우스가 원로원의 보수파에 가담해 카이사르 소환을 제안함.

49년 1월 7일, 보수파가 카이사르의 군대 해체를 결의하고 폼페이우스에게 독재관의 권한을 부여함. 1월 10일 밤, 카이사르가 루비콘 강을 건넘으로써 내란이 시작됨. 3월 17일, 폼페이우스가 이탈리아에서 도망침. 카이사르, 독재관에 취임.

48년 카이사르 두번째 집정관이 됨. 독재관직 사임. 8월, 폼페이우스파를 그리스의 파르살루스에서 격파함. 폼페이우스, 이집트로 도망쳤지만

9월에 살해됨. 10월, 알렉산드리아 전쟁이 시작됨.

47년　3월, 알렉산드리아 전쟁에서 승리함. 6월, 이집트를 떠남. 8월, 폰투스의 왕 미트리다테스의 아들 파르나케스를 격파함. 10월, 로마로 귀환. 12월, 아프리카 전쟁이 시작됨.

46년　세번째 집정관. 4월, 아프리카 전쟁에서 승리를 거둠. 카토가 자살함. 키케로가 항복함. 7월, 개선식(갈리아, 이집트, 폰투스, 아프리카 전쟁에 대한)을 거행. 원로원, 향후 10년간 독재관직을 맡기기로 결의. 11월, 히스파니아 전쟁이 시작됨.

45년　네번째 집정관. 1월 1일, 율리우스력(태양력) 사용. 3월, 히스파니아 전쟁에서 승리를 거둠.《반카토론》2권을 저술. 10월, 로마로 귀환. 원로원, 카이사르와 관련해 극단적인 결의(종신 독재관, 신격화 등)를 함.

44년　다섯번째 집정관. 3월 15일, 60여 명의 암살자에게 살해됨.

카이사르 시대의 로마군대의 모습

1 투석병(원군)   2 원군 보병

군단병

1 분견대기와 기수   2, 3 중대기와 기수   4 독수리 깃발과 기수
5 나팔수   6 구부러진 뿔피리 주자

319

로마 군단(Rome Legion)의 편성 및 전술

―김현영(現 국방대학원 교수)

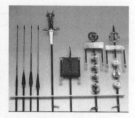

■편성

○ 군단(Legion) : 병력 4,500명으로 10개 대대 편성

○ 대대(Cohort) : 기본전술단위

　－병력 450명 : 중보병 300명, 경보병 120명, 기병 30명.

　－편성 : 중보병 3개 중대(하스타티 120명, 프린키페스 120명, 트리아리 60명)

　　　　　경보병(120명), 기병(30명)

○ 중대(Maniple) : 기본전투단위

　－하스타티(Hastati) 중대 : 중보병 120명으로 2개 소대 편성, 25~30세.

　－프린키페스(Principes) 중대 : 중보병 120명으로 2개 소대 편성, 30~40세.

　－트리아리(Triarii) 중대 : 중보병 60명, 40~45세

　＊경보병(Velites)은 중대를 편성하지 않고 관리상 중보병 각 소대에 20명

　씩 배속되나 중보병과 섞여서 싸우지는 않는다.

■전투대형

○ 군단 : 10개 대대를 횡으로 전개

○ 대대

　－전방 : 기병(30명)과 경보병(24명×5명) 전개

　＊경보병 : 둥근방패(파르마), 단검, 투창으로 무장

　－제1전열(Hastati) : 12명×10명. 투창, 단검, 사각방패로 무장하여 산개

　　대형으로 전개

　－제2전열(Principes) : 12명×10명. 투창, 단검, 사각방패로 무장하여 산

개대형으로 전개
- 제3전열(Triarii) : 6명×10명. 창, 사각방패로 무장하여 밀집대형으로 전개
* 기본장비 : 방패, 투구, 갑옷, 단검(Gladius 22인치), 창(Pilum), 투창(Javelin)

■전술

○ 기병(Truma) : 전투대형 전방 양 측면에 집중 배치하여 정찰, 측면방호, 포위 및 추격 임무 수행
○ 경보병(Velites) : 수색, 정찰, 전초전 임무 수행
- 최초 적과 접촉이 시작되면 20m 거리에서 투창(Javelin)을 던져 적 대형을 교란
- 제1전열을 엄호하다가 제1전열의 전투대형이 갖추어지면 중대 사이의 통로를 통하여 후방으로 철수하여 제3전열 중대 간격에 배치
○ 제1전열(Hastatil)
- 경보병이 철수하면 중대 제2소대(12×5)가 1소대(12×5) 옆으로 나와
· 간격봉쇄
- 적이 사정거리에 들면 일제히 투창(Javelin)을 던지고 돌진해서 단검으로 접근전
- 공격이 실패하면 제2전열의 중대 간격을 통하여 후방으로 철수
○ 제2전열(Principes) : 제1전열과 동일
○ 제3전열(Triarii)
- 적에게 보이지 않도록 한쪽 무릎을 꿇고 대기
- 제2전열이 철수하면 창(Pilum)을 들고 밀집대형으로 전투
- 전방에서 철수해온 경보병대와 합류하여 간격 봉쇄

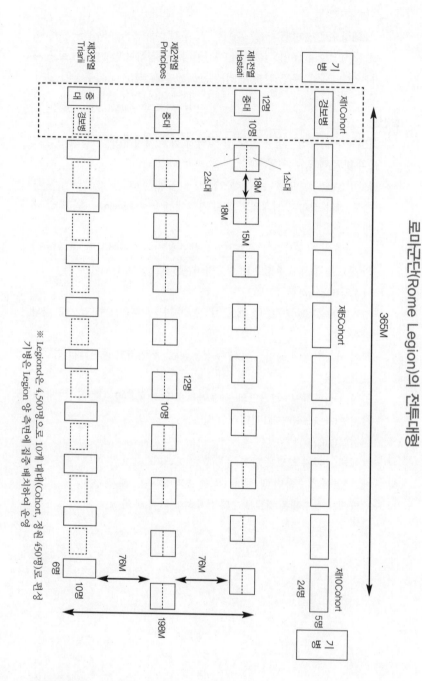

로마군단(Rome Legion)의 전투대형

365M

제1Cohort

제5Cohort

제10Cohort

기병

경보병

제1전열
Hastati
중대
12명
10명

1소대
2소대
18M
18M
15M

제2전열
Principes
중대
중대
12명
10명

제3전열
Triarii
중대
경보병

5명
24명

기병

6명
10명
76M
76M
198M

※ Legion은 4,500명으로 10개 대대(Cohort, 정원 450명)로 편성
기병은 Legion 양 측면에 집중 배치하여 운영

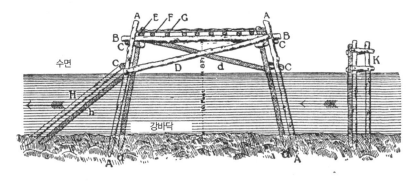

수면

강바닥

상면도

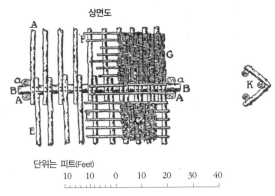

단위는 피트(Feet)

10   10   0   10   20   30   40

레누스(라인) 강에 건설된 다리 (제4권 17장)

코브렌츠 지역의 라인 강의 현재 폭은 400야드(365M)이다. 그 깊이 또한 5피트(1.5M)에서 25피트 (7.6M) 정도이다. 평균깊이는 16피트(4.9M)이다. 카이사르가 건설한 다리에 놓인 도로의 폭은 36피트 (11M)였다. 교각 한 쌍 사이(A에서 A까지)의 공간(12M)은 수면(다리의 보이는 부분에서 가장 낮은 부분) 을 따라서 계산되었다. 만약 강바닥을 따라서 계산되었다면, 들보들의 연속하는 한 쌍이 각 둑으로부터 중 간 흐름으로 다가가면서―다리에 놓인 도로의 변화되어진 너비와는 상관없이― 다리의 다른 모서리들의 안쪽으로 경사지게 들어갔을 것을 의미한다.

들보의 기울기가 어느 정도였는지, 중간틀이 수면 위로 얼마만큼 높이 배치되어있었는지는 알 수 없다. 또한 각 교각들과 버팀목들 사이가 얼마나 떨어져있었는지도 알 수 없다. 이것은 빠른 시간 내에 건설하는 것이 목적인 이런 종류의 군용 다리에 있어서, 일반적으로 사용되어지는 방법으로 재현한 것이다.

A, a. : 교각
B, B. : 중간틀(가로놓여진 나무)
C, C. : 교각인 A, a 사이의 가로대.
D, d. : 끝부분에 질러진, 버팀목의 각 면에 하나씩 놓여진 이음보.
E.   : 다리에 놓인 길을 받쳐주기 위해 오른쪽 모서리에 깔아놓은 목재.
F.   : 장대
G.   : 바닥에 깔기 위한 윗가지 살대작업.
H. h : 말뚝들이 버팀목으로서 비스듬히 박혀있다. 이 버팀목은 가로대 혹은 그 외의 것에 의해 교각인 A, a와 되도록 수면에 가까운 지점에서 연결되었다.
K.   : 말뚝이 다리 위쪽에서 완충장치(방어장치)로서 박혀있다.

부족명 색인

(①, ②는 동일한 명칭이나 서로 다른 것임을 나타냄)

인명 색인

◎ 옮긴이 박 광 순

충북 청주 출생.
서울대학교 사범대학 역사교육학과 졸업.
범우사, 기린원 등에서 편집국장 및 편집주간 역임.
현재 저술 및 전문 번역가로 활동중임.
역서로는 《헤로도토스 역사》《역사학 입문》《펠로폰네소스 전쟁사》
《갈리아 전기》《수탈된 대지》《조선사회 경제사》《새로운 세계사》
《역사의 연구》《세계의 기적》《서구의 몰락》《나의 생애 (트로츠키)》
《게르마니아》《타키투스의 연대기》《콜럼버스 항해록》《사막의 반란》
《카이사르의 내란기》《인생의 힌트》《제갈공명 병법》 등이 있다.

갈리아 전기

발행일 | 초판 1쇄 발행 - 2006년 2월 5일
      초판 3쇄 발행 - 2018년 7월 20일

지은이 | 카이사르   옮긴이 | 박광순
펴낸이 | 윤형두   펴낸곳 | 종합출판 범우(주)
교 정 | 김영석 · 장응진   디자인 | 왕지현
등록번호 | 제406-2004-000012호(2004년 1월 6일)
       (10881) 경기도 파주시 광인사길 9-13 (문발동 525-2)
대표전화 | 031-955-6900   팩 스 | 031-955-6905
홈페이지 | www.bumwoosa.co.kr   이메일 | bumwoosa1966@naver.com

ISBN 978-89-91167-57-8 03920

온고지신(溫故知新)으로 21세기를!

현대사회를 보다 새로운 시각으로 종합진단하여
그 처방을 제시해주는

범우사상신서

범우사 서울시 마포구 구수동 21-1호 전화 717-2121, FAX 717-0429
http://www.bumwoosa.co.kr (천리안·하이텔 ID) BUMWOOSA

범우학술·평론·예술

범우사 서울시 마포구 구수동 21-1
전화 717-2121 FAX 717-0429

주머니 속 내 친구!

범우문고

【각권 값 2,800원】

www.bumwoosa.co.kr TEL 031)955-6900 범우사